脉动　律动　跃动

同济大学网络育人文化案例集

主　编／赵　盈　聂阳阳

副主编／喻　娟　彭　婧

·上海·

图书在版编目(CIP)数据

脉动　律动　跃动:同济大学网络育人文化案例集／赵盈,聂阳阳主编.—上海:同济大学出版社,2023.12

ISBN 978-7-5765-1004-1

Ⅰ.①脉… Ⅱ.①赵… ②聂… Ⅲ.①互联网络－应用－高等学校－思想政治教育－教案(教育)－中国　Ⅳ.①G641-39

中国国家版本馆CIP数据核字(2023)第254739号

脉动　律动　跃动
同济大学网络育人文化案例集

赵　盈　聂阳阳　主编

责任编辑　熊磊丽　助理编辑　孙铭蔚　责任校对　徐逢乔　封面设计　王　翔

出版发行	同济大学出版社　　www.tongjipress.com.cn (地址:上海市四平路1239号　邮编:200092　电话:021-65985622)
经　销	全国各地新华书店、建筑书店、网络书店
排版制作	南京展望文化发展有限公司
印　刷	上海安枫印务有限公司
开　本	710mm×1000mm　1/16
印　张	19.5
字　数	262 000
版　次	2023年12月第1版
印　次	2023年12月第1次印刷
书　号	ISBN 978-7-5765-1004-1
定　价	138.00元

本书若有印装质量问题,请向本社发行部调换　　版权所有　侵权必究

脉动 律动 跃动
同济大学网络育人文化案例集
编委会

主　编　赵　盈　聂阳阳

副主编　喻　娟　彭　婧

委　员（以姓氏笔画为序）王凯文　邓宇洁　刘　博

前言

我们所处的时代，已然是一个数字化、信息化、网络化的时代。习近平总书记指出："互联网快速发展的影响范围之广、程度之深是其他科技成果所难以比拟的。"当前新科技革命推动网络信息技术发展势如破竹，数字技术日益成为国家创新驱动发展的先导力量。令人欣喜的是，党的十八大以来，我国网信事业发展阔步向前，网民规模超过十亿，数字经济总量稳居世界第二，呈现出一派生机盎然、气势磅礴的繁荣景象。党的二十大更进一步明确了要加快建设网络强国、数字中国，以信息化培育新动能，以新动能推动新发展，以新发展创造新辉煌，并将之视为推进中国式现代化的重要引擎。

高校青年学子在"日学而不察，日用而不觉"的世界中遨游，准确把握网络技术发展的时代浪潮，深刻领悟建设网络强国战略的内涵，是高校网络文化育人"审势"的第一步。"坚持正能量是总要求、管得住是硬道理、用得好是真本事"，借由网络强国建设和数字中国建设的全面赋能，高校应持续打造具有中国特色的网络文化和数字文化，生产出更多健康主流、向上向善的网络文化产品，不断推动高校育人事业的数字化水平和信息化水平提升，才能营造风清气正的网络育人生态，为青年学子构筑美好的精神家园。高校网络文化育人如何"取势"，这将是应对网络信息技术迭代更新的关键所在。

习近平总书记指出，"从一定意义上说，谁赢得了互联网，谁就赢得青年"。面对势不可挡的数字网络技术浪潮，同济大学乘势而上、聚势而强，以"铸魂育人"为主线构建网络文化育人格局，持续激发师生创作网络文化作品的热情和动力，以勤耕不辍、笃行不怠的精神，讲好高校育人故事和卓越青年故事，努力寻求网络文化育人共识，画出主流价值最大的同心圆。2018—2023年，同济大学陆续交出亮眼的网络文化育人成绩单——入选教育部教育融媒体建设试点单位，上海市首批"网宣队伍建设——网络名团培育提升项目"试点高校；多次获评全国"一节一推选"优秀组织奖、教育部"校园新媒体十佳共建高校"、人民网"高校社会影响力榜单十强"等。同济大学微信、微博、视频号、快手号、人民号、百家号、澎湃号等融媒体账号多次获评"最具影响力校园官微""卓越影响力高校视频号""年度最具影响力快手号""人民号年度优秀创作高校""百家号年度最具影响力高校新媒体""澎湃号年度最佳政务新闻奖""澎湃号年度最佳政务传播奖"等，中国教育发布同济号2020年开通，在教育部2020年高校教育号排行榜中位居第一，IP SHANGHAI同济号2022年开通，在2022年度资源贡献榜中位居全市第一。师生共同创作"同济印记"网络文化作品，先后获得全国"一节一推选"奖项40余项，以汪品先院士为代表的"同济大先生"系列人物短视频、线上线下创新互动的"手书中国"活动、"听Ta说"云端"四史"学习教育直播等均引发了现象级的关注，学校坚持以实现宣传效果的最大化、最优化为目标，始终为主流价值造势、为时代新人讴歌。

从审势、取势再到造势，同济大学网络文化育人工作有理论探索和逻辑思考，也留下了实践耕耘的真实足印。循发展动势，探创新行迹，我们想把2018—2023年学校在网络文化育人工作中的点滴积累和鲜活案例——呈现出来，既为却顾所来径、总结过往，亦为同舟共济向未来、不懈向前。本书以习近平总书记关于建设网络强国的重要思想为根本遵循，系统性展现2018—2023年同济大学网络文化育人工作的全貌，梳理多角度、多层次的理论研究，提炼演进思路和工作布局，展示校院两级网络文化育人工作实例和育人作品，分别冠以"脉动""律动""跃动"三个篇章标题，搭建从"理论研究"到"案例分析"再到"作品呈现"的完整工作布局链，精选优质文稿，在编写质量、编写体例、编写手法上都独具创新性，以期为国内高校开展网络文化育人工作提供参考。

本书编委会
2023年5月

目 录

前言

第一章　脉动

3　"Z世代"数字化生存视域下大学生网络舆论引导探赜

19　高校网络空间治理现状及主体特征分析——以同济大学为例

25　用智库助推高校网络思想政治教育

33　社交网络意见领袖的内容特征影响力及其传播中的趋同性

63　网络"泛娱乐化"对青年价值观的危害及应对

83　"微时代"背景下高校入党启蒙教育的路径——以同济大学为例

94　高校校史网络资源建设现状的分析与思考——以"双一流"大学为例

107　青年虚拟偶像崇拜的生成逻辑、认同机制及其引导策略

126　马克思交往异化思想下的网络直播交往分析

144　高校网络意识形态话语权建构研究

153　移动互联时代高校网络评论员队伍培育与作用发挥机制研究

第二章　律动

167　"爱国力行、共抗疫情"同济大学师生在网络平台"手书中国"告白祖国

173　全媒体时代的同济大学网络育人建设实践

182　把主旋律的宣传做成有意思的产品——"中国教育发布"同济大学号获教育部新媒体2020年高校教育号冠军经验分享

187　在云端创新"四史"学习教育
　　　——同济大学融媒体中心移动直播品牌"听Ta说"

192　新冠疫情下的"猫头鹰Tape信箱"
　　　——同济大学新生院辅导员10万字深夜回信陪伴学生成长

205　新生网络育人体系构建的探索与实践

213　数学科学学院融媒体中心建设工作案例

221　网络安全与媒介素养教育实践案例

231　运用"党建+"模式培树智慧党建品牌

241　"互联网+"背景下的高校餐饮服务育人

246　医学生职业精神培育新路径探索

253　打造新媒体矩阵网络育人新格局

259　第三章　跃动

261　征途漫漫，同济人坚定理想信念

270　星辰大海，同济人强化责任担当

279　奔赴热爱，同济人勇于砥砺奋斗

286　心之所向，同济人引领内涵发展

292　芳华绽放，同济人厚植家国情怀

第一章
脉 动

同济大学四平路校区秋日

"Z世代"数字化生存视域下大学生网络舆论引导探赜*

端木怡雯 王丽娜 李 睿

摘 要 本文以"Z世代"数字化生存为研究视角,探究了"Z世代"数字化生存特征,具体体现为"趣缘化"社交取向与网络社群圈层化,网络舆论场重塑与公众参与的勃兴,公众话语权回归与意见领袖的崛起,以及共同在场式参与与沉浸式集体狂欢四个方面。然而,网络不良社会思潮蔓延,削弱了高校网络舆论引导效果;圈群文化构筑了"信息茧房",圈层壁垒阻碍了主流价值传播;网络现实形象分化,大学生的网络人格特质难以把握;信息获取方式碎片化,排斥精深思维引发供给与需求失焦,成为当前大学生网络舆论引导面临的现实挑战。本文提出基于网络舆论引导的主体、客体、介体和环体"四体"论视角,探究增强大学生网络舆论引导实效的实践进路。

关键词 "Z世代";大学生;数字化生存;高校;网络舆论引导

---

* 本文为中国高等教育学会2022年度高等教育科学研究规划课题"融媒体时代高校党的新闻宣传工作创新研究"及2023年度上海学校德育创新发展专项研究项目"大学生网络亚文化的存在样态与引导策略"(项目编号:2023-dycx-206)的阶段性研究成果。
作者简介 端木怡雯,同济大学党委常委、党委宣传部部长,副研究员。
　　　　　王丽娜,同济大学党委宣传部理论与舆情科副科长,讲师。
　　　　　李睿,同济大学党委宣传部、研究生工作部副部长,副教授。

随着大数据、5G、区块链、云计算和以ChatGPT为代表的人工智能等数字技术的快速发展与广泛应用，网络公共空间逐步成为信息传播的倍增器，亦成为高校开展网络舆论引导工作的重要平台。习近平总书记在党的二十大报告中对新时代新闻舆论工作提出新要求，即要巩固壮大奋进新时代的主流思想舆论，加强全媒体传播体系建设，塑造主流舆论新格局。网络空间具有信息生产海量化、内容迭代快速化、传播媒介多元化、传播模式裂变式、传播关系去中心化等特征，能够为公众拓展信息获取、意见表达和社交互动渠道，但网络亚文化的崛起、不良社会思潮的传播等也为高校网络舆论引导工作带来诸多挑战。

"Z世代"（Generation Z）被学界普遍定义为1995—2009年出生的一代人，他们出生即与网络时代无缝对接，现已成为大学校园中的生力军，身体力行地诠释着"无人不网、无时不网、无处不网"的数字化生存图景。数字技术的蓬勃发展，极大程度地改变了传统信息传播格局、舆论生态结构和媒介交互语境，对"Z世代"的思维认知、价值塑造与行为养成均产生了不容小觑的影响，同时也为高校提升对大学生网络舆论的引导能力带来全新挑战。在此背景下，如何增强大学生舆论引导的实效性则成为亟待破解的现实难题。基于此，本文拟从剖析"Z世代"数字化生存特征入手，洞察和审视当前大学生网络舆论引导面临的现实挑战，并尝试探究高校优化大学生舆论引导机制的实践路径。

一、"Z世代"数字化生存的现实样态

社会化媒体语境下，网络公共场域逐步成为公众获取信息、表达意志、交流互动、生成舆论的话语空间，不仅引发了信息传播生态的重大变革，更推动了社会话语权力格局的变迁。作为"互联网原住民"，"Z世代"在主动参与网络公共空间的过程中，推进了网络民意的生成和舆论生态的转变，影响着多元话语权力格

局的重构，其数字化生存呈现以人以群分、技术赋权、围观集聚和身临其境等为主要特征的价值图景。

1. 人以群分："趣缘化"社交取向与网络社群圈层化

兴趣聚合是社群的基本功能，社会交往是社群的重要功能，而圈层化则充分彰显了网络社群的兴趣聚合功能，并以实现作为社交主要方式的"趣缘化"社交为旨归。在数字空间交往的身份拓展和关系互动中，个体和与其"志同道合"的群体会集，意见表达和观点输出容易获得群体认同，个体心理需求在很大意义上得以满足，进而在数字空间中获得主体性、社会归属感与身份认同。

同样，"Z世代"不再受制于物理世界的身份标签和社会现实环境，而是基于一致性的兴趣需求和个性偏好，凭借同质化的价值观念、观点输出和话语体系集聚于特定的虚拟场域，进而构筑成认同度高、代入感强的网络圈层。圈层内部成为"Z世代"彰显个性、获得价值认同与情感慰藉的重要场域，形成同类聚集的网络社交文化景观，并对其意见、态度、行为的生成产生重要影响。无论是汉服热、手办潮，还是洛丽塔服饰和cosplay（角色扮演），抑或是电子竞技和二次元，"Z世代"依赖自身热衷且熟知的"部落化"圈子以获取信息、沟通情感、互动交流，在"趣缘化"的朋辈社交中形塑自我、深化认同，并建构形成前卫新潮的"Z世代"圈层文化。该圈层文化与生俱来的个性鲜明的话语模式、表达方式、价值观念和审美习惯，有效迎合了"Z世代"要做更真实的自己的强烈诉求，推动圈层文化呈现封闭、固化的趋势，并不断延展圈层文化的内涵和外延。

2. 技术赋权：网络舆论场重塑与公众参与的勃兴

媒介融合加速演进，数字技术呈裂变式发展，媒介生态、传播形态、信息生产均发生了深刻变革，"人人都是麦克风""人人皆媒"成为新形势下网络舆论空间的现实图景。传统媒体舆论场与新媒介舆论场、官方舆论场与民间舆论场等"二元论"对立的网络舆论格局发生了根本转变,转向"多元主体"融合的"一个舆论场"的判断已经成为基本共识[1]。在议程设置理论视域下,传统的"自上而下"的大众媒介设置议程的效果被削弱,而"自下而上"的网络公众的自我设置能力显著提升,网民与媒介的开放互动推进公众和媒介共同参与的议程设置效果得以有效强化,进而使得网络舆论场上的意见、观点更为多元、极化甚或割裂、对峙。

数字技术的赋权,为公众开辟了媒介信息自由传播、情绪观点畅快表达的广阔渠道,极大激发了公众的网络参与热情。传统信息传播模式中的传受关系正在发生根本性变化,被称为"受众"的传统媒体使用者,不再是信息资讯的被动接受者,而是可以通过多种渠道参与内容的生产与传播,由以往的"群体"演变成为彰显个性化需求的"个体"。网络社会以其自由性、开放性、虚拟性等特质赢得了"Z世代"的关注和参与,尤其是勃兴的社交新媒体俨然成为青年网络社会参与和话语表达的新型阵地,网络话语场演变为公众交流信息的不设界的意见广场[2]。"Z世代"在成长过程中受到各大网络媒介平台的渐染和影响,借助于其先天独特的"网言网语"优势,以及很强的互动、交流、表达、分享和社交的欲望[3],自由发布、接收信息并予以评判,即时性地表达对热点事件的看法,更容易在网络舆论场中围观集聚并引发热点,甚或能够根据媒介议程设置和社会逻辑框架阐释社会现象、表达个人观点、作出价值判断,甚至还会影响其社会认同、公共参与和个体的社会化进程。

3. 围观集聚:公众话语权回归与意见领袖的崛起

网络作为公共话语空间,赋予个体自由表达意志的权利,网络信息生产机制日渐呈现去中心化、分众化、平民化、社会化等特征,传统媒体单一的权威话语权被彻底消解。"反沉默螺旋"现象是对互联网新媒体情境下大众传播效果理论的一种颠覆,具体表现为受众个体意见表达意识不断增强,受众个体的从众心理逐渐淡化,受众个体的网络影响力逐步增强[4]。"麦克风"代表着话语权,话语权利指个人表达意见的权利,而话语权力则是个体通过话语表达影响他人或社会的能力。网络用户的话语权利是平等的,但是在网络话语权力层面却存在着权力差序格局,其中意见领袖位于权力顶层。

在知识生产泛化、知识传播社交化、知识共享扁平化的网络社会中,随着互联网、人工智能、大数据等前沿技术的广泛应用,网络空间话语权力格局解构和重新建构,青年意见领袖群体逐步成为影响公众思想和行为的"话语偶像"。"Z世代"网络意见领袖能够熟练运用各种社交媒体和网络平台,擅长搜集网络热点事件信息,即时获取并掌握最新社会信息资源,通过网络议题设置和话语表达技巧,解构和重构信息来实现信息或知识的再生产,并借助社交化媒介完成信息传播,吸引公众的注意焦点,凭借其信息优势、影响力和号召力,引发公众关注、信任和认同,进而对其言论和行为施加影响,甚至在特定场域直接影响舆论走向。

4. 身临其境:共同在场式参与与沉浸式集体狂欢

大数据、人工智能、虚拟现实、元宇宙等新兴技术的蓬勃发展,为塑造媒介融合、交互传播的技术镜像创造了崭新场景。沉浸传播理论的核心价值体现在从"感官共振"与"形象还原"两个层面为受众提供一种在场参与的沉浸式体验[5]。移动视频直播的竖屏化、轻量化、微观化,为公众营造了身临其境的在场感、代入感、互动感和陪伴感。作为移动化、碎片化、个性化的新型信息传播形态,短视频从全时全程走向全息,从分享到共享,从独创到共创,催生了泛在的社会化参与式生产模式涌现,鼓励在语态表达上实现宏大叙事与微观表达有机融合,重塑着网络社交方式与人际交往关系,持续扩展和满足着公众多元化、垂直化的社会需求。观看、评论,全方位的参与互动使得他们凝聚成一个群体,通过维护视频内容、评论或建群的形式来分享彼此共同的情感体验,个体的情感能量得到集中爆发[6]。这种情绪感染与情感共振会引发群体认同,进而激发公众的分享、创作与参与热情。

移动化、快节奏的社会生活,使得"快餐式""碎片化"阅读成为"Z世代"获取信息的主要方式,人们更加热衷于消费融文字、图片、音频、视频、表情符号等于一体的可视可感的多媒体、超文本信息。短视频、在线直播凭借其多元立体的场景营造和展示手段,以及"多中心"的实时互动和资源共享,成为广受欢迎的资讯获取、娱乐社交和意见表达渠道。在线直播在全社会风靡并作为一种亚文化在网络社群形成热潮,更成为"Z世代"生活场景的重要组成部分。多向互动、共同在场、深度参与的直播社交模式给"Z世代"营造了直观的视觉冲击力和身临其境的沉浸式体验,娱乐、社交和求知成为其收看网络直播的主要动机,在很大程度上增强了"Z世代"网络社交的参与感和融入感[7]。

二、"Z世代"数字化生存视域下大学生 网络舆论引导的现实挑战

数智技术与大众传媒的有机结合,带来新闻生产流程再造、环节优化、效能提升、交互增强的全方位革新,为大学生网络公共参与实践营造了个性化的社会文化景观,但网络舆论传播也可能带来新问题,加上当前高校网络舆论引导的现实社会和网络环境日趋复杂,给大学生网络舆论引导带来全新挑战。

1. 网络不良社会思潮蔓延,削弱高校网络舆论引导效果

国际舆论交流交融交锋频繁,多元化社会文化思潮涌动并呈现出非线性特征,

网络舆论场广泛呈现缺位本体论、解构主义认识论和个人主义方法论的特征和倾向[8]，网络公共舆论议题呈现显著的"泛政治化"趋势。此外，随着商业资本的涌入、网络技术的支持和公众焦虑情绪的宣泄，加之网络媒介特别是短视频媒介的迅速发展，戏谑、"恶搞"、审丑、"摆烂"等"泛娱乐化"倾向逐渐显现，并逐步跻身国内十大社会思潮，"娱乐至死"的社会心态与主流意识形态和传统社会价值观形成对冲。此外，历史虚无主义、拜金主义、极端自由主义等不良社会思潮也随之在网络舆论场广泛蔓延。不良社会思潮的传播，不仅加剧了多元价值的冲突，更带来了主流价值的认同困境和缺失，将影响真正反映"公意"和共识的网络舆论的生成。

大学生正处于身心变化最为剧烈的时期和价值观养成的关键时期，受网络社会多元思潮影响，容易处于相对矛盾且不平衡的状态，不良思潮的传播成为影响大学生思想观念和价值选择的重要变量。诚然，长期以来，高校弘扬主流价值获得了较为理想的效果，大学生在很大程度上树立了正确的价值取向，但必须认识到，大学生在网络媒介素养、社交网络人格和社会化媒介运用方面仍存在局限性。大学生网民群体在意识形态议题上持中性立场，政治冷漠与政治热情高涨并存，尤其是非理性情绪支配催生激进爱国主义行为[9]，以及理论素养基础薄弱和辨别真伪能力欠缺等极易产生"羊群效应"，进而会在思想上和行为上对其主动抵制网络不良意识形态的传播和渗透产生阻碍。概言之，受多样化社会思潮、非主流意识形态和网络亚文化等的冲击，作为"鲜明旗帜"和"绝对权威"的主流意识形态的优势逐渐被消解甚至旁落，高校主流价值引导正在遭受严重冲击。

2. 圈群文化构筑"信息茧房"，圈层壁垒阻碍主流价值传播

因共同的兴趣爱好、风格志趣和价值立场等而集聚形成的圈层化的网络社群，具有较强的封闭性和排他性，往往能够逐层过滤、屏蔽与圈群内部不一致的信息、

观点和价值观，集体无意识地构建内容局限、渠道封闭的认知环境，甚至会逐步形成"信息茧房"。在传播学回音室效应的影响下，在算法技术实现信息精准投放的作用下，公众往往仅能接收并认同符合其自身固有偏好或倾向的信息，长此以往就会被困于"信息茧房"而很难再接受异质性信息和观点，进而导致不同圈层之间"自我封闭"，形成壁垒，阻碍有效沟通。此外，个体也往往倾向于利用在圈群中形成的强关系在群体中施加个人影响，个体为寻求群体归属感，可能会夸大事实细节、放大焦虑情绪、诱发非理性行为，扰乱原有舆论秩序，易出现反权威、反引导的抗阻性排斥心理，在回音壁效应下，圈层固有观点持续激荡增强，加大社会共同认知形成的难度。

圈层内部的青年大学生群体基于意见气候感知的自我判断与观点选择，如有某些意见、立场的偏向，他们在集体商议后会进一步强化既有的群体认同，坚持向偏向的方向继续移动，从而形成极端的观点，导致群体极化现象。这种群体极化思维导致圈层之间形成对冲、区隔和分裂，忽视、抵制甚至排斥圈外群体的不同意见，进而形成偏好度极强且难以融入的圈层文化。圈群里的青年人将网络空间作为其获取影响力、存在感和认同感的重要来源之一，甚至会在网络平台表达乃至宣泄自己对各种社会现象、社会问题的极端情绪和消极态度。网络圈群的高进入壁垒，给高校破壁入圈带来极大阻碍。如若主流价值与圈群成员一贯传播和接受的话语和信息内容有差异，便极易导致主流价值被自动忽视或屏蔽。高校在"圈群"中的网络阵地是缺失的，舆论宣传队伍是缺位的，主流话语是失声的[10]。

3. 网络现实形象分化，大学生的网络人格特质难以把握

网络人格，又名虚拟人格，是指人们在网络交往活动中逐步形成的相对独立、完整、稳定且持久的心理特征和心理趋向，在情感、态度、知觉、意志、行为等方面与现实人格存在显著差异。在网络人际传播情境下，网络的匿名性、节点化

和开放性特征，赋予受众构建与虚拟反差身份的可能，使得个体在数字化虚拟空间的不同交流场景中表现为"多面性"，虚拟自我与现实自我存在着多种映射的可能性。网络人格形成之后极易通过潜意识层次影响现实人格，极易强化现实人格中的某些正向和负面因素，甚至还会产生"双重人格"等不良后果。

网络的匿名性使得网络开始解构社交中的阶级性，人与人之间的交互突破了现实生活的时空限制，平时碍于阶级压力不敢表达的想法可能会在网络空间得到宣泄。在某种程度上，大学生的网络形象与现实形象显著分化，呈现出"社会人"和"虚拟人"的双面性特征。相较于现实人格，大学生的网络人格更加真实地展现了其渴望博取关注的存在感和主导舆论走向的获得感。然而，网络的虚拟性、隐蔽性和随意性等特点，容易诱发大学生的网络人格产生虚伪性、变异性、封闭性和人格迷失等问题[11]，亦可能导致其现实人格呈现自我放纵、精神飘离、思维虚化、行为能力萎缩等畸形特点，尤其是网络世界中的虚假不良信息甚至成为其思想堕落、行为越轨的重要诱因[12]。这为高校网络舆论环境治理带来了诸多挑战，仅仅研究现实中的大学生群体的思想动态、行为表现仍具有局限性，更需要借助数字技术精准地捕捉网络舆论引导对象个性化的社交特征与表达特点，从而有效增强大学生的网络舆论引导效果。

4. 信息获取方式碎片化，排斥精深思维引发供给与需求失焦

网络媒介的蓬勃发展和数字技术的快速革新，颠覆性地形塑着公众的信息获取习惯和媒介接触模式。智能技术的赋能使信息传播格局发生深刻变革，技术有效拓宽了舆论传播渠道和受众范围，多元化的意见和声音能够在社交平台得以反映，智能化媒介平台可能走向媚俗化，并过度生产"眼球新闻"，且此类信息传播的碎片化趋势加强。网络媒介信息呈几何级数增长，时间碎片化、精力分散化、思维浅薄化，已然成为信息时代人们的三大"顽疾"。

如今年轻一代网民日益呈现出阅读碎片化、思考感性化、心态浮躁化的特点[13]。大学生容易被碎片化的媒介信息裹挟和左右，甚至自身也成为碎片化信息的生产者和传播者。他们沉迷于浅表阅览带来的即时刺激和便利欢愉，久而久之往往形成了"快餐式"的阅读习惯和思维方式，进而排斥深度思考，甚至呈现出机械围观、懒于思索的畸形样态，对独立思考、深度观察的能力的提升将产生不利影响。传统的高校舆论引导所供给的正向叙事往往具有思想深度，风格也更为严肃客观，大学生对舆论话题的思考往往"蜻蜓点水"，较少作深层次、本质性的探究，有的甚至忽视挖掘事实真相和底层意蕴，进而陷入人云亦云的认知处境，易形成彼此抗阻的不同舆论导向，削弱传统主流媒体的话语权和引导力，对高校网络舆论引导工作提出了新的挑战。

三、"Z世代"数字化生存视域下大学生网络舆论引导的实践进路

数字技术的蓬勃发展使信息传播方式发生了根本性变革，也为网络舆论的生成机制、传播模式、引导规律带来了现实挑战，如何在数智时代精准把握大学生网络群体的心理及行为特征，进而提升大学生网络舆论引导力，成为亟待解决的现实议题。基于此，本文在回应现实诉求的基础上，以遵循网络舆论引导规律为前提，运用"四体"论从引导主体、客体、介体和环体四个维度建构大学生网络舆论引导机制。

1. 主体引导：形塑共同参与的大学生网络舆论引导合力

（1）加强专门工作队伍建设

在高校党委统一领导的体制下，加强二级党组织书记、宣传工作人员、网络

评论员、网络安全员、舆情监测员等的队伍建设,并围绕新闻宣传、网络安全、舆情应对等开展主题培训,有效提升其网络舆论引导的意识和能力。同时,充分发挥专职辅导员、班主任、导师、学生骨干等群体充分掌握大学生思想动态与行为特征的主体优势,通过推进新闻舆论生产、把关主体的多元化从源头上实现网络舆论引导效果最大化,形成专兼结合、"平战结合"、思想引导与行为引导结合的晕轮引导效应。

(2)发挥意见领袖作用

高校要以政治吸纳和政治引领的形式团结、争取与培育一批校园青年网络意见领袖,加强对其公共精神的培养与塑造,发挥其在网络阵地管理中作为信息把关人与信息加工者的特殊作用。尤其是在校园敏感话题、热点事件中,青年意见领袖要凭借其自身影响力、号召力和权威性,主动设置议题、引导话题,吸引大学生群体的关注、信任和认同,进而正向引导网络舆论走向。具体而言,高校要打造一支由思想政治课程教师、学生辅导员、社会科学与自然科学相关专家学者、教职工中的"大V"、高校官方公众号等媒体运营管理者组成的"微媒体意见领袖团队"[14],最大程度发挥关键少数在舆论引导中的示范引领作用。

(3)加强自组织引导

大学生是学校网络舆论的接受者,更是舆论的生产者、传播者,大学生网络舆论生态的自我净化和自我调节能力尤为重要。高校要加强网络道德教育、网络法制教育与网络媒介素养教育等,引导大学生增强网络参与主体责任意识,积极维护网络安全与网络秩序,在转载信息、公开表达观点时做到有理有据,避免无意识地传播谣言或不实信息,不得逾越网络法律底线。大学生在行使其表达权、知情权、参与权与监督权的过程中,要树立网络理性精神,有效区分理性表达与情绪宣泄的本质性差异,不得情绪式、泄愤式地冲动表达、评判热点事件,共同营造风清气正的网络空间。

2. 客体引导：深化开放包容的大学生网络舆论引导思维

（1）坚持凝心铸魂，强化主流意识形态认同

发挥中华优秀传统文化、革命文化、社会主义先进文化启智润心的作用，从党史学习教育、打赢脱贫攻坚战等鲜活的"大思政课"教材中挖掘舆论引导的生动素材，以积极向上的主流价值赋能媒介场域，将正能量、高质量、有分量的主流文化融入大学生日常学习生活，增强他们对社会主义核心价值观的理论认同、情感认同和行为认同。

（2）树立用户思维，推进网络舆论供给侧改革

充分深入研究大学生在网络公共空间的思想和行为规律，精准把握大学生群体的心理特质、思想动态和网络行为特点，充分了解大学生网民的现实需求、内在诉求和表达偏好，在校园网络意见市场中革新思维方式、优化工作方法、创新工作理念、建构话语体系、消弭沟通障碍、激发思想共鸣，增强高校思想政治教育工作的针对性和有效性，实现思想熏陶、价值传播和认同传递，提升舆论引导的传播力、公信力、影响力。

（3）优化议程设置，增强网络舆论引导效果

议程设置的第一个层次是媒介议程影响某些对象的显著性，告诉"公众应该想什么"；第二个层次是指媒介议程会影响人们思考问题的框架，告知"公众应该怎样想"。高校主流媒体应积极设置议题，引导学生参与公共事件或议题讨论，有效锁定公共讨论和舆论表达的对象范围，在学生对事件的重要程度及其属性的判断等方面产生潜在影响力，牢牢把握舆论热点和公众舆论的演进方向。要充分利用各类新媒体平台，巧妙设置能够引起学生关注或热议的"议题"，用小故事阐述大道理，用小话题引出大主题，推进大学生网络舆论引导提质增效。

3. 介体引导：搭建高效交互的大学生网络舆论引导平台

（1）塑造平等交互的话语表达语态

新形势下，高校网络舆论引导要注意调整传播姿态。高校切忌采用居高临下的说教式方法，要善用互联网思维，采用"平视"姿态与学生交流互动，做到巧接地气、汇聚人气、增添底气。此外，大学生的轻阅读、浅思考、快节奏的媒介使用习惯，决定了其在接收和接受高深晦涩的理论、复杂难懂的话语、枯燥乏味的灌输时会产生抵触情绪。因此要转换网络宣传的语言风格，注重把握大学生话语表达偏好的分众化、个性化特征，强调"故事化表达"，用通俗易懂的事实阐释抽象深奥的道理，形成正面的舆论传播效应。

（2）营造媒介融合的舆论传播生态

快餐时代来临，大学生的阅读方式和信息获取呈现出碎片化、微粒化和短视频化等趋势，突出表现为他们无法持续性投入较长时间的注意力关注某一议题或事件。在此背景下，高校要紧密结合当前大学生的多元化信息需求、异质化圈层特征、分众化阅读习惯，探索推进短视频、长视频、移动直播、动画、音频、图片或条漫等多元化新兴媒介形态与传统媒体有机融合，推动叙事逻辑、表达形式、传播路径发生变革，全方位提升新闻舆论引导能力。

（3）打造情感共振的移动传播模式

近年来，短视频和移动直播日渐成为受到包括青年大学生在内的公众群体青睐的社交方式。高校应依托AR/VR、元宇宙等数字技术，应用短视频、云直播等多样化网络媒介形态，精心打造沉浸式仪式化场景，还原新闻事实发生的第一现场，切实为大学生创设塑造共同认知的社交场域，为他们带来多维感官的"在地化"情境体验，让他们在参与互动叙事的过程中建构、强化集体记忆，有效激发情绪共振与情感共鸣，理性意识与公共精神在这一过程中亦得以强化。立足大学生使用智能手机的习惯，高校还要积极探索短视频竖屏传播的内容呈现方式、信息传播模式和社交底层逻辑，努力构建移动化、垂直化、分众化的高校舆论传播新形式。

4. 环体引导：优化协同联动的大学生网络舆论引导系统

（1）守牢阵地，抢占舆论新高地

面对"泛政治化""泛娱乐化"倾向的社会思潮的广泛传播，以及各类自媒体为博眼球的营销操作，高校要第一时间抢占舆论的制高点，积极设置舆论传播框架，有效抵御国内外不良社会思潮和失真芜杂信息的传播和扩散，增强舆论话语公信力，跨越"塔西佗陷阱"。积极推进融媒体建设，充实软硬件力量，对网络和新媒体矩阵开展常态化监测，切实加强网络安全监测预警、信息通报和应急处置能力，提升网站和系统的"等保率"，不断强化风险意识和底线思维。

（2）数字赋能舆论精准化传播

高校要有效应用大数据、云计算、人工智能等数字技术，通过对大学生社会化媒体使用的海量非结构化数据进行深度挖掘、知识关联、协同处理，准确迅速地分析学生群体关注的议题类型、思想特征与行为习惯等，进而实现主流舆论传播的精准化投放。数字技术的广泛应用还为媒介融合改革提供了技术支撑，高校可以充分依托技术手段与信源优势，增强用户黏性、打造媒介品牌，推动形成真实客观的网络舆论环境。

（3）破圈融圈强化跨圈层协商

大学生所处的多元化、异质化网络圈群，以其共同的文化符号、价值体系和组织系统，形塑了特有的圈层文化内涵与共同的圈群认知观念。高校舆论引导首先要打破圈层壁垒，并积极推进圈层文化中的正向性要素"出圈"，促进圈层文化与主流文化互融互通。此外，舆论引导应重视跨圈层协商，深入挖掘圈层关注的议题特征，引发多圈层间的互动与互助，避免圈层内情感认同推动宣泄式表达上升为过激的行为舆论，强化公共责任[15]，从而形成大学生网络舆论引导的良性循环。

参考文献

[1] 胡正荣.中国舆论场的新特点与新变量[J].人民论坛，2022，740（13）：30-33.

[2] 邓鹏，陈树文.网络话语场高校思想政治教育话语权论析[J].思想理论教育导刊，2019（9）：103-107.

[3] 高菲.Z世代的短视频消费特征分析[J].新闻爱好者，2020（5）：40-42.

[4] 陈丽芳，郭奇文，陈默.新媒体时代"反沉默螺旋"现象与网络舆论引导研究[J].出版广角，2019（22）：83-85.

[5] 李蕾.新传播生态下主流媒体传播力构建路径探析——以中央级主流媒体二十大融合报道为例[J].新闻爱好者，2023（1）：30-32.

[6] 王晓红，王宛艺.短视频的机制演进与社会创新[J].新闻与写作，2019（6）：5-10.

[7] 乐晓蓉.大学生参与网络直播的实证分析及应对策略[J].思想理论教育，2018（2）：76-80.

[8] 王贤卿.试论加强大学生网络舆论引导的时代价值与有效路径[J].思想理论教育导刊，2015（11）：140-143.

[9] 黎娟娟，黎文华.Z世代大学生多重矛盾性社会心态解析[J].中国青年研究，2022，317（7）：104-110，30.

[10] 叶荔辉.高校"网络圈群"舆论引导的困境及路径[J].思想教育研究，

2018（1）：135-138.

［11］王梅仙.论当代大学生网络人格培养［J］.南京师大学报（社会科学版），2004（6）：42-45，70.

［12］王凡.论青少年网络人格中的行为力［J］.湖南社会科学，2013（6）：47-50.

［13］金英君.健全网络舆论正向引导机制的策略研究［J］.新视野，2020（5）：35-41.

［14］方结红，肖余春."00后"大学生微媒体舆情传播意愿影响因素研究［J］.中国高等教育，2022（Z1）：43-45.

［15］郭淼，贾璐.削弱到重构：智媒时代的网络舆论引导［J］.中国编辑，2021（6）：27-32.

本文转载自端木怡雯，王丽娜，李睿."Z世代"数字化生存视域下大学生网络舆论引导探赜［J］.新闻爱好者，2024（3）：78-80.

高校网络空间治理现状及主体特征分析
——以同济大学为例

曹 静　方 璐　杨正宇　曹 卢

摘　要　在新媒体时代，网络化的生存形态对社会主体产生着深远的影响。高校师生是广大网民的中坚力量和网络意见领袖的主力群体，因此高校网络空间治理水平对我国整体网络空间环境的净化具有重要影响。文章通过问卷调查分析，发现高校师生群体在网络使用行为、网络空间治理认知等方面表现出积极的态势，但也存在上网目的泛娱乐化、网络素养有待提升等问题。高校应进一步提高网络空间治理能力，构建有力量、有温度的主流意识形态话语体系，坚持正确的舆论导向，传播主流的价值观，营造积极向上、风清气正的网络环境。

关键词　高校；网络空间治理；主体特征

在新媒体时代，随着信息传播技术的迅猛发展、传播方式的巨大改变、网民规模的持续扩张，网络社会大规模崛起。超过9.4亿的中国网民活动于其中的网

作者简介　曹静，同济大学汽车学院党委书记，教授。
　　　　　方璐，同济大学新生院济美学堂副院长，讲师。
　　　　　杨正宇，同济大学汽车学院，讲师。
　　　　　曹卢，同济大学第一附属中学党总支副书记，讲师。

络空间，已经不能被称为虚拟空间，而已成为"形式上脱域、内容十分现实"的社会场域。习近平总书记强调，要"加强互联网内容建设，建立网络综合治理体系，营造清朗的网络空间"，"为广大网民特别是青少年营造一个风清气正的网络空间"。高校师生是广大网民的中坚力量和网络意见领袖的主力群体，因此，高校网络空间的治理水平对我国整体网络空间的净化具有重要影响。深入了解高校师生在网络空间中的行为特点，有助于把握高校网络空间治理的基本态势。本文以问卷调查为主要方式，以同济大学师生为调查对象，分析了当下高校网络空间治理中教师与学生两类行为主体的基本特点，以期为高校网络空间治理提供参考。

一、高校网络空间行为主体的基本特征

1. 调研概况

本文采用问卷调查的方式，就高校网络空间治理情况对同济大学师生进行了调研，调查对象包括763名学生、145名教师。从调查对象的性别构成来看，受访学生中男性约占65%、女性约占35%，教师中男女比例基本持平，符合同济大学师生性别基本分布情况。调查对象基本实现同济大学专业和学院全覆盖，工科学生所占比例约为80%，非工科专业学生所占比例约为20%，其中文科及艺术类学科学生所占比例较小，符合同济大学学生专业人数分布情况；调查对象年级分布均衡，覆盖本科一年级至博士高年级；受访教师群体涉及20～70周岁各个年龄层，从教师岗位类别和行政级别上可以综合展现不同岗位类别教师对高校网络空间治理的认识，能够较好地反映从领导层到一线工作教师的观点。

2. 高校网络空间行为主体的基本特征分析

教师和学生是高校网络空间中两类行为主体，也是高校网络空间中最活跃的人群。

第一，教师与学生深度参与网络生活。上网时长可以直观体现教师与学生两类行为主体对网络的依赖程度和使用情况，同时也能在一定层面上反映网络对师生的影响状况。调查数据显示，随着网络便捷度和自由度的不断提高，近年来高校师生在网络中均投入了大量时间，其中学生上网时长呈显著增加趋势。大多数学生能够合理控制上网时长，每日上网时长7小时以下的学生比例最大，为66%。而通常观念里生源地所在区域、家庭类型、父母亲职业类型等因素对学生上网时长方面的影响并不显著。可以说，与成长背景相比，自然因素和教育因素对学生上网时长的影响更大。相比之下，约有半数教师的每日上网时长为8～13小时，这应该与教师现代化办公的趋势有较强相关性。大多数教师会选择通过网络渠道发送通知、传授知识、回复信息等。这种时间和精力投入，可以让教师通过网络更全面地了解学生的兴趣所在，更细致地引导学生思想健康发展。

第二，学生的上网目的呈现泛娱乐化倾向。上网目的是反映学生上网需求、价值取向和网络行为选择的重要指标。了解和掌握大学生上网的主要目的，对提升高校网络空间治理水平具有现实意义。调查数据显示，虽然利用网络学习是学生上网的主要目的之一，但他们的网络空间参与出现了明显的泛娱乐化倾向。近70%的学生以娱乐消遣、打发时间为上网的主要目的，其参与网络的平台和通道都带有明显的娱乐性质。长此以往，容易导致学生对政治参与的冷漠和政治素养的低下，不仅会降低学生学习的实效和兴趣，而且会削弱其对现实政治参与的期待。此外，以微信、微博、知乎为代表的自媒体平台为学生日常交流、获取信息、发表观点等提供了便利，对学生的思想观点、价值观念和生活方式也具有重要影响，如当前使用微信的学生的比例高达94.8%。教师和学生参与网络空间生活的主要平台基本吻合，但在社交媒体平台的选择上存在一定差异，如在受关注趋势逐年上升的哔哩哔哩网站和虎扑平台上，很少见到教师的身影。基于微信、微博和知乎在学生群体内具有较高普及率和信任度的现实基础，进一步开发和利用上述自媒体平台创新思想政治教育方式、提升思想政治教育水平，应成为教师群体开展网络空间治理长期持续着力的一项重要工作。

第三，教师的网络素养有待提升。教师的网络素养会对网络空间治理活动的开展产生直接影响。调查数据显示，大部分教师能够熟练掌握一些网络日常互动技能，一部分教师能够简单处理网络垃圾和病毒，只有极少部分教师真正掌握了网络安全理论和技术。同时，大部分教师都接受过网络空间治理的相关培训，有63.4%的教师参与过专门的马克思主义理论学习。但是，对于网络空间治理这一明显带有传播学理论色彩的实践活动，仅有26.2%的教师接触过传播学相关的理论知识。从整体而言，在网络空间治理理论层面开展专业性知识学习的教师人数也仅到及格线，教师的网络素养仍有待提高。

二、高校师生对网络空间治理的认知分析

1. 对高校网络空间治理专业性的判断

为了保障学生在网络中的物质财产和意识形态安全，首先应该提高学生的理性"自治"意识。调查结果显示，近半数的受访学生在网络舆情事件中呈现"比较理性"和"非常理性"的态度。与此同时，也要注意到，仍有46.9%的学生在应对网络舆情事件时无法作出积极的选择和判断，存在着作出非理性行为的风险。通过相关分析可以发现，当网络舆情事件与学生的兴趣点相契合时，学生在价值取向和行动取向上出现偏差的可能性增大。而在对高校网络空间治理是否专业的判断中，超过半数的受访学生认为辅导员、专业教师、学校技术人员应对网络舆情事件时比较专业，这为高校管理者和教师介入学生的网络空间生活、引导学生的价值判断创造了可能。调查还发现，近年来学生面对网络舆情事件时，对

于官方平台、权威人士的信任度呈明显上升趋势，这从一定层面上表明官方渠道引导网络舆情的公信力有了显著提升。

2. 对高校网络空间中现有教育活动和监管体制的认知

2016年，习近平总书记在全国高校思想政治工作会议上指出："要运用新媒体新技术使工作活起来，推动思想政治工作传统优势同信息技术高度融合，增强时代感和吸引力。"同济大学在网络思想政治教育实践中，先后以校园新闻、专业指导、优秀典型宣传、文化分享、体育打卡等形式开展了种类多样的网络教育活动。调查发现，这些网络教育活动在师生群体内具有较高知名度，但是受到学生积极关注并吸引学生参与的并不多，这可能与活动的说服力、亲和力和针对性不足有关。同时，高校网络教育活动还存在组织者与参与者对活动效果的认知不统一的问题。以高校网络空间内的文化分享类活动为例，教师群体认为有73%的学生喜爱或参与文化分享类活动，而从实际情况来看，仅有30%的学生真正参与活动。活动组织者对于网络教育活动效果的积极评价远远高出这些活动在学生群体内的实际反响，这可能会阻碍活动组织者对相关活动的反思和优化。在未来的网络空间治理中，高校管理者和教师还需要进一步思考思想政治教育与信息技术在融合视野、融合广度和融合深度等方面的问题，破解网络教育活动评估失真的难题，进一步增强学生参与网络教育活动的积极性。此外，在网络平台蓬勃发展的同时，仍存在监管体制不完善、行业乱象频生的问题。调查结果显示，绝大部分受访师生认为高校网络安全环境较好，但仍存在部分监管漏洞。这要求高校加强网络安全宣传教育，进一步增强学生的网络自律意识，提升教师的网络素养。除此之外，高校还应持续完善自身的信息技术平台，为师生的网络使用质量和安全提供保障。

从调研结果来看，高校师生群体作为高校网络空间的行为主体，参与网络空间生活的程度较深。高校师生参与信息传播的主动性日益增强，对网络空间治理的认知也呈现出积极的态势。但同时也应该看到，学生群体的上网目的呈现出泛娱乐化倾向，高校的主流意识形态话语体系面临挑战；教师群体的网络素养有待提升，在学生经常使用的平台上参与率较低。新媒体时代，高校应该基于师生群体网络使用的行为习惯和特点，提高网络空间治理水平，构建既有力量又有温度的高校主流意识形态话语体系，营造理性和谐、积极向上、风清气正的高校网络空间。

参考文献

[1] 刘少杰.网络化时代的社会结构变迁[J].学术月刊，2012，44（10）：14-23.

[2] 沈壮海，王晓霞，王丹，等.中国大学生思想政治教育发展报告2017[M].北京：北京师范大学出版社，2018.

本文转载自曹静，方璐，杨正宇，等.高校网络空间治理现状及主体特征分析——以同济大学为例[J].学校党建与思想教育，2021（9）：78-80.

用智库助推高校网络思想政治教育*

陈　城　李　博

摘　要　高校思想政治工作需要加深对智库建设的探索，使智库更多更好地参与高校网络思想政治教育内容的生产、参与对大学生行为和思想状况调研分析及网络思想政治教育理论研究工作。高校应在"双创"环境下不断加强对智库的培育支持，制定政策推进网络思想政治教育项目外包，促进思想政治教育类智库人才队伍的建设和流动。

关键词　智库；高校；网络思想政治教育

中共中央、国务院《关于加强和改进新形势下高校思想政治工作的意见》指出："加强互联网思想政治工作载体建设。树立互联网思维，推动思想政治工作传统优势与信息技术高度融合，使互联网成为开展思想政治教育的新平台。"[1] 目前，虽然高校网络思想政治教育已取得一定经验，但仍存在着对学生吸引力不够、受学生关注程度欠缺、与学生的互动性有待加强，以及思想政治工作者精

---

* 本文获得同济大学中央高校基本科研业务资助（项目编号：wx0407020170693）。
作者简介　陈城，同济大学新生院党委书记，讲师。
李博，同济大学新生院同舟学堂副院长，助理研究员。

力分散、创意欠缺、动力不足等一系列问题。因此,在智库建设已成为推进国家治理现代化的重要组成部分这一现实背景下,研究如何通过智库来助推高校网络思想政治教育,将会为网络思想政治工作带来新的发展视角和契机,这对提高网络思想政治教育工作的科学性、全面性和实效性,丰富和完善思想政治教育理论,同时促进智库本身的发展,都具有重要意义。

一、智库建设——推进国家治理现代化的重要构成

作为一种重要的社会组织,智库主要为政府、企业、社会集团等对象培育和传输人才资源,并为上述主体解决相关具体问题。在第二次世界大战后,风云变幻的国际形势和复杂多样的国际关系,使得政府在决策时面临多重因素的干扰,需要给予不同阶层的民众声音必要关注,而市场企业在作出决策时也面临着前所未有的多重竞争压力。因此,在政府和企业的双重需求推动下,独立于政府与市场的第三方咨询机构——智库应运而生[2]。作为一种重要的智慧生产机构,智库是企业、国家创新思想的重要来源,通过提供思想产品、搭建交流平台、培养公共人才、引导社会舆论等多种服务,为文化、经济等领域的发展提供最优方案。

近年来,习近平总书记多次指出,智库建设是国家软实力的重要组成部分,要高度重视、积极建设有中国特色的新型智库。以习近平同志为核心的党中央提出了一系列治国理政新理念新思想新战略[3]。2013年4月,习近平总书记指出,智库是一个国家软实力和国际话语权的重要标志;2014年10月,习近平总书记在中央全面深化改革领导小组第六次会议上强调,要从推动科学决策、民主决策,推进国家治理体系和治理能力现代化、增强国家软实力的战略高度,把中国特色新型智库建设作为一项重大而紧迫的任务切实抓好;2015年10月,习近平总书记在十八届五中全会第二次全体会议上指出,要更加注重对国内外经济形势

的分析和预判，完善决策机制，注重发挥智库和专业研究机构作用，提高科学决策能力；2016年5月，习近平总书记在哲学社会科学工作座谈会上对智库的建设作出专门论述，指出我国智库目前的发展状况与不足，提出智库建设要把重点放在提高研究质量、推动内容创新上。作为习近平总书记治国理政思想的重要组成部分，作为推进国家治理体系和治理能力现代化的重要内容，智库建设的重要性愈加凸显。党的十九大报告提出，中国特色社会主义进入了新时代，在社会主义新时代的背景下，国家要向前发展，为世界贡献更多的中国方案、中国智慧，其中，智库的作用不容小觑[4]。因此，立足新时代，高校网络思想政治教育也应以此为抓手，使智库逐渐成为改善网络思想政治教育的新思路。

在思想政治教育这一语境中，智库建设有其特定的工作内容，其主要是指接受政策传达者和理念宣扬者的委托，对广大人民群众进行广泛的思想引导和政治宣传，进而对国家相关政策、价值观念进行咨政建言、理论创新，对广大学生进行舆论引导、社会服务等，同时，智库也将在相关课题研究中获得委托者的报酬，以保证长久性运营和持续性发展。

二、新时代高校网络思想政治教育面临的挑战

目前高校网络思想政治教育在价值引领、内容建设、线上线下融合、把握学生思想状况和诉求等方面已积累了一定经验，但仍面临着不少挑战和问题[5]。

1. 教育吸引力有待增强

网络环境下，网络思想政治教育内容受到网络文化大量冲击，大学生对思想政治教育普遍缺少关注。在移动互联网时代，网络内容包罗万象，异彩纷呈，"微文化"广泛流行，学生不仅能够根据自己的兴趣爱好，随时随地通过微信、

微博、微视频等信息库自主地选择自己想看的内容,而且能够主动发声、自由发言。在这一新型媒介环境的发展和影响下,大学生的注意力极易被网络上搞怪、新异的内容所吸引,对主流思想政治教育内容感兴趣的人数逐渐变少。在对众多大学生关注的微信公众号开展调研后,笔者发现,除少数学生干部之外,思想政治教育类公众号很少出现在学生"每日浏览前五位"的名单上。

网络思想政治教育实践中,大学生与教育主题的互动性欠缺,大学生参与性有待提升。一方面,由于思想政治教育内容的严肃性、规范性,很多学生"望而生畏",甚至避而远之,很少主动与网络思想政治教育互动。另一方面,目前网络思想政治教育思维还停留在传统模式,即内容生产——网络传播。尽管依托于新媒体,但实质上无异于将之前传播的报纸、杂志内容"搬"到网络,单向传播的局面没有得到彻底改变。因而,网络思想政治教育对大学生未能形成强烈而广泛的吸引力。

2. 教育主体能力有待提升

当前,网络思想政治教育处在一个深刻、全面、复杂的激烈竞争环境中[6]。从事网络思想政治教育的高校,其竞争对手来自互联网上成千上万的网络内容生产主体。这场白热化的竞争所抢夺的对象是大学生的注意力和时间。随着移动终端和新媒体的发展,大量鱼龙混杂的信息在互联网上"博取眼球""争取流量"。而大学生本来就有繁重的学业任务,仅有的课余时间基本被各种新媒体信息所占据。目前,从事网络思想政治教育的主体,正处于这场"时间战场""注意力战场"的竞争中,高校网络思想政治教育者所面临的情况不容乐观。从教育主体的视角分析造成这一困境的原因,可以概括为:教育主体从事网络思想政治教育时精力明显不足。

网络思想政治教育面临严峻的竞争环境,竞争对手多元化。大量互联网"内容创业者"都竭尽全力生产客户所需要的内容以吸引大学生;而高校思政工作者大都是在日常思想工作之余,抽出少量时间从事"网络思想政治教育"工作,二者的竞争不处于同一平台,教育主体在从事网络思想政治教育方面技术及创意不足。新媒体制作需要网络技术、新媒体采编技术、多媒体制作技术,而这些都需要有专业背景的人参与其中。在高校网络思想政治教育者群体中,只有很少一部分具有可以胜任网络思想政治教育工作的专业背景;部分从事网络思想政治教育的教育主体工作动力不足。目前从事网络思想政治教育的主体,基本上是高校辅导员、宣传部工作人员,以及部分思政课教师等。针对网络思想政治教育主体存在的这些问题,除了对症下药,组建专职的网络思想政治教育队伍、提升网络思想政治教育队伍的工作能力和工作动力之外,还应不断提升教育主体的创新意识,鼓励网络思想政治教育主体增强个人能力。

3. 教育内容生产有待优化

网络思想政治教育的有效开展,需要良好的展现形式,需要给学生提供喜闻乐见的、深入浅出的网络思想政治内容,需要"让马克思主义说中国话",让思想政治教育说网络话、说大学生易于接受的话。鉴于当前网络思想政治教育在优质内容生产方面的不足,可以依托智库建设,通过数据采集分析和反馈,生产高质量、有针对性的网络思想政治教育内容。同时拓展网络思想政治教育传播渠道,依托不同载体,丰富思想政治教育传播形式[6]。同时,智库还应在网络思想政治教育的理论研究中发挥助推作用,为网络思想政治教育献良策、出实招。

三、推动智库建设,促进网络思想政治教育持续发展

开展网络思想政治教育,需要因人而异、因群体而异,因此,高校在开展

网络思想政治教育过程中务必要了解大学生的思想和行为特征。因此，依托智库对大学生的思想和行为状况开展调研便成为高校网络思想政治工作的一项重要任务。

1. 依托"双创"，加强对智库的培育和支持

2014年，时任总理李克强发出"大众创业、万众创新"号召，此后，"双创"浪潮迅速蔓延全国。"双创"是国家基于转型发展需要和国内创新潜力提出的重大战略，政府采取一系列鼓励措施，拓宽市场主体发展空间，促进创新创业人才流动，加速科技成果转化。"双创"不仅带动了大量就业，促进了创新驱动发展战略深入实施，而且创新了生产模式，催生了许多新业态，如共享经济、分享经济、"互联网+"，等等[7]。乘着"双创"之风，智库的发展应该迎来属于自己的春天。首先，创造公平的竞争环境。秉持公正、公开、公平的原则，通过项目招投标和申报等形式，使各类智库都能平等地参与决策咨询服务的提供，从而不断激活智库的创新力与活力[8]。其次，建立健全智库建言献策的渠道，使之正规化、常规化、多元化和动态化。再次，设立智库发展专项基金，给予有突出贡献的智库一定的资助，为智库建设提供有效财政支持与保障，从而使智库逐渐成为助推思想政治教育发展的重要力量之一。

2. 制定政策，推进网络思想政治教育项目外包

在思想政治教育项目外包问题上，政府可出台相关政策。如建立政府向智库购买思想政治教育服务（战略研究、规划设计、咨询报告等）的体制机制，建立智库参与网络思想政治教育的长效机制等。同时，政府还应推动公开、公平、公正的竞争环境的形成，促使各类智库能够参与网络思想政治教育。在《关于2017年度上海市人民政府决策咨询研究教育政策专项公开招标的通知》中，招标范围

扩大至"全国所有高等院校、科研机构、党政机关、社会团体、企业等单位或个人"。可见,实现智库全方位参与网络思想政治教育建设,政府的政策在其中发挥着至关重要的作用。

3. 促进思想政治教育类智库人才队伍的建设和流动

依托高校和科研机构,加强现有政治工作人员的网络培训[9],定期举办政治辅导、理论研修、政策解读等活动,加强思想政治引领,强化对思想政治教育类智库人才队伍的培养。如:经常组织智库人才团队开展调查研究,要求首席专家和岗位专家每年到基层开展不少于一个月的调研活动;为推动高校思政工作者队伍和智库工作队伍的人才流动,完善人才兼职、引进的人事管理制度,鼓励高校思政工作者到智库挂职,以及鼓励智库人员到高校挂职等,以实现二者在日后更多工作中的良好对接。

随着中国的发展,智库建设呼声越发高涨。智库对网络思想政治教育的推动作用亦不容忽视。因此,高校应借助国家力量及智库发展本身的变革促进智库建设,使其更好地服务国家、服务社会,同时为高校网络思想政治教育的发展作出更大的贡献。

参考文献

[1] 刘润. "微时代"高校网络思想政治教育体系构建策略研究[J]. 中国高等教育,2017(Z2):13-15.

[2] 李国强,徐蕴峰. 学习习近平"智库观",推动中国智库建设健康发展[J]. 智库理论与实践,2017,2(2):1-10.

[3] 高文杰. 院士指导职业教育长效机制的构想——基于美国思想库教育咨询

的视域[J].职教论坛,2012(21):8-14.

[4] 张珏.教育改革发展若干重大问题的思考[J].当代教育家,2017(2):26-27.

[5] 含英.不忘初心 牢记使命[J].大连干部学刊,2017,33(10):1.

[6] 杨文杰.人的全面发展理论视域下的高校网络思想政治教育[D].临汾:山西师范大学,2012.

[7] 韩雅丽."互联网+双创"构建校园文化建设新格局[J].中国高等教育,2015(23):36-38.

[8] 文少保.我国政府向智库购买决策咨询服务的价值、困境与路径选择[J].云南社会科学,2016(1):6-11.

[9] 王芳,邢亮."互联网+"驱动下大学生思想政治教育新形态的构建[J].高校辅导员学刊,2017,9(5):53-57.

本文转载自陈城,李博.用智库助推高校网络思想政治教育[J].高校辅导员学刊,2018,10(1):49-52.

社交网络意见领袖的内容特征影响力及其传播中的趋同性*

徐 翔

摘 要 本文创新性地提出社交网络"意见典范"的理论维度与内涵，并针对意见典范的整体内容特征扩散和相似关系，结合微博中的规模数据予以探索性的检验与实践分析。意见领袖不仅具有内容碎片的扩散与影响力，也具有用户内容整体特征的传递和影响力；意见领袖随着其作为"意见典范"程度的增强，表现出内容个性和独特性的消磨、向"芸芸众生"贴近的趋向；意见领袖的引领程度越高，则相互之间就越趋似，呈现越来越强的用户异质性消解与"社会窄化"；意见领袖的阶层越高，则层内用户相似性结构越集聚化和中心化，而非去中心化。意见领袖作为意见典范的内涵和特征，内蕴着一系列张力和悖论，使得高影响力的典范用户从对于垂范性和引领性的诉求走向"文化工业"式的标准化主体再生产，从丰富性和独特性到收敛于高影响力阶层内容的封闭，从用户模因流动的自由多向到形成中心化、赋权分化的用户内容逻辑与话语圈层。

---

* 本文为国家自然科学基金项目"社交网络互动中用户'信息窄化'机理分析：基于微博的数据挖掘"（项目编号：71804126）的研究成果。

作者简介 徐翔，同济大学艺术与传媒学院教授，同济大学中国特色社会主义理论研究中心特约研究员。

关键词　社交网络；意见典范；同质化；用户内容特征

意见领袖的概念可追溯到20世纪40年代，由保罗·F.拉扎斯菲尔德（Paul F. Lazarsfeld）等人针对政治传播领域而提出，意见领袖是构成信息和影响的重要来源，并是能左右多数人态度倾向的少数人[1]。在当今强势崛起的以用户为单位主体的社交网络媒体中，"意见领袖"依然在意见扩散、影响力辐射的媒介实践中扮演着重要角色，并成为网络传播、网络营销、社会学等多领域研究的热门对象。有关网络、微博、社交媒体意见领袖的研究，多数关注各种信息、话题、观点如何经由这些节点得到有效传播。[2-3] 但是在"意见领袖"的影响力之外，还有一种可称为"意见典范"的影响力模式，后者缺乏前者那样的充分理论自觉和学者重视，相关的实证分析也显不足。本文所指向的任务，其一是明确聚焦"意见典范"的现象与内涵，突出意见领袖易被忽视的"意见典范"角色和功能；其二是在验证意见领袖与意见典范的角色关联的基础上，探究意见典范所内蕴的用户扩散效能及其带来的用户趋同性。

一、意见典范的内涵

社交网络如一种"文化工业"或"媒介流水线"，是对原本自主、多样的媒介用户范本的大规模复制。"意见典范"强调的，不是"意见领袖"的意见、态度、信息为其他用户所接收、反馈、认同的影响力，而是使其他用户在整体内容上朝向"典范用户"发生或高或低的趋似、同化的影响力。

1. 用户内容基本单元的层面：从内容碎片到内容整体

意见领袖显现的是一种影响力的流动和传递，作为一种有效节点，使得信息、意见、态度可以在社交网络中更好地扩散。有关社交网络意见领袖的研究，多数关注意见领袖对于信息和消息的传播效力[4]、行为特征[5]、地位[6]和"两级传播"等问题。但是其中容易被忽视的而又与零散帖子扩散效果紧密相关的是，意见领袖的高影响力不仅表现于信息和意见的有效扩散，也表现于自身作为一种内容基本单位，在社交网络中的同化与扩散。

每个用户的内容生产中，零散发布的信息确实是碎片化的，但是个体的独特性体现在，这些碎片背后的某种统一性，构建着意见领袖个人的"信息指纹""内容人设"和"内容气质"。而这些整体性的内容特征，同样是个体在其影响力流动中所传递的不可忽视的重要成分。在此意义上，要求重视碎片拼图背后的个体特征。高影响力用户的作用，不只是对于消息和意见的有效传播，也应包括对个体"精神世界"的引领和约制[7]。一个用户内容综合形成的主题、风格、"议程"与"内容类型"等因素，潜在地形成一种规约和话语方式，这类似于一种内容生产的"人设"和"气质"，隐在地牵制着一个用户说什么和不说什么，侧重于什么议程和抑制什么议程。在社交网络和社会化媒体中，信息行为的基本单位不仅是被发帖、转发、评论的"内容片段"，也是从事这些内容所聚合成的具有统一性的用户/个体。过于强调内容和符号片段，会导致把用户作为整体单元的内容源切分为一个个破碎化的帖子或信息的"原子"和"分子"。把所生产的信息和内容碎片按照所属的用户组装和还原到"用户单元"，就会呈现出原本碎片所不具备的新的特征与似同性。

2. 用户影响力的层面：从帖子内容扩散到用户整体内容特征的扩散

作为意见领袖的用户，其局部的帖子、意见、内容，会对其他用户产生作用，发生扩散或产生反馈与效果。但在一些情况下，即使这些零散帖子未产生实际的与意见领袖地位匹配的影响力，也依然不能否证这些帖子整体的内容特征可能对于其他用户、被影响者产生扩散、流动、同化。媒介效果中的"潜文本"[8]"沉默舆论"[9]等多种因素,共同介入用户"主体性"(subjectivity)的同质化再生产,使得即使是看似无传播效果的内容,也发生其扩散力与传导力。看似无短期效果的帖子蕴含的"休眠效应",可能使得当下未体现出传播效果的帖子在长周期后,被其他受众接受、吸纳及融合转换。由于审视用户内容的基本单位发生了变化,对于意见典范的影响力的考察不再像意见领袖那样强调热帖、"10万+"博文的有效生产发布,而是强调用户整体产生的一种"春风化雨""内容气质"的传递,而这同样是一种在社交网络中不可忽视的影响力。

社交网络意见领袖的主要衡量标尺,是与其他用户之间的"发布信息—接受或反馈""关注—被关注"的影响—被影响关系。意见领袖由于其意见影响力及与其他用户之间更高的互动、"吸关"、"圈粉"强度,其帖子对其他用户产生的影响、发生的转发和扩散更强,总体上发生"典范化"的影响势能也更显著。高影响力用户或"流量"明星,在"同质化"的集群中,增强所影响的社群内的用户信息扩散。舆情场势理论认为,意见领袖具有的同化能力可产生形似区域状的舆情场,通过社交网络场域节点中的"振动(闪烁)粒子",同化受众,形成场内受众认知、情感及行为等向场源主体靠拢的过程。这种"闪烁"微粒越明亮,意见领袖影响力越强,且意见流内极势(public opinion field polar)越凸显[10]。意见流内极势又进一步强化其同化能力[11]。对推特的研究指出,用户和其直接粉丝之间存在着信息内容和主题上的同质现象。对博客用户的社会网络分析指出,普通博客用户在线上更容易陷入特定主题的交流社区,关注对象常常集中在特定的核心博客上[12]。社交网络用户的信息表达、意见表达不是任意的和异质化的,而是容易受到人气用户、高影响力用户的影响,朝着有限定性的方向去接触、关注、表达[13]。

社交媒体的高显示度用户、中心用户,具有内容特征有限化、类型窄化这些吸引着用户内容特质的收敛。对微博的研究显示，各类内容主题在微博信息扩散效果和用户的扩散能力方面都表现出强弱分化。这使得用户的内容生产、传达减少了内容的丰富性，而窄化、模板化的意味会得到加强。[14]曹洵和张志安的研究显示，微博中公知型意见领袖群落分散，公共讨论弱化；而营销类、娱乐类用户成为微博意见领袖群体的主流[15]。"娱乐至死""营销致死"等优势用户类型，加强了广大用户朝少数优势"范本"及其"模因"[16]集中的态势。传媒发展过程中仍然存在着的"合法性危机"及其导致的"强迫机制""模仿机制""社会规范机制"相互作用，最终使得传媒出现相当程度的同质化[17]。在社交媒体"人人都有麦克风"的自主性和草根化背景下，出现的是部分优势用户更强的同质化扩散，及其带来的用户独特性、个性化的消解和用户趋同圈层的增强。

3. 意见典范的内涵与阐述

社交网络用户内容生产中，其一，内容的基本单位，不仅可以是意见领袖研究模式下经常涉及的意见、帖子、信息等局部化、碎片化的信息内容（CA1），也可以是用户内容构成的整体特征／特质（CA2）；其二，影响力的基本模式，不仅可以是意见、帖子、信息等局部化、碎片化的信息内容所产生的扩散力与传播效能（CB1），也可以是某个用户整体的内容特征/特质所产生的扩散力与传播效能（CB2）。本文所谓的用户内容整体特质或特征，是在社交网络的内容生产中，一个用户区别于另一个用户的内容特质，而不是一条帖子区别于另一条帖子的特质；是一个用户相似于另一个用户的内容特质，而不是一条帖子相似于另一条帖子的特质。

笔者把社交网络、社会化媒体中的"意见典范"角色和现象（C0）界定为：社交网络中存在这样一些用户，他们把用户的各条帖子或所有发布的内容，统合为反映着用户内容特征的"信息基因""信息指纹"的整体，这种整体内容特质具有流向其他用户的扩散力和传播效果,使其他用户产生对于该种"用户内容整体特质"的不同程度的接纳、吸收与相似化、同质化作用。

与意见领袖不同,意见典范符合CA2和CB2两种条件。CA2:意见典范强调的内容扩散、用户内容特质扩散的基本单位,是从内容碎片到用户的内容整体特征;CB2:意见典范的影响力模式,是从帖子的扩散力到"用户整体内容特质"的扩散力。图1显示了用户作为意见典范的作用方式和路径,也即从"用户内容整体特质"部分到其他用户的流动;粗细不等的实线(区别于虚线)表示意见典范对于其他用户的强弱不等的扩散效果。

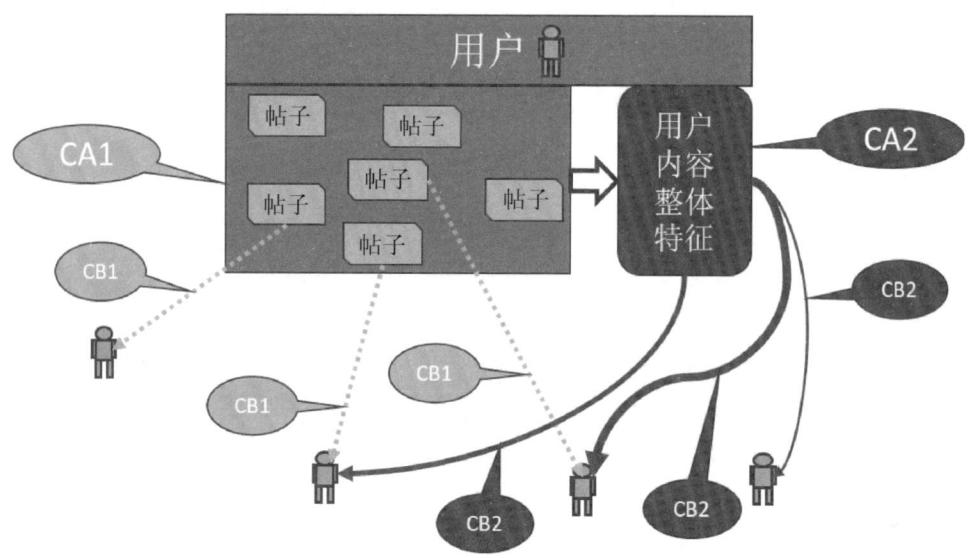

图1 意见典范的角色与内涵

在关于意见典范的内涵(C0)的基础上,自然延展至对于意见典范程度的界定(C1):将各个用户所发布的内容碎片组构为整体后反映该用户的整体内容特征,则用户的意见典范程度越高,他们的整体内容特征与社交网络中尽可能多的其他用户的相似性越强,其相似性的传递性越强。类似于"影响力",也可将这种意见典范角色的传递性和扩散效力称为典范力,以明确其影响力方式的特殊性。意见典范程度越高,这种"用户内容整体特质"的影响和传递程度就越高,其传递、扩散自身"用户内容整体特质"并有效影响他人的程度越高,能力也越强。

基于发生扩散的基本单元的差异(CA1和CA2),以及影响力层面的标的和方式的差异(CB1和CB2),意见典范的角色和意见领袖有关联之处,但其所强调的中心也差异甚显。其中,相较于意见领袖的研究框架侧重于局部内容的扩散和传播效能(CA1和CB1),意见典范的框架则侧重于整体内容特征的扩散和传播效能(CA2和CB2)。如前所述,整体内容与局部内容之间存在着联系,用户整体内容特质的扩散效能也和局部扩散效果存在着不可忽视的联系,因此我们不能割裂意见典范和意见领袖之间的关系,而是需要推测两种角色间是否存在着正向的关联性(这是后文问题Q1和假设H1将要回应的,在此为了便于理解而提前标出)。在此基础上,意见典范表示用户在扩散自身内容整体特质上的一种影响力与扩散力,虽然不同于意见领袖的影响力模式,但同样是需要重视挖掘的现象。图2对意见典范进行了对比性的勾连呈现。

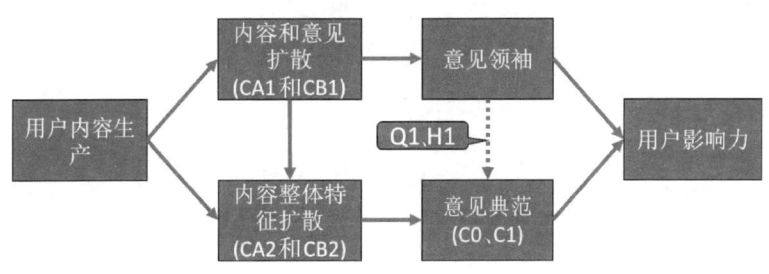

图2 结合用户内容扩散的意见典范内涵

4. 用户作为"意见典范"的程度衡量

根据意见典范的内涵(C0、C1),与用户作为"意见典范"的程度的衡量相关的是其用户内容整体特质的相似性的生成、传递与流动。或者也可以借用流行的"模因"一词,形象地将其类比为用户模因的传递与流动。如何衡量某个用户的内容整体特质在多大程度上与尽可能多的其他用户具有尽可能高的相似度?可以从不同的角度反映这种扩散效力。由此种方式计算得到的是,每个用户都会有"意见典范程度",这个程度或高或低,正如每个用户都会有或高或低的"粉丝规模"或"影响力"。

(1)作用广度

首先,用户与其他尽可能多的用户具有尽可能高的内容整体特质相似度(CA2、CB2),意味着可以初步分解为:一个用户与其他用户的所有相似度中,高于某个阈值的相似度个数会尽可能多。这个阈值没有硬性的选取标准,只需不同的用户可以具有区分度即可。本文选取该阈值为全体用户两两相似度的均值,设为t,则上述衡量要求转换为:如果一个用户作为意见典范的程度越高,其和其他全部用户的相似度的值中,高于t的个数尽可能多。这种方式,恰好与社会网络分析中对于节点的"度数中心度"的衡量方式是一致的。节点的度数中间度,在SNA中是一个比较简单的指数,反映与某节点直接相连的其他节点的个数[18]。这个指标在本文中主要反映用户的典范作用范围的广度,这种辐射广度是典范影响力的一个重要方面。

(2)作用深度

当然,作用广度在一个方面的确反映了更强的意见典范所具有的特征。弱意见典范往往难以达到这种广度。但是,如果两个用户都具有很强的作用广度,那么必须要在作用广度之外,考虑另一个重要而关键的因素——作用深度,以进一步衡量两个用户影响程度的大小。即:如果两个用户的作用广度都很大,但是其中一个用户影响的只是众多"无影响力"的草根用户、底层用户和低程度意见典范,而另一个用户则影响着较为多数的高影响力用户和高程度意见典范,显然,后者的意见典范作用是高于前者的,在全局网络中也具有更强的实际作用。这种

"节点所影响到的节点的影响力",恰好与社会网络分析中的经典指标之一"特征向量中心性"(eigenvector centrality)具有一致性。在特征向量中心性中,与重要的节点连接,比单纯地和更多的不重要的节点连接,具有更令人瞩目的地位。[19] 因为在一些情况下,用户虽然只对极少量有影响的人存在影响,但是这种影响程度可能超过对大量平庸、低影响"粉丝"的影响程度。因此,该指标也可以从另一方面反映用户作为意见典范的程度。

二、问题分析与假设提出

在前文明确阐述意见典范的角色与内涵的基础上,本部分继续紧紧扣住"用户内容整体特质的扩散"能力与程度这个最为核心的内涵,分析意见典范的角色特性。① 由于用户内容整体特质与用户内容碎片之间的组合关系、局部与整体关系,自然而然产生的问题(Qa)是:用户内容整体特质的扩散能力所指向的意见典范角色,与用户的零散的内容、帖子、资讯的扩散能力所指向的意见领袖角色及其影响力,二者之间的关系。由此延伸为后文的假设H1。② 在意见典范的内涵中,最为核心的一个方面,是用户内容整体特质发生扩散中用户的相似性流动与相似关系,这也是意见典范最具核心性的特征。那么,继而产生的问题(Qb)是:意见典范的用户相似关系,如何体现其作为意见典范的角色与程度?其中,至少包含以下层面:b1)意见典范与一般性的广泛用户、普通用户之间的相似关系,如何体现自己的意见典范程度;b2)意见典范与意见典范的相似关系,如何体现自己的意见典范程度。由b1提出下文假设H2;由b2提出下文假设H3、H4。全文的问题结构及假设如图3所示。

下文将对意见典范的内涵(主要是C0、C1及CA2、CB2,同时也包括与之相关联的CA1、CB1和意见领袖的影响力内涵),以及由此延展出的问题Qa、

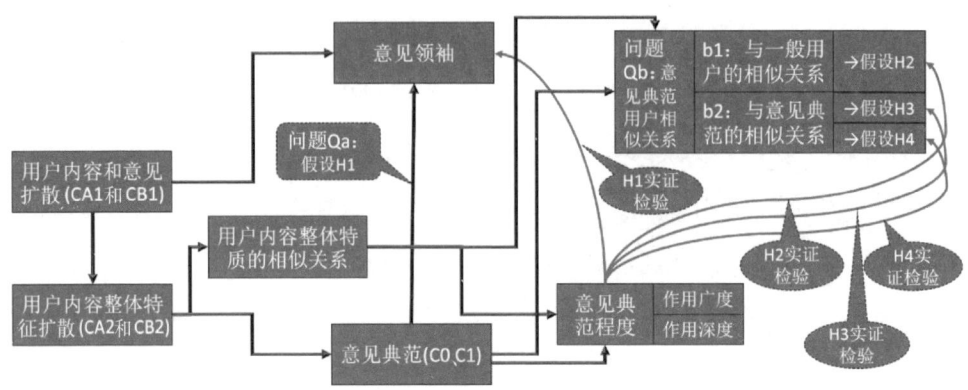

图3　问题结构与假设的提出

Qb，和顺着问题提出的假设H1、H2、H3、H4，作出细化分析。

1. 意见领袖作为意见典范：影响力的流动

对于意见典范，由前文所述的问题Qa，面临的是：用户作为意见典范与意见领袖的程度二者，及二者的内容扩散能力是否具有一致性，而非冲突或"风马牛不相及"？转换和延展为另一种相关联的问题则是：意见典范是谁，尤其是，意见典范是不是意见领袖？他们是高影响力的"大V"或意见领袖？抑或是盲从"大流"、跟随他人的"草根"（非意见领袖）？或许后者表面上看起来与大多数用户、芸芸众生更为"相似"，从而比看似精英、卓尔不凡的"大咖"更像"意见典范"。但这种观点，容易存在理论和实证两方面的困难。

对此要辨析的一个问题是：低影响力的用户，虽然或许会"和尽可能多的其他用户发生尽可能大的相似"，但是这完全不同于"对尽可能多的其他用户发生尽可能大的影响和传递"。因为低影响力用户本身，缺乏对它所接收、所具备的"用户内容整体特质"的再次传递、影响他人的效能。从个体和局部影响作用而言，或许每个个体的"典范力"有所差异，但关键是：意见典范的影响对象是一批人而不是少数几个人，这些人又会再度发生对于后续批次的其他人的传递和影响。这些大规模的人群，从统计规律上来说，超越个体的巨大差异，使得无论是高度盲从的个体抑或是高引领度的个体，都在人群传递网络的规模效应中被摊匀了，从而使得人群总体的网络传递效能具有统计学上的平稳性。另一方面，低影响力用户 U_{low} 对于大咖的完全模仿，也会使得 U_{low} 看起来具有更高的典范性。但是这里依然需要注意，更容易被其他用户模仿"人设"的，是"大咖"而不是"小 V"或"草根"。这种模仿在增强 U_{low} 的意见典范的程度的同时，也增强着被模仿的"大咖"的意见典范程度。从统计学而言，由于"大咖"被模仿的概率更高、范围更广、程度更高，所以最后在网络整体尺度表现的结果依然是，"大咖"比"小 V"具有更高的意见典范程度。从现实而言，完全模仿只是小概率事件，多数用户同时受到多种信息来源的影响，同样也使得意见典范程度较低的意见典范具有更高的被模仿、被融合和传递的程度。

如果单从个体或微观局部来看，和其他用户的更高相似度及其更高的典范、代表意义，确实有可能由用户对关键用户的"高模仿"或对人设大流的高盲从、高跟随引起；但是从全局的、大规模用户的结果而言，如果一个用户拥有比普通水平更高的意见典范程度，则其需要具有比普通水平更高的被模仿的概率，以及对于自身内容特质更高的、超出普通水平的再次传递能力。

从实证上，如果我们仍然有质疑，坚持认为随大流的"盲从者"才更有可能表现为高相似度，坚持认为意见领袖是"与众不同"的精英，而不是与大众更为相似的意见典范，那么在上述理论分析基础上，"是骡子是马"经过实测便知。这也正是本文就社交网络"意见典范"，从实证上首先要分析的也是基本的问题Q1：意见典范到底是不是意见领袖？

后文的分析中，我们不是一般性地把用户分为"是"或"不是"意见领袖，而是将意见领袖的影响力地位从无到最高值转换为连续性的数值进行测量，并同样对"意见典范"的程度进行从无到最高的测量,进而考察这两种程度之间是否具有统计学上的正相关性。从而把Q1转换为本文最具有基本性的假设:

H1:用户作为意见领袖的影响力程度,和其作为意见典范的程度,二者具有显著的正相关性。

在Q1的基础上,如果越是意见领袖,就越具有意见典范的典范性和典范力,则进一步探讨该结论的意义与社会文化后果。作为"意见典范"的特殊性质,会对意见领袖的角色、特征造成一系列后果,其中一部分具有反经验直观性,所以必须对其进行相连贯的、严谨的实证检验。这些和问题Qb相关,具体展开为后文的H2、H3、H4。

2. 作为意见典范的意见领袖:在独特性和去个性之间的张力

越是高程度的意见领袖,其内容是越体现"气质偶像""阳春白雪""不同寻常"的独特性,还是更贴近于普通民众的"下里巴人"化?尽管一般"经验"上,凸显高影响力、高人气的"精英气质"与高端内容"人设",似乎才更易引发其他用户的模仿、学习和求同,但是如果H1成立,则可以推断:越是意见领袖,则其内容必定越是会表现为贴近"普罗大众"和"芸芸众生";相反,意见领袖的影响力程度越低(甚至低到完全不是意见领袖)、越贴近普通大众,其反而越"高冷"和特异化。

推断理由如下:若H1成立,越是意见典范,其传递自身用户内容整体特质的能效就越强,以及这种传递具有典范化的间接传递和全局流动性,从而引发尽可能多的用户与自身尽可能相似的程度就越高。总体上,如果不存在意见典范的功能和差异等额外动因,那么根据随机抽样的误差分布规律,任意两个用户分别和足够大规模的N个随机用户的平均相似度,应该是趋于相同的常数。但如果意见领袖同时是意见典范,则可以推知:越是高程度的意见领袖,其和总体中足够大规模（甚至直接扩大到全体用户）的用户之间的平均相似度就会越高；从统计学上可以验证：与低程度意见领袖相比，高程度意见领袖和总体内的大规模随机用户的平均相似度必定会显著更高。

虽然我们不否证零散的个体仍然会有独特、"奇葩"之处，但这些更多的是偶发性、追求内容个性化中的伪个性化，或者并不具有统计显著性。总体来看，如果H1成立，则有足够信心提出假设，并尝试检验的是：

H2：用户作为意见领袖的影响力程度越高，则其和尽可能多数的用户乃至全体用户的内容平均相似程度越高。

而不是根据"常识"经验，误认为意见领袖必须具有尽可能高度的独特性或个性内容才可助其吸引追随者。

由于意见典范及其典范化的作用机制，意见领袖在此表现出悖论性质：意见领袖把大众带往"泯然众人矣"的内容同化的主体，反而是远离高影响力用户的"低层级"用户才保留有更多的内容独特性和个性。

3. 作为意见典范的意见领袖：在求异和趋同之间的张力

上文只是分析了意见领袖和"大众""芸芸众生"的关系，但是并未针对意见领袖内部的典范化问题进行分析。本节针对的直接现实问题是：高程度意见领袖彼此之间，是否比低程度的意见领袖彼此之间更加似同乃至重复？

在这个问题上，容易产生两种误解：① 认为意见领袖须更好地"博流量"和获取"社会注意力"、标新立异、获取"细分"受众，因而高程度意见领袖之间会比低程度意见领袖之间，更具差异化；② 高程度意见领袖彼此之间和低程度意见领袖彼此之间，可能是"差不多"和随机、接近均匀的分布，并没有显著的越来越相似或不相似的变化规律。应该说，这两种误解观点都是有一定迷惑力的，尤其是第①种，更为常见。

但是，基于H1，以及结合H2，可以推断：

H3：与低程度意见领袖相互之间相比，高程度意见领袖之间的内容相似度更高、更为趋同化。

因为一方面，如果越是意见领袖就越是意见典范（由H1得），则高意见领袖之间的相互"典范化"和相互趋同作用力，就会在统计意义上，高于低意见领袖之间的趋同作用力。这里不否认个例的存在，但是并不认为它足以推翻统计学上的规律。另一方面，既然越是高意见领袖，就越是"泯然众人矣"的无个性化，或者说，就越是和"大众"具有更为贴近的平均相似度，那么可以推知，越是高意见领袖，其内容独特性、异质性和个性被"削磨"得越严重，而趋近于社会总体的模式化越严重。这样，越是低程度的意见领袖，各自的独特性、异质性保留得越多，所以彼此之间的相似、趋同程度就会越低；反而越是高程度的意见领袖，独特性被削磨得越多，所以相互之间的相似程度反而比低意见领袖之间要更高。

4. 作为意见典范的意见领袖：在阶层开放和阶层封闭之间的张力

如果把"意见领袖"分为不同程度的社会层级，那么，是否越是"顶端"和"精英"的意见领袖，就越是多样化和包容内部的异质性，或越是重复化和封闭化？结合H3，既然越是高层级的意见领袖，彼此就越相似，那么可以推测：

H4：高程度的意见领袖"阶层"，层级内部之间的相似程度和同化程度，高于低程度意见领袖"阶层"。

随着"意见领袖"阶层的上升，阶层内部的用户越来越趋于同质化和单向度、封闭性，而非开放的去中心和异质化，也不是一直保持均匀、无变化。尽管这不意味着高的"阶层"内部一定已经达到了很强烈的、铁板一块的相似和同化程度，却意味着，他们存在着相似和同化程度越来越高的现象。

5. 意见领袖作为意见典范：假设的结构关系

全文从意见典范的基本概念、内涵及其与意见领袖的内在关系出发，提出基本性的假设H1，继而由假设H1进一步提出假设H2、H3和H4，见图4。

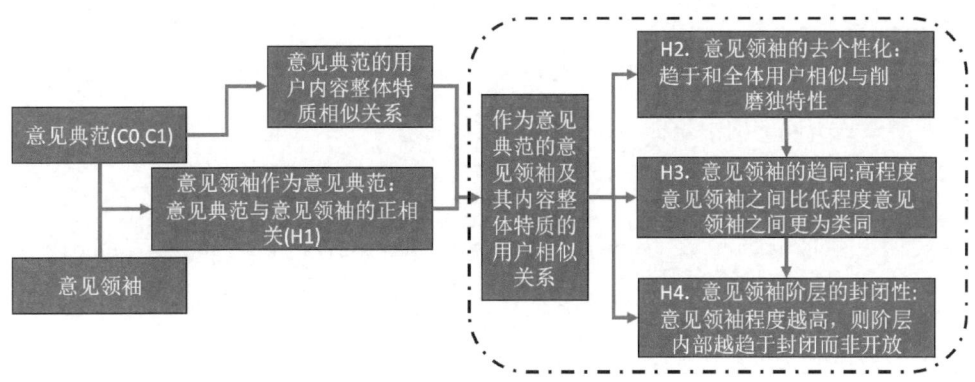

图4 假设之间的关系与推进

三、研究方案与研究设计、测量指标

1. 样本选取与数据预处理

样本选取自新浪微博，这是中国互联网时代的具有代表性的社交媒体和SNS内容平台。抓取新浪微博87 739个用户所发帖子，按发布时间顺序抓取每个用户发布的帖子（最多4 500条），初始获取帖子样本1.317 7亿条。所抓取的用户帖子发布时间分布太长，不利于横向比较，所以统一选取全部用户2017年1月1日至2018年12月31日两年间的帖子。由于需要分析每个人的所有帖子的整体内容特征，而且帖子所涉及的词汇、内容差异太大，为了稳健和较为充分地反映个体的内容特征，所以对于每个用户一律随机选取1 500条，不将发帖不足1 500条的用户纳入考察范围，最后得到有效用户样本12 478个。

2. 用户的内容整体特征的提取及其向量化表达：VSM+LSA

把单个样本用户的各条帖子，无顺序拼接为一个长文本，然后通过向量空间模型（Vector Space Model, VSM）得到每个用户的词频矩阵，作为特征向量。例如，某用户A的内容中，高比例出现"股票""中年危机"，低比例出现"体育""功夫"，而另一个用户B的内容中，高比例出现"养生""食物""体育"，两者显然是不同的内容整体。

把词频转为分布，采取常用的数据挖掘模块sklearn，关键部分的函数及参数如下：最低词频数（min_df）设为50，max_df设为0.3，ngram_range设为（1，1），即只采用一元词。得到的词频矩阵，有128 082个不同的词，即12 478个用户形成12 478行×128 082列的矩阵；并将词频矩阵中，各词的频数直接转为该词在该用户所有词总数中占的比例，得到L1规范化之后的词频矩阵X，便于在不同用户之间横向比较。

对于上述经由VSM模型转换得到的矩阵X，采取潜在语义分析（Latent Semantic Analysis, LSA）进行降维和内容特征的提取。LSA利用奇异值分解（Singular Value Decomposition, SVD），把数万、数十万以上的高维词频矩阵，降到数千、数百的低维表示[20]。其中，对于矩阵X，进行奇异值分解，保留前k个最大的奇异值，通过降维后的k个潜在语义主题代替、表示原有的全部词项的信息。采用LSA把12 478行×128 082列的矩阵X，降到12 478行×500列。虽然只有500维，但保留信息的解释比（explained_variance_ratio）为0.903，已经达到0.9以上，充分保留了原信息特征。

本文所有涉及的对于用户内容特征的向量化表示，都是对于用户的内容整体特质/特征的提取与表示，而不是对于用户的具体的帖子的表示。这里的提取方法，都采取本节中所述的方法，尤其是LSA对于用户的内容整体特征的提取，是文本挖掘中久经使用的经典手段。

3. 用户的内容相似度计算：内容整体特征的相似度而非具体帖子的相似度

本文的用户的内容相似度，一律是指用户在内容整体特质/特征上的相似度，而不是指用户的某些具体帖子、某条意见的相似度，参见第一部分及图1、图2的意见典范内涵中的CA2、CB2，而非CA1、CB1（其中用户的内容整体特质/特征采用第三部分第2节所述的方法进行提取）。

每个用户根据其内容提取为500维的向量之后，就可以进行用户之间的相似度计算。在此，选择文本挖掘中常用、稳健的余弦相似度。任意两个用户U_m和U_n之间的内容余弦相似度，计算方式表示为：

$$R(U_m, U_n) \qquad （式1）$$

$R(U_m, U_n)$的计算方法为：把这两个用户U_m、U_n的内容经上文所述的VSM+LSA方法，分别转换得到两个向量之后，求它们的余弦相似度，即两个向量之间夹角θ的余弦，该值范围为[−1，1]，值越大表明这两个用户之间内容越相似。

在式1的基础上进行扩展，从1对1的用户相似度，扩展到n对n的两组用户（每组中用户数量$n \geq 1$）之间的相似度。表示为：

$$H(G_1, G_2) = \frac{1}{n_1 n_2} \sum_{x_i \in G_1} \sum_{x_k \in G_2} R(U_{x_i}, U_{x_k}) \qquad （式2）$$

式2在式1的基础上，采用衡量两组对象间的平均距离、平均相似度所常用的"类平均法"（或称"簇平均法"，average group linkage）而扩展得到。其中G1或G2都可以有且仅有一个用户，这种情况下即：式1中所计算的个体与个体之间的两两相似度$R(U_{x_i}, U_{x_k})$，成为本公式中n_1和n_2分别等于1时的特例。

4. 用户作为"意见领袖"的程度衡量

选择常见和通用、具有很高认可度和代表性的"粉丝数",反映用户作为"意见领袖"、微博"大咖"的程度高低、强弱。张玉晨等直接将粉丝数的规模,作为区分"大V""中V"的唯一依据[21]。用粗糙集理论发现:"粉丝数对能否成为意见领袖至关重要……普通网友如果想成为意见领袖首先应该提高自己的粉丝数,这样自己的言论才更容易引起更多人的关注参与。"[22]用户的粉丝量对于广大用户来说也是最具有"实现难度"的一个身份指标,相较于增加发帖量、"灌水"、增加关注他人的数量、多转帖等,都要更具难度和区分度。这个指标高度直观,可避免黑箱化和不易理解性。实际操作中,由于用户粉丝量分布悬殊太大,因此采取式3中对数函数转换后的形式,其中 x 为粉丝量的原始数值:

$$x_{new} = \log_2(x+1) \quad (式3)$$

转换后的样本用户的粉丝规模指标值,分布见图5。

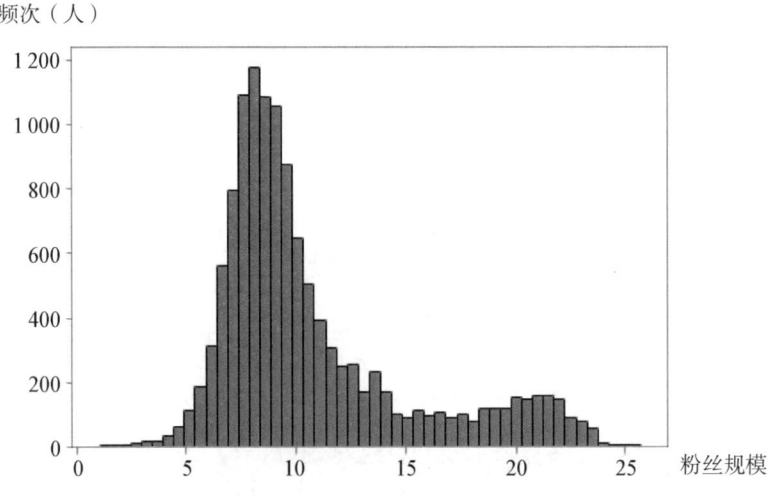

图5 用户样本的粉丝规模分布直方图(已由式3转换后的值)

5. 用户作为"意见典范"的程度衡量：广度与深度

对用户作为意见典范的程度予以实际测量，用于后文分析。在计算总体中每两个用户彼此间相似度的基础上，结合社会网络分析（Social Network Analysis，SNA）的角度考量用户之间相似性的传递。由于本文的样本为12 478个用户，所以计算得到用户两两之间的相似度矩阵 A，为12 478行×12 478列的规模，其中第 i 行、第 j 列的值 A_{ij} 表示第 i 个用户和第 j 个用户的内容整体特征的余弦相似度。结合前文第一部分第4节中的两个不同的方面，衡量用户作为意见典范的程度。

（1）作用广度

把相似度矩阵中相似度高于全体平均值的转为1，不高于全体平均值的设为0。计算该图中的每个节点的相对度数中心度，即对于某节点而言，用它所连通的节点个数除以（节点总数−1）。计算工具采用SNA中广泛使用的开源模板 networkx 中的 dgree_centrality（）函数。

（2）作用深度

本指标的计算采用开源模块 igraph 中的函数 eigenvector_centrality（），对原相似度矩阵 A 中的处于 $[-1, +1]$ 范围的值，经由 $[(x+1)/2]$ 转换为 $[0, 1]$ 范围内的归一化的值作为路径权重，计算每个节点的特征向量中心性。

四、实证检验与分析

结合第二部分对问题和假设的分析，以及第三部分对意见典范、意见领袖的可操作化界定，把全文要分析的4个假设（H1、H2、H3、H4）具体化为可以实际操作的形式，并进行微博用户数据的实证检验。

对最终的12 478个用户样本进行分析。其中，根据第三部分第4节中的式3，得每个用户作为意见领袖的影响力程度 x_i，并把这 12 478 个值依次组成序列 list_0 $= [x_1, x_2, x_3, \cdots\cdots, x_{12\,478}]$。

1. 假设 H1 的转换及检验

H1：用户作为意见领袖的影响力程度，和其作为意见典范的程度，二者具有显著的正相关性。意见典范程度的衡量见第三部分第 4 节中的计算方法。H1 转换为两个分假设：

① HP1.1：用户粉丝规模和该用户内容的作用广度（采取度数中心度衡量）之间，具有显著的正相关关系；

② HP1.2：用户粉丝规模和该用户内容的作用深度（采取特征向量中心性衡量）之间，具有显著的正相关关系。

基于 HP1.1、HP1.2 对 12 478 个用户进行分析，分别得到长度都为 12 478 的度数中心度数值序列 list_a、特征向量中心度数值序列 list_b，它们的用户顺序和 list_0 对应。其中，list_a（作用广度：用户的点度中心度）和 list_0 的皮尔逊相关系数为 0.33（$p<0.001$，$N=12\,478$），list_b（作用深度：用户的特征向量中心性）和 list_0 的皮尔逊相关系数为 0.28（$p<0.001$，$N=12\,478$）。

由于个体的"噪声"和误差过大，因此把用户个体按照粉丝规模划分，采取数据挖掘中常用的"等频分箱"方法，即把粉丝规模的影响力程度序列 list_0 划分为从低到高的 50 层，每层人数的频次相等，层序号依次为 1，2，3，…，50；同时，分别计算每层中用户粉丝规模的均值，作为该影响力层级的平均指标。分层后的结果见表 1。

表 1　用户按照粉丝规模进行影响力层级划分后每层用户的意见典范程度

	关于 HP1.1 的分层后的结果展示	关于 HP1.2 的分层后的结果展示
对 list_0 等频分层后（50 个用户层）	纵坐标：每个层级的用户点度中心度的平均值（list_a 按照用户分层后的层均值）	纵坐标：每个层级的用户特征向量中心性的平均值（list_b 按照用户分层后的层均值）

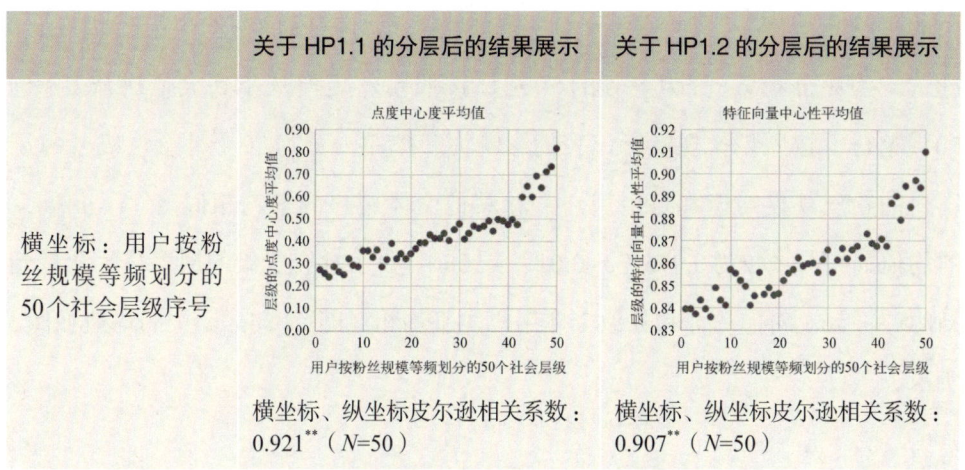

H1的结果显示,用户的粉丝规模越大,其意见典范程度所涉及的两个方面都越强,也即用户的内容整体特征扩散的广度、深度和辐射能力越强。

2. 假设H2的转换及检验

H2:用户作为意见领袖的影响力程度越高,则其越能影响多数的用户乃至全体用户,其内容整体特征的平均相似程度越高。计算每个用户和其他每个用户的内容整体特征的相似度之和,并求平均值,从而得到该用户和其他全体用户的平均相似度。全体用户G中第i个用户U_i与G的平均相似度,表示为$\text{sim}_{\text{global}}$,计算方式可以由式1、式2推广与略修正得:$\text{sim}_{\text{global}} = \dfrac{1}{n-1}\sum_{U_j \in G} R(U_i, U_j)$;其中$j \neq i$,$G$中的用户个数为$n$。H2转换如下。

HP2:用户粉丝规模和用户的$\text{sim}_{\text{global}}$之间,呈显著的正相关。

对于12 478个微博用户,逐个计算其$\text{sim}_{\text{global}}$形成长度为12 478个元素的数值序列list_c。list_c和粉丝规模序列list_0之间,皮尔逊相关系数为0.28($p<0.001$,$N=12\,478$)。

为了更清晰地描绘用户的粉丝规模(即变量list_0)与"和其他全体用

户的平均相似度"（即变量 list_c）之间的关系，对用户粉丝规模变量 list_0 进行"等频分箱"，分为等频的50层，按照粉丝规模从小到大依次从1标到50。这样，按照粉丝规模所代表的影响力，把用户分为50个社会层级：每层用户的粉丝规模均值和每层用户"和其他全体用户的平均相似度"（sim_{global}）的均值的相关系数为0.946（$p<0.01$，$N=50$）。每个社会层级的层序号（从低到高的1～50）对应的"和其他全体用户的平均相似度"（sim_{global}）的均值如图6所示。

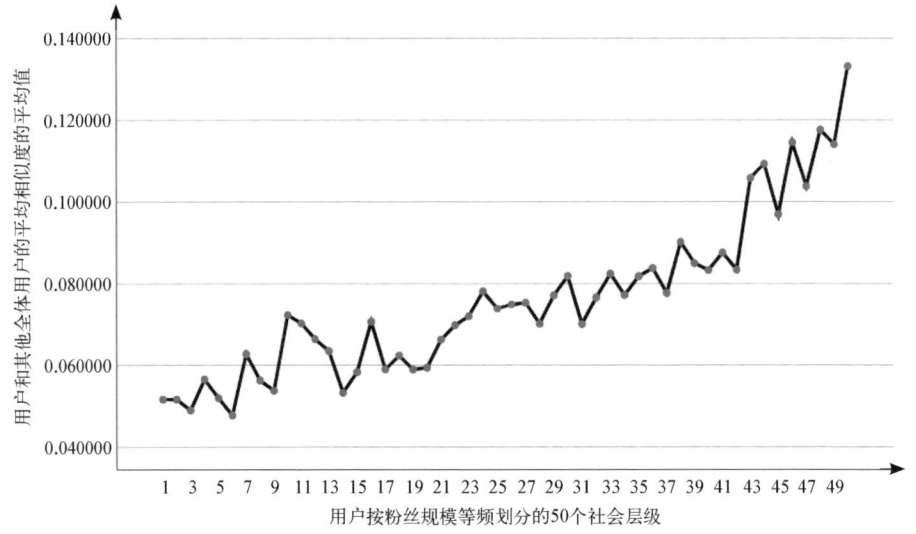

图6　分层后各层用户 sim_{global} 均值

H2的结果显示，用户粉丝规模越大，其就越贴近大众和全体，而不是趋向"高冷""标新立异""卓尔不群"。

3. 假设H3的转换及检验

H3：与低程度意见领袖相互之间相比，高程度意见领袖之间的内容相似度更高、更为趋同化。计算每个用户的"意见领袖"程度及其与其最为接近的n个用户之间的内容整体特征的相似度，从而考察随着意见领袖程度的提高，二者之间是否变得越来越趋近化。转换H3为：

HP3：假设与用户U_x粉丝规模最为接近的n个用户为U_{x_near}，如果用户U_x的粉丝规模越大，则U_x和U_{x_near}彼此之间的内容整体特征相似度越高，皮尔逊相关系数为显著的正相关。

在n取1的条件下，对于12 478个微博用户，逐个计算其和U_{x_near}的内容整体特征相似度，形成长度为12 478个数值的序列，命名为list_d1，则它和对应的粉丝规模序列list_0之间皮尔逊相关系数为0.30（$p<0.001$，N=12 478）。

在n依次取值1，2，3，…，30的条件下，分别代入HP3，计算得到的皮尔逊相关系数及其P值结果见图7：各相关系数的计算中，N=12 478，所有的P值全部<0.001；当n取值仅为3时，相关系数就已增长到了0.42；当n取值为10时，相关系数则已增长到了0.5以上；此后平稳地维持在0.54左右。这显示H3、HP3中的现象具有规律性与稳定性。

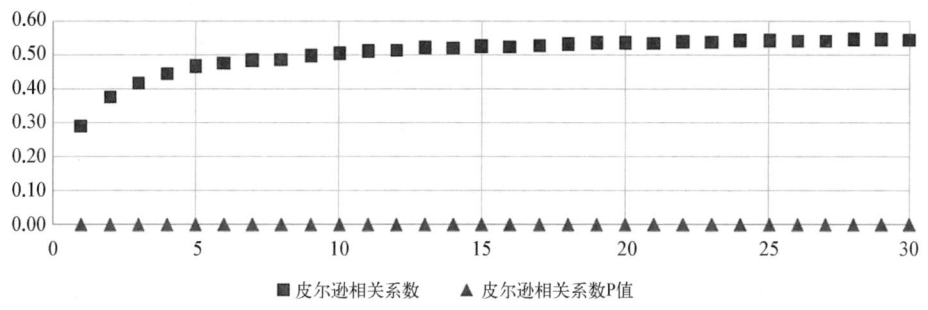

图7　粉丝规模最为接近的n个用户当n取值不同情况下的HP3检验结果

H3的结果显示，若用户的粉丝规模越大，则其内容整体特质和同粉丝规模的用户之间越接近、越相似，而不是越差异化，也不是为了获取垂直领域优势的细分化。意见领袖程度越高，他们就越趋同而不是趋异，朝向某种共同的"模板"和"典范"而减弱相互之间的异质性和独特性。

4. 假设H4的转换及检验

H4：高程度的意见领袖"阶层"，层级内部之间在内容整体特征上的相似程度和用户同质化程度，高于低程度意见领袖"阶层"。

对于H4，需要考察某个层级的用户内部的趋同性和差异性。对此结合数据挖掘中常用的"分箱化"预处理手段，从两个方面对层组内相似度进行社会网络分析：

路径之一是，考察随着意见领袖"社会层级"的提高，层级内用户的平均群聚系数（average clustering coefficient）是否越来越大。该指标在本文中，度量阶层内的用户节点倾向于相似、趋近在一起的紧密程度，而不是这些用户在内容上各自分裂、"特立独行"或异质化的程度。先结合式1的计算形成层内所有用户两两之间的余弦相似度矩阵，然后对各层的余弦相似度矩阵采用开源模块networkx中的average_clustering（）函数计算相应层用户内容的平均群聚系数。

分假设HP4.1：把用户按照粉丝规模从低到高地等频"分箱化"为n层（本文选取n=50），每层内各用户粉丝规模的平均值形成该层"质心"，则层粉丝规模质心和层用户的平均群聚系数之间，具有显著的正相关关系。

另一路径是，考察随着意见领袖"社会层级"的提高，层内用户的全局到达中心性（global reaching centrality）的程度是否越来越高。该指标可以反映层级内所有用户的内容"中心化"程度，而不是"去中心化"的离散、分裂，有助于反映意见领袖层级内部是否围绕某些"用户内容整体特质"的中心而发生相似化、趋同化。先结合式1的计算形成层内用户两两之间的余弦相似度矩阵，然后对其采用networkx中的global_reaching_centrality（）函数计算该层用户内容的全局到达中心性。

分假设HP4.2：把用户按照粉丝规模从低到高地等频"分箱化"为n层（本

文选取 $n=50$），每层内各用户粉丝规模的平均值形成该层"质心"，则层粉丝规模质心和层用户的全局到达中心性之间，具有显著的正相关关系。

把12 478个用户按照粉丝规模（即lisi_0中的值）"分箱化"切分为从低到高的50层之后，HP4.1的相关系数检验结果如下：层级粉丝规模"质心"和层级的平均群集系数之间的皮尔逊相关系数高达0.943（$p<0.001$，$N=50$），已接近完全的正相关；HP4.2的相关系数检验结果如下：层级粉丝规模"质心"和层级的全局到达中心性之间的皮尔逊相关系数高达0.732（$p<0.001$，$N=50$），是程度很高的正相关。

H4检验结果显示，用户的"意见领袖阶层"越高，阶层内部的趋同化就越高，差异化和分裂就越少，阶层内的用户内容特质构成的系统就越封闭，而不是越流动和开放。这种趋势表现得很强烈。

五、结　语

本文创新性地提出，对于社交网络"意见领袖"及其影响力流动的分析中，存在如下容易被忽略的理论与实践维度：意见领袖作为意见典范的角色与功能。文章以微博为对象，首先对"意见领袖是不是意见典范，越是意见领袖是否越是意见典范"的基本问题进行了验证（H1）。而后在H1的基础上，继续回答了其中潜含的"意见典范"传播现象与用户相似关系的后果：第一，意见领袖随着其作为"意见典范"程度的增强，表现出消解个性、独特性的变化趋向，和"芸芸众生"具有更高的贴近度、相似度，而非容易被误认为的具有更强独特性或"高冷""卓尔不群"（H2）；第二，意见领袖的程度越高，则相互之间就越相似和同化，呈现越来越强的收敛化和程式化作用力，这是一种"标准化"用户模因的社会再生产（H3）；第三，作为意见领袖的"阶层"越高，则层级内部的结构越集聚、中心化，而非去中心化或分裂、离散，整体的意见领袖阶层越来越增强其"用户内容整体特质"的封闭性（H4）。

谁更能成为最为典型的"典范"？虽然看似"草根"用户也可以，但是根据H1的结果，这里更像是C.赖特·米尔斯（Charles Wright Mills）在《权力精英》（The Power Elite）[23]中所述，是各种高级别的意见领袖"旋转"流动的"旋转门"，而不是"大V""大咖"和"草根"之间的阀门。用户虽然也可能朝向低级别的某些"草根"用户发生趋同，但这种可能程度更低。即使存在一些低向"模仿"或逆向流动，那也是局部的非主流现象或偶然现象，不具有统计意义上的趋势和规律。

后殖民主义学者佳亚特里·斯皮瓦克（Gayatri C. Spivak）针对话语权力中的底层，曾有著名的提问："底层（Subaltern）能说话吗？"[24]这对于社交网络而言，同样是一个需要审慎思考而不能轻率推测的问题。就社交网络中的用户相互作用而言，网络话语权力的结构似乎是无中心、多向的，似乎不同影响力级别的用户，都有可能成为高"典范度"的用户。马克·波斯特（Mark Poster）对互联网络作为"双向的、去中心化交流"的"第二媒介时代"的阐述[25]，丹·吉摩尔（Dan Gillmor）等人认为自媒体时代"草根媒体"动摇主流媒体对信息解读的垄断，[26]都体现了对于底层、"草根"用户话语权的"想象式赋权"。值得思考的是，尽管弱势和"草根"的"用户"节点可以取得连接权，这种连接本身的流向却是不平等、非匀质的，其中强影响力的用户在平等的互连接、互影响中依然占有更有优势、更具话语权的位置。根据H2（越是高意见领袖，和全体用户的平均相似度越高）中的正相关关系，反过来也是成立的：全体用户和越是高意见领袖的内容整体特征的相似度越高。高意见典范成为社交网络"人设"风气的"带动人"，推动着网络场域中的用户内容生产形态和生长样态趋同化。

在H1和H2的基础上，结合H3和H4显示，顶层意见典范日益趋于模板化并增强用户主体的趋同和封闭，他们难以被来自底层的"异质性"所丰富和消解；相反，高层意见典范不断把这种同质性和重复、封闭、窄化向下传递和扩散，增强社交网络用户内容在典范化作用下的同质性和"标准化用户"的文化再生产。意见典范不只是某种易被忽视的用户角色和用户现象，也关系到微博和社交网络中的用户整体结构，它呈现出用户趋同化的鲜明的"金字塔结构"，而非"倒金字塔结构"或其他常见的"纺锤结构""扁平结构"等。在这种金字塔结构中，越是影响力处于低位的用户，相似度就越松散，彼此间的内容整体特质（CA2）的相似度处于低位；而越是处于影响力高位的用户，彼此间相似度就越紧密，内容整体特质（CA2）的相似度也相应地水涨船高，H4中尤其鲜明地展示和支持了这种用户分层后的"金字塔结构"，其相关系数甚至高达0.73和0.94，呈现了用户影响力与用户相似程度之间较强的正相关性。

意见典范及其在用户之间的典范化作用，需要强调从意见领袖到意见典范、从内容模因到用户模因的基本转向，在此过程中凸显用户主体作为一种内容聚合单位在社交网络中的传递和扩散。意见领袖作为意见典范的基本内涵和特征，内蕴着一系列带有内在悖论的文化逻辑，使得高影响力的典范用户从对于垂范性和引领性的诉求走向"文化工业"式的"标准化"及朝向大众的"下沉"，[27]从丰富性和独特性到收敛于高影响力阶层的封闭与"窄化"，从用户内容整体特质流动的自由多向到形成再中心化、赋权分化的话语圈层。

参考文献

[1] LAZARSFELD P F, BERELSON B, GANDET H. The people's choice: how the voter makes up his mind in a presidential campaign [M]. New York: Columbia University Press, 1948.

［2］蒋翠清，朱义生，丁勇.基于UGC下的意见领袖发现研究［J］.情报杂志，2011，30（10）：82-85.

［3］胡勇，张翀斌，王祯学，等.网络舆论形成过程中意见领袖形成模型研究［J］.四川大学学报（自然科学版），2008（2）：347-351.

［4］王晨旭，管晓宏，秦涛，等.微博消息传播中意见领袖影响力建模研究［J］.软件学报，2015，26（6）：1473-1485.

［5］丁汉青，王亚萍.SNS网络空间中"意见领袖"特征之分析——以豆瓣网为例［J］.新闻与传播研究，2010（3）：83-92，112.

［6］韩运荣，高顺杰.微博舆论中的意见领袖素描——一种社会网络分析的视角［J］.新闻与传播研究，2012，19（3）：61-69.

［7］熊澄宇，张铮.在线社交网络的社会属性［J］.新闻大学，2012（3）：1-6.

［8］徐翔，邝明艳.接受与效果研究中的"潜文本"——文学理论与传播研究的交叉视角［J］.文艺理论研究，2010（1）：121-124.

［9］徐翔."沉默舆论"的传播机理及功能研究［J］.南京社会科学，2015（10）：112-117.

［10］GHIASSI M, SKINNER J, ZIMBRA D. Twitter brand sentiment analysis: a hybrid system using N-Gram analysis and dynamic artificial neural network［J］. Expert Systems with Applications, 2013, 40(16): 6266-6282.

［11］BORGE R, MARC E D V. Opinion leadership in parliamentary Twitter networks : a matter of layers of interaction?［J］. Journal of Information Technology & Politics, 2017, 14(3): 263-276.

［12］WENG J, LIM E P, JIANG J, et al. Twitterrank : finding topic-sensitive influential Twitterers［C］//Proceedings of the Third International Conference on Web Search and Web Data Mining, New York: ACM, 2010.

［13］王晓光.博客社区内的非正式交流：基于网络链接的实证分析［J］.情报学报，2009，28（2）：248-256.

［14］罗春海，刘红丽，胡海波.微博网络中用户主题兴趣相关性及主题信息扩散研究［J］.电子科技大学学报，2017，46（2）：458-468.

［15］曹洵，张志安.社交媒体意见群体的特征、变化和影响力研究［J］.新闻界，2017（7）：24-30.

［16］理查德·道金斯.自私的基因［M］.卢允中，译.长春：吉林人民出版社，1998：192.

［17］蔡卫平.传媒同质化现象动因探析［J］.当代传播，2008（3）：34-36.

［18］刘军.整体网分析：UCINET软件实用指南［M］.2版.上海：格致出版社，上海人民出版社，2014：127.

［19］拉法扎尼，阿巴西，刘欢.社会媒体挖掘［M］.刘挺，秦兵，赵妍妍，译.北京：人民邮电出版社，2015：42.

［20］DUMAIS S T. Latent semantic analysis［J］. Annual Review of Information Science and Technology, 2004, 38(1): 188-230.

［21］张玉晨，翟姗姗，许鑫，等.微博"中V"用户的传播特征及其引导力研究——以罗一笑事件为例［J］.图书情报工作，2018，62（11）：79-87.

［22］刘志明，刘鲁.微博网络舆情中的意见领袖识别及分析［J］.系统工程，2011，29（6）：8-16.

［23］C.赖特·米尔斯.权力精英［M］.李子雯，译.北京：北京时代华文书局，2019：309-332.

［24］佳亚特里·斯皮瓦克.从解构到全球化批判：斯皮瓦克读本［M］.陈永国，赖立里，郭英剑，译.北京：北京大学出版社，2007.

［25］马克·波斯特.第二媒介时代［M］.范静晔，译.南京：南京大学出版社，

2001：22-28.

［26］丹·吉摩尔.草根媒体［M］.陈建勋，译.南京：南京大学出版社，2010.

［27］马克斯·霍克海默，西奥多·阿道尔诺.启蒙辩证法——哲学断片［M］.渠敬东，曹卫东，译.上海：上海人民出版社，2006：107-152.

本文转载自徐翔.社交网络意见领袖的内容特征影响力及其传播中的趋同性［J］.上海交通大学学报（哲学社会科学版），2021，29（2）：89-104.

网络"泛娱乐化"对青年价值观的危害及应对[*]

王 少

摘 要 网络"泛娱乐化"对青年价值观有负面影响。网络"泛娱乐化"通过冲击价值观教育方法论和贩卖现实焦虑、制造审美误区等方式裂解青年已有的正确价值认知;通过充当错误思潮的温床夸大离奇个例、生产奇异话题解构青年在整体认知基础上形成的价值观;通过分化网络议题下的观点制造对立阵营,在封闭圈子里极化群体意识、撕裂青年的原生价值观;通过用娱乐驱逐严肃和生产低俗文化的手段巩固青年的错误价值认识。为应对网络"泛娱乐化"对青年价值观的危害,本文建议新闻出版部门、广播电视部门、网络监管部门、高校等机构重构娱乐内涵、重塑娱乐功能,杜绝在网络中将严肃和娱乐相混淆,划清现实与网络的界限、分离低俗和娱乐的联系,用理论伟力浇筑青年价值观教育。

关键词 "泛娱乐化";价值观;错误思潮;群体极化;教育

---

[*] 本文为教育部哲学社会科学研究重大课题攻关项目"新形势下办好高校思想政治理论课战略研究"(项目编号:17JZD055)的阶段性研究成果。
作者简介 王少,同济大学马克思主义学院,副教授,博士。

习近平总书记指出，"青年的价值取向决定了未来整个社会的价值取向"[1]，守护和铸牢青年人的正确价值观是立德树人的必然要求。"泛娱乐化"是"以消费主义、享乐主义为核心，以现代媒介为主要载体，以浅薄空洞的内容甚至粗鄙搞怪、戏谑的方式，通过戏剧化的滥情表演，试图放松人们的紧张神经，从而达到快感的一种现象"[2]。由于娱乐是网络的重要功能，"泛娱乐化"与网络的结合最为深入。"泛娱乐化"是网络媒介吸引流量、快速提高关注度的重要手段，在流量利益的驱使下，不少网络媒介都呈现出"泛娱乐化"倾向。网络"泛娱乐化"所具有的模糊严肃和娱乐的边界、解构事实和虚假的界限、消解理性和情绪的分野等特征对青年价值观有负面影响。因此，必须深入了解网络"泛娱乐化"危害青年价值观的方式和进路，有针对性地确立对策。

一、裂解正确价值认知

网络"泛娱乐化"对青年价值观的主要危害就是在"娱乐至死"的形态下用虚妄替换真实，让部分青年网民在不知不觉中陷入一切皆可娱乐的狂欢中，逐渐远离严肃和实在，被动地放弃已初步形成的正确价值认知。

1. 用大数据算法削弱价值观教育效果

传播是网络中大大小小的媒介存在的本质。随着信息技术的发展，网络媒介的内在传播机理已转化为依托大数据算法，通过精准推送信息以培养用户黏性这一基本方式。其中的大数据算法对包括思想政治教育方法论在内的一切社会科学方法论均造成不小的冲击。

作为人们认识世界、改造世界的方法的理论，方法论对人们世界观、人生观和价值观的变革性影响毋庸置疑。"马克思的整个世界观不是教义，而是方法。它提供的不是现成的教条,而是进一步研究的出发点和提供这种研究使用的方法"[3]。马克思主义方法论是一整套认识事物发生、发展、灭亡规律的科学体系,在这一科学体系中,认识对象的内在规律和表现形式之间的因果关系是方法论运行的重要载体。包括价值观教育在内的全部思想政治教育的基本运行模式,就是以因果关系为中介将教育内容转化为教育客体(主要是青年人)自身的思想意识,最终实现思想政治教育目标。网络"泛娱乐化"通过大数据算法改变了青年人认识价值观的方法。这种改变主要源自大数据算法对因果关系和相关关系两者之间地位的扭转。"大数据要求人们改变对因果关系的追问,转而追求相关关系"[4],这是大数据算法体系必须依赖海量数据这一特征所致。大数据不再追求数据的精确性,而把混杂性甚至冗杂性作为从数据到结论的中介,这使得结果不再那么确定,原因也不再那么重要,但数据和结论之间的相关关系却是绝对存在的。如果以相关大量地代替因果,真和假、对和错之间的界限便不再那么清晰,价值观内在的核心观念及其人生指导意义就会被稀释,导致作为价值观教育客体的青年人在失去因果感知的场域中改变了把握价值观认识对象规律的一贯立场,其原有的价值认知方式被破坏。

在破坏价值认知方式的基础上,网络"泛娱乐化"利用大数据算法进一步削弱价值观教育客体的受教育态度和认知意愿。由于网络"泛娱乐化"与主流价值观不相符的虚无式价值表达方式特别能够吸引青年人的注意,一些被网络"泛娱乐化"通过大数据算法黏住的青年人开始虚无价值观教育的意义,进而对价值观的内容产生质疑,价值认知态度发生变化,主动接受价值观教育的积极性降低。

2. 利用"反感式"娱乐裂化真实

在网络中,传播活动具有明显的"去中心化"特点,展现出来的是一种网状传播结构。例如,对微博和微信公众号的转发会使得信息在短时间内呈几何型扩散,每一个转发者都会形成一个新的中心,都会自发地对所转发信息承担起相应的传播义务,原有的传播中心被模糊化,而自治式的传播节点变得层出不穷。网络传播迥异于此前一对多、点对面的单向传播,它是一种综合了交互性传播和分众化传播的新型传播,只有对信息感兴趣的网民才会主动传播信息,成为传播节点,所以抓住作为网民主体的青年人的兴趣点是网络传播取得成功的关键所在。激发青年人的兴趣不一定要通过喜爱,也可以通过不喜爱,表现为青年人对自己恐惧、厌恶和担忧的事物的反向关注。在信息化时代,青年人逃避生活的压力进入网络世界虽然在很大程度上是为了放松而寻求娱乐,但作为现实的人,无论如何也不可能彻底摆脱现实世界的影响,一劳永逸地去做一头埋头沙土的鸵鸟。现实的好恶仍然是青年人选择性关注网络信息的出发点,于是,网络"泛娱乐化"将贩卖现实焦虑作为一种娱乐,创造出独特的反感式娱乐。

剥开网络"泛娱乐化"的层层伪装,其内在目的应当也必然是打破真实和虚妄之间的界限。反感式"泛娱乐化"通过裂化真实的方式来扩散现实问题和事件,以间断性和碎片化的传播手段,把大容量的信息裂解为短文案、图片和短视频,一方面迎合青年人对娱乐的快餐式需求,一方面在信息内容中加入被夸大的、令人反感的现实问题吸引涉世未深的青年人的眼球。"反感式"娱乐混淆了真伪,使信息背后的真实性被消解,放大了观者对现实的反感。"反感式"娱乐无限放任网络吐槽,一些青年人开始产生挣脱现实的快感和逃离现实的错觉,由此进一步陷入网络"泛娱乐化"漩涡中,在娱乐化的调侃、戏谑和扯皮中,现实问题并没有解决,而真实的价值感知却被虚妄化了。

3. 制造审美误区扭曲正确价值观

在现实世界中,审美和审丑之间泾渭分明,尽管也有人热衷于逐丑扮丑,但审丑尚属于非主流行为,在社会规范的约束下,拥趸者也较少。在网络中,审丑成了一种常态,这是"泛娱乐化"在网络中的变态呈现,这种颠覆性审丑情趣在解构审美的同时,也部分消解了以美丑和善恶评价为核心的价值观的存在意义。有学者指出,"网络'泛娱乐化'以丑为美的价值取向,使青年大学生陷入了审美误区"[5]。其实,审美误区的出现不只是因为审丑,网络"泛娱乐化"对美本身的肤浅化表达和无限度吹捧是导致审美误区的另一重要原因。当网络"泛娱乐化"用"美"代表一切的时候就遮盖了一切,美本身所具有的素养和含义被曲解成单一的观赏价值,"颜值即正义"的调侃又赋予了美不应该具有的价值观高度,最终将网络"泛娱乐化"中的审美变得浅薄不堪。人们在网络中都既是审美主体也是审美客体,因这被扭曲的审美,一些年轻人不惜活在美颜、P图和二次元头像里,久而久之,审美者和被审美者的价值认知都会发生蜕化。

在审美误区里,部分青年人沉浸于美和丑带来的感官享受与刺激,而忽视了其中存在的价值观扭曲问题,有的青年人甚至会站在制造误区一方对抗正面说教,并在对抗中进一步改变自身的价值认知。由于主流价值观具有美好、正面和不可曲解等特征,网络"泛娱乐化"在不分美丑、极端夸大表面美的同时就排斥了主流价值观,这使得一些青年人踏入网络"泛娱乐化"的审美误区后,原本即将成形的正确价值观可能会被迅速扭曲直至边缘化。

二、为错误思潮提供温床

网络"泛娱乐化"之所以能够对青年价值观产生深刻影响,既在于其本身"娱乐一切"所具有的遮蔽功能,更在于其为不少错误思潮提供了温床。"泛娱乐化"与其说是一种思潮,不如说是一种载体,虽然其自身也以价值虚无、追求感官享乐和消费刺激为特征,但这些特征都来自虚无主义、享乐主义和消费主义。一些错误思潮在网络"泛娱乐化"的加持下一步步带偏部分青年人的价值观。

1. 错误思潮利用网络"泛娱乐化"夸大离奇个例

"'泛娱乐化'所标榜的'娱乐一切'实则是对一切具有真实价值对象的否定、拆解和毁灭,是以'无价值'的导向去娱乐稀释一切'有价值'的对象"[6]。要达到否定真实价值对象的目的,整体性、宏观式的传播显然不能奏效,因为"真实"就发生在每一个青年人身边,贯穿于他们已有的生命体验中,所以只有通过网络碎片化的传播路径才有可能撬动青年人心中的真实价值大厦。青年在网络上会短暂屏蔽其在真实世界的体悟经验,容易对虚构、夸张、新奇的个例产生认同感。当"现实比小说更魔幻"成为青年群体的一种流行语后,奇闻异事、偶发性事件就成了他们眼中的常态,在见怪不怪的反叛心理支撑下,离奇个例的张力被无限增强,强到足以分解部分青年在整体架构上形成的生活经验。

网络"泛娱乐化"在个例中展示定式话语,同时因为所挑选的个例本身具有反现实性,其中必然潜藏着虚无主义、享乐主义等思潮所宣扬的西方社会价值观,各种与社会主义主流价值观不一致的主张和观点在个例中膨胀,试图带偏部分青年的价值观。对网络娱乐平台运营商来说,他们更在乎商业利益能否实现,而不在乎或很少注意错误思潮是否会借用"泛娱乐化"不停"还魂"。网络"泛娱乐化"在错误思潮的加持下,真正演变为"塑造政治、伦理和日常生活的一个强大的、充满诱惑力的手段"[7]。青年人思维活跃,热衷于接受新事物又习惯于用自己的方式消化解读新事物,为了更有力地黏住他们,网络娱乐平台在大数据算法的帮助下,精准锚定青年娱乐偏好,在娱乐外衣下任由各种错误思潮挖掘个例所蕴含的"深意"。为了摆脱现实世界中的各种不如意或为了"证明"自己已有的刻板偏见,一些青年人会更加喜爱"有深度"的"需要思考"的个例式娱乐。殊不知,种种个例背后的"深度"娱乐其实主要是错误思潮的娱乐化。部分青年人在错误思潮利用网络"泛娱乐化"实施的个例"投喂"下,慢慢被收拢,还错误地以为只是在用娱乐的心态解读一个个单一的现实案例。

网络"泛娱乐化"使青年人对现实的认识经历了由整体把握向个例猎奇的转变，个体的整体认知越囫囵，离奇个例的冲击就越强烈。错误思潮正是借助这一点，在网络"泛娱乐化"的温床里利用个例解构部分青年在整体认知基础上建立起来的价值观。

2. 错误思潮利用网络"泛娱乐化"生产奇异话题

如果说网络"泛娱乐化"甘当错误思潮的温床是网络娱乐平台运营商追逐商业利益所致，那么错误思潮渗入网络"泛娱乐化"却是一场蓄谋已久的"全面进军"。在理论祛魅和实践纠偏的双重打击下，错误思潮一旦将话题引向某种高度就会受到强力阻击，为了逃避被彻底剿灭的风险，错误思潮四处窥伺，终于发现了网络"泛娱乐化"这一合适的藏身之所，于是带着不可告人的目的隐入娱乐场景中，并竭尽所能将任何娱乐都引向"泛娱乐化"，妄图瞒天过海地继续自身的无耻使命。从网络"泛娱乐化"语境中的一些非常奇异的话题设计中可以窥得端倪，如各种类似"流落荒岛是带智能手机还是带年轻异性"的选择题，基本都是拜金主义和享乐主义等错误价值观的内部选择，青年网民无论如何选择都会落入错误思潮的圈套中，但这种选择题的娱乐性极强，会让很多人不自觉地主动发帖设问。即使后来出现了"蓝色药丸"式的破题答案，其实也只是在反驳设问者根本不可能提供的选项中的事物，是一种因为设问结果不可能获得而产生的愤怒和反感，而并不是在批判题目背后的拜金主义和享乐主义。

错误思潮通过网络"泛娱乐化"来生产奇异话题并塞入扭曲的价值观，在娱乐外衣的包装下，将对奇异话题的批驳和认同都引向虚无意义和虚假反思，通过暗度陈仓加速暗流涌动。如果部分青年人长期参与各种以扭曲价值观为内核的奇异话题，"游戏人间""放荡不羁""玩世不恭"等消极心态就会慢慢滋生，不断制造出"钱到位怎么都行""挣钱嘛，不磕碜"之类的网络娱乐话语。这些娱乐话语看似在调侃对拜金主义等错误价值观又爱又恨的无奈心理，但其实却在提倡功利化和利己主义，不但带偏了一些青年人的价值观，还悄悄侵蚀着社会主义道德的核心和原则。

三、助长网络对立情绪

网络"泛娱乐化"要持续下去，必须想方设法引爆热点，热点源于信息本身，却爆发于百花齐放的各种观点大潮中。与主流价值观相背离的观点天然具有"泛娱乐化"特质。为了使流量增加而不流失，网络媒体会变身"泛娱乐化"推手，挑选出离奇甚至错误的观点，通过将其置顶、为其设置新议题、鼓励转发等方式持续收割关注度，这时，各种观点之间的碰撞就变得格外有"看头"，流量经济得以凸显，而全然不顾对立情绪已突破边界。

1. 分化观点，建立对立阵营

为了吸引眼球而黏住青年人，网络"泛娱乐化"会为非主流观点"保驾护航"，主动促使青年出现观点分化，积极催生各自为营的观点派别。层出不穷的观点似乎各有各的道理，却在分化中逐渐远离主流价值观。

在某一热点事件中尚未表达观点的部分青年人，面对目乱睛迷的观点大潮，往往会在深信不疑和完全不信两种极端状态之间跳转，这种思维极端跳转的逻辑进路是：一些青年人先对某种观点深信不疑，在看到很多相反却又似有道理的观点后，开始质疑甚至哂笑最初的自己，由此生出一股无名火，转而对所有观点都表示不信，然后借鉴某种观点表达出一种看似属于自己的观点，再对这种观点深信不疑。这种思维上的转换有着深刻的内在原因，深信不疑往往和青年人刚刚成形不久的价值观关系紧密，而当怀疑开始出现时，就是青年人价值观受到冲击之时，这种冲击既来自相反的似有道理的观点，更来自"娱乐一切"的网络"泛娱乐化"所建构的娱乐框架。也就是说，"娱乐一切"很容易走向怀疑一切，此二者之间具有隐秘的关联。虽然观点大潮前仍然存在很多半信半疑的青年，但对于正确价值观而言，半信半疑就已经走向了错误，因为在价值观问题上来不得半点含糊。

观点的分化所构建的对立阵营虽然松散，却很容易持久。一旦某个青年接受了某种观点，即使其后期想转变或想走中庸之道，但由于其缺乏足够的社会经验和理论能力来支撑转变，其在话语表达中常会带有已接受观点的倾向性，也即其思维方式和表达方式会不自觉地受到已接受观点的影响，所以就会很容易被另一阵营所揭穿，被谩骂或者被扣上"理中客"的帽子，从而导致其很快又退守到已接受观点阵营中。这也是对立在任意娱乐话题下都会出现，又总是不断重复出现的原因之一。由于对立式的交锋无时不在，一些一时在观点争锋中气急而选择某一偏执观点方的青年在之后的争辩中不断巩固极端观点，逐渐遗忘甚至反对自己在家庭教育和学校教育中获得的原生价值观。

2. 封闭圈子，极化群体意识

在大数据算法的精准推送下，封闭空间会迅速形成，在这个空间里，被推送者所喜爱、赞同和支持的观点批量出现，极易导致群体思想极化。群体在圈子里目之所及没有不同观点，即使偶尔有也会被有意识地屏蔽或谩骂，并且是抱团式屏蔽、谩骂。当自己的主张、观点得到大量"志同道合"者的支持时，群体思想极化便进一步加深。网络"泛娱乐化"为这种极化提供了温和的外衣，让局中人不会因为极化而痛苦，因为一切都只是娱乐而已。一些青年人远离崇高、理性和现实，在反权威和去严肃化的圈子中偏安一隅地享受被去除标签的极化，似乎也没有多大害处，但一旦遇到圈外的价值观说教时，这种极化就会迅速狂热化，使圈内圈外出现令人悚然的针锋相对。

网络"泛娱乐化"在网络空间构建了一系列以买卖、游戏、电视、情感、日常生活为主题的年轻人圈子。一个圈子要想长期维持，必须依靠强有力的思维趋同，因此，这些看似由兴趣和算法推荐构成的圈子背后都有同一化的观点支撑。比如喜欢某种类型电视剧的青年观众构成了一个圈子，这个圈子通过弹幕、回帖和群聊建立沟通关系，满足圈子成员的精神交流需求，观点不同者要么被踢出圈子，要么主动离开圈子，要么改变观点融入圈子，这使得圈内成员逐渐形成趋同化的思维，最终构筑了一个极化的圈层群体。相对封闭的观点圈子极易引发成员之间的情绪共振，演化为群体对圈内信息的有意识、有目的的制造、传播和扩散。圈内人向圈外散播极化信息和观点，会吸引更多人或由于感兴趣或想要嘲笑而进入圈子一探究竟，这些人中可能有一部分会被圈子同化而改变原有的价值观，但更多的则会被圈子的极化价值观影响了心态，在感到不适的同时像上瘾一般不停地进入这个圈子争论争吵，又在争论争吵中对自身价值观走修正路线，或者会转而投入极端反对这个圈子的另一个圈子中，彻底撕裂自身固有的正确价值观。封闭的以娱乐化为名的年轻人圈子不停地加工制造即时性、同质化的信息和观点，在满足圈内成员娱乐快感的同时，也重塑了他们的价值观，模糊了他们对娱乐和生活、虚拟和现实、正确和错误之间的认知界限，并通过对立情绪影响圈外人的价值观。

四、巩固错误价值认识

网络"泛娱乐化"倾向会在各种不同的信息内容中巩固青年人已经出现的错误价值认识，渐渐让他们认同错误思想或者对之习以为常。对于价值观尚处于塑造阶段的青年人来说，这种巩固行为是致命的。

1. 娱乐驱逐严肃是巩固错误的第一手段

"娱乐化新闻使得思想、政治、民生类等新闻的生成空间、比例被挤压"[8]，直接导致这些新闻中的一部分主动或被迫走向娱乐化。当"一切皆可娱乐"的无价值导向变成一种价值观时，人们的精神世界就面临消解的危险，价值迷失、精神空虚逐渐成为主导，严肃变得可笑，正规变得荒谬，意义变得无意义，网络"泛娱乐化"在娱乐一切的同时也变成了一切。

在"太长不看"的娱乐思维影响下，一些严肃的新闻媒体，甚至法治新闻媒体都可以为了娱乐化效果，为特定新闻剪辑出最能吸引人的镜头和语言，并放在新闻封面上，而罔顾对观众的误导效应。一些青年被封面图片和文字所吸引，匆匆看了一下后发现后面都是严肃新闻便很快退出，留下完全和新闻真实内容相背离的评论或者在心中加深对某种社会现象的误解。更严重的是，有些旨在辟谣的新闻也采用这种传播方式，结果反倒成了扩散谣言的帮手，造成谣言的二次传播，不能不令人唏嘘愤懑。

网络传播方式"对传统的传播模式是一种解构，其话语方式更多地表现出反规则、碎片化、去中心的特点，嘲讽、质疑等成为新媒体中常见的风格，解构着现有的语法规则和话语结构"[9]。网络话语体系对现实话语体系的变革导致建立在现实话语体系上的正确价值观随之动摇，这种釜底抽薪式的解构手法，使坚守价值观的一方稍有不慎就会着了道。例如严肃新闻平台为了迎合青年人的娱乐喜好而主动更改原有话语体系，在新闻传播中采用娱乐式话语，却忽视了"水土不服"的问题，结果自然是一败涂地。

2. 生产低俗文化是巩固错误的重要手段

追逐低俗会使人产生反叛的快感，网络"泛娱乐化"在相当程度上是依靠低俗在支撑着、持续着。低俗文化将沉迷其中的青年与现实世界的人区分开来，使沉迷其中的青年主动"特立独行"，接受甚至自我创造定式的低俗娱乐文化。网络"泛娱乐化"在偏离高雅的路上一去不回头，竭尽所能奔向主流文化的背面，拒斥低俗之外的各类信息，追求同质化的低俗娱乐，借助低俗维持部分青年的娱乐快感，以"大家都是俗人""您可真高雅"等正向和反向话语站稳低俗立场，把理性思辨能力解读成"装清高"，使一些青年在反对高雅的大旗下沦为网络"泛娱乐化"巩固错误思想的"工具人"。

低俗文化使网络"泛娱乐化"完全颠覆了现实中的道德规则，其中的低俗言论更是不断冲击着正确价值观所赖以生存的优秀传统美德。如网络中许多"网红"的表演风格低俗，通过各种形式的"新潮艺术"以娱乐之名侵蚀着青年的道德认知和判断。如果深入剖析这一问题就会发现，低俗文化的市场虽然虚假繁荣，却在一定程度上隐含着部分青年人的情绪诉求，他们在网络上逆反式的低俗偏好在一定程度上真实反映了他们意欲反抗现实中种种刻板严肃的价值言说的态度。这其实意味着现实价值观教育需要适当转向。

网络"泛娱乐化"善于制造特定娱乐景观，而低俗文化景观是其最为得心应手的一种，因为这种景观门槛极低，红人们不需要多深厚的文化素养和专业特长就能轻易创设出来。当相关部门对某个引起广泛负面影响的低俗文化景观予以封禁后，由于这类景观的引流效果极佳和重构难度极低，往往很快又会冒出几个类似的景观。在新的低俗文化景观中，人们的低俗狂欢记忆会被立刻重新唤醒，现实中的理性和冷静被情绪化和亢奋所取代，部分青年的价值错位一瞬间就会产生，社会又将面临新的、重复的错误价值认识的挑战。

五、应对策略

尼尔·波兹曼（Neil Postman）在《娱乐至死》（*Amusing Ourselves to Death*）中指出，"如果严肃的公众对话变成了幼稚的婴儿语言，总而言之，如果人民蜕化为被动的受众，而一切公共事务形同杂耍，那么这个民族就会发现自己危在旦夕"[10]。"娱乐至死"死的既不是单个的人,也不是群体的人,而是人的价值取向和精神追求,如果一个社会中的大多数青年人都用娱乐主义去代替自己的固有价值观,那么这个社会就可能会变得麻木而危险。所以,决不能放任网络"泛娱乐化"无序扩张,必须针对其解构青年价值观的基本逻辑,制定相应策略。新闻出版广电部门和网络监管部门、娱乐行业自律性组织、网络娱乐平台运营商、高校都要承担起自己的责任,循着重新定位娱乐的内涵、功能、边界到正确开展有针对性的价值观教育这一由外而内的路径,杜绝网络"泛娱乐化"对青年价值观的危害。

1. 重构娱乐内涵,重塑娱乐功能

传统上认为"娱乐在本质上是审美的游戏"[11],其内涵就是围绕如何正确审美而构建的,所以一般将规范娱乐健康发展的努力放在提升娱乐提供者和娱乐参与者的审美素养上。然而在网络"泛娱乐化"语境中,审美和审丑的混淆不清、审美的表层化与极端化呈现打破了原有的娱乐内涵构建模式,使得单一地围绕审美无法建构纯粹的娱乐内涵,相反还会受到审丑和肤浅审美的不利影响。新闻出版广电部门、文化主管部门和教育行政部门应当重构娱乐内涵,使娱乐既不脱离审美,又不只有审美,让公众认识到娱乐是满足人们特定需求的活动,是人们追求身心愉悦、缓解各种压力的一种释放方式。基于此,娱乐的内涵应当围绕人的需求来构建。

马克思在《德意志意识形态》中说过:"他们的需要即他们的本性。"[12]人作为社会存在物,其社会需要是基本需要之一。娱乐应当在满足个体感官需要的同时满足人们的社会需要,使人们在身心愉悦中体验人生的美好,在缓解压力之后以崭新而昂扬的心态迎接新的挑战,这些不是仅靠提升审美素养就能达成的。因此,相关部门在构造娱乐内涵时,既要正本清源,还审美一个风清气正的面貌,还要增加达观、励志和坚韧等内涵,在网络中构架多元化的、积极而正面的娱乐新形态。

一直以来，放松功能都被视为娱乐的第一功能，甚至唯一功能，以至于一切能用于放松的娱乐手段都会被视为正确的、可行的，这种单一化的功能追求必然会造成娱乐的单向度发展，审丑、低俗、肤浅化搞笑才会日渐增多。事实上，娱乐不仅有放松功能，还有审美塑造功能和隐性德育功能。作为娱乐的重要内涵，审美的功能在于让人们知道什么是美的，什么是丑的，这与价值观的善恶分辨功能异曲同工，所以审美塑造功能必须旗帜鲜明地反对追捧审丑，反对表层化、极端化审美，以确保娱乐内容不会导致畸形审美，从而间接影响青年价值观。娱乐的隐性德育功能就是通常所说的寓教于乐，诚然，教育不是娱乐的主要目的，但娱乐所彰显出的价值观必须是正向的、有利于身心健康的，在这种价值观要求下产出的娱乐信息自然附带隐性德育功能。新闻出版广电部门和娱乐行业自律性组织只有将娱乐的功能塑造得更为丰富和科学，才能使娱乐的多种功能之间形成相互制约的关系，不至于让娱乐在一条道上走到黑。

重构娱乐内涵和重塑娱乐功能立足于需求端，是对青年人娱乐需求的多元化解读和立体化满足。需求端的改变最终将反馈到供给端，从而起到对倒逼娱乐供给的作用，让娱乐供给走向健康化、正向化。

2. 把严肃留给严肃，让娱乐限于娱乐

大数据技术和网络传播技术颠覆了原有的认知方式和现实中的话语体系，在网络世界创造出独特的话语风格。"泛娱乐化"利用新潮话语体系，在网络中如鱼得水，迅速抓住了各路网民，特别是乐于接受新事物且接受程度高、速度快的青年群体。于是有研究者建议，"社交媒体平台的融合报道需要转变为青年群体易于接受的话语风格，而并非单向度且直接搬运事件的表面消息"[13]。持类似观点的学者众多，且在实践中也已经有很多非以娱乐为主要运营方向的媒体平

台，包括一些严肃新闻平台都积极谋求话语风格的转化，以娱乐化形式来表达严肃新闻。这其实是不正确的做法。

一方面，我们要充分认识到网络话语方式确实深受多数网民，尤其是青年网民的喜爱，这种特殊风格的话语为包括"泛娱乐化"信息在内的一切网络信息"提供了新的文化土壤与传播情境"[14]。另一方面，网络话语体系本身所具有的娱乐化、短时化、碎片化特性并不适合所有信息的传播，过分的戏谑和调侃撕裂了常态环境下信息传播的合理性和有效性，在很大程度上消解了严肃信息的正常传递效果。所以，严肃新闻平台不应该一味迎合这种话语方式，否则在对重要事件进行严肃报道时就会产生"狼来了"的荒诞效应。因此，要想使严肃信息保持权威性，就不能轻易迎合娱乐化语境。同时，新闻出版部门和广播电视部门也不能放任一些网络媒体平台在传播娱乐信息时采用严肃化的表达方式，尽管这有时会生出令人忍俊不禁的反差"笑果"，但久而久之会使青年人面对严肃新闻时难以保持严肃态度。

3. 分开现实和网络，分离低俗和娱乐

现实的真实压力是将一些年轻人推向网络"泛娱乐化"大网的重要原因，由于娱乐内涵和功能的片面化，网络"泛娱乐化"在缓解青年现实压力的同时，也放大了他们的真实压力。对于网络娱乐平台运营商而言，这种放大的好处是能使网络平台频繁甚至永久地黏住部分青年，让他们不管在压力大时，还是压力小时，在有压力时，还是没压力时，都愿意一头扎进网络"泛娱乐化"的怀抱中。所以，在网络"泛娱乐化"影响下，现实和网络之间的界限被一再熔断，网络言行被一些青年代入现实，现实压力则在网络中被变形为无法打破而只能躲避的铁网，从而导致部分青年想在网络娱乐中暂时缓解压力的本意变成逃避正常学习、工作和生活的奢求，一些年轻人甚至回到现实后也在学习、工作和生活中继续编织"泛娱乐化"的黄粱梦。

"网络空间同现实社会一样，既要提倡自由，也要保持秩序……要坚持依法治网、依法办网、依法上网，让互联网在法治轨道上健康运行"[15]。自由和秩序之间的相互制约是分开网络和现实的良方。网络中的自由在虚拟性和匿名性的加持下，确实比现实中的自由多出一些新的行使方式，与之相应，网络秩序也应积极规制这些多出的方式。网络娱乐平台运营商必须遵循因势而新的网络秩序，在不低于现实秩序标准的网络秩序下运营网络娱乐。当青年人意识到网络秩序和现实秩序一样有力、网络自由并没有超越现实自由时，那种抱着彻底离开现实躲进网络、通过网络娱乐侵蚀现实甚至虚无现实的想法就永无出路。

网络监管部门要让"泛娱乐化"温床中的各种错误思潮无处藏身，立场坚定地拒绝它们进入娱乐景观。在"泛娱乐化"和一些错误思潮的合力下，以低俗为代表的不良文化常常打着娱乐的旗号腐蚀青年的正确价值观。因此，首先必须明确：低俗没有资格成为一种正当的娱乐文化。新闻出版部门和广播电视部门应当像在现实中一样在网络中无限压缩低俗文化的生存空间，明确去低俗化是网络娱乐合乎法律和道德的必然要求，从而确保各种网络娱乐的价值框架中绝不出现低俗。网络监管部门要积极利用大数据技术手段，智能化、分类化地管理娱乐景观，坚持优先推送高雅和通俗的娱乐内容，摒弃和删除低俗娱乐内容。

4. 让"泛娱乐化"远离课堂，让价值观教育回归理性

网络"泛娱乐化"的主要受众群体是青年人，他们精力旺盛、思维敏捷、接受能力强，既具有较高的独立思考能力，又具有极强的价值可塑性。在棘轮效应的影响下，青年人接触的价值越多元、掌握的知识越丰富，他们对价值观教育的要求就越高。

思想活跃的青年群体既容易认同某种观点，也容易反对某种观点，这也是近

年来众多所谓的"意见领袖""公知"接二连三"翻车"的重要原因。所以，在网络话语体系越来越成熟的背景下，面对"泛娱乐化"的重重冲击，价值观教育主体必须行稳，方能致远。高校中的一些教育者"一味迎合大学生的'娱求'，在教学过程中有意淡化甚至'避而不谈'马克思主义经典理论和理想信念，转而大谈能够'夺人耳目'的趣味化、碎片化内容"[16]。这种迎合只会降低教育者的权威性，却并不一定会提高教育教学的效果，因为价值观教育要取得实效最终靠的永远是科学而强大的思想理论。在高校价值观教育中，可以有趣味，但决不能没有理论能见度。习近平总书记指出，思政课"既要有惊涛拍岸的声势，也要有润物无声的效果"[17]。"润物无声"可以在寓教于乐中实现，但"惊涛拍岸"只能依靠彻底的理论。教师只有了解网络"泛娱乐化"的危害，掌握对其进行批判的理论要点，才能真正做到"以透彻的学理分析回应学生，以彻底的思想理论说服学生，用真理的强大力量引导学生"[18]。

培养理论思维和理论素养需要教育对象有足够的耐心，而网络"泛娱乐化"正在通过碎片化和短时化的手段消解人们的耐心和坚持，如果正统的高校价值观教育也选择碎裂式的娱乐方式，岂不是正中网络"泛娱乐化"中各种错误思潮下怀？高校必须将这种饮鸩止渴式的价值观教育方式驱离课堂。因此，高校价值观教育不仅要培养青年学生的价值观自信，价值观教育本身也要自信。说清楚科学的理论，辨明白正确的价值导向，精准打击各种错误社会思潮和"泛娱乐化"倾向是高校价值观教育回归理性的必然要求。

六、结　语

网络"泛娱乐化"从用大数据算法黏住青年人的那一刻开始，就产生了危害青年价值观的风险。当网络"泛娱乐化"通过冲击价值观教育方法论和贩卖现实焦虑、制造审美误区而形成错误的价值认知框架后，什么是因、什么是果，什么是喜爱、什么是反感，什么是美、什么是丑这些构成事实的基本形态就变得可有可无，真实信息在网络"泛娱乐化"手段下被异质化，部分青年开始对现实经验下认知的真实社会产生疏离感，那些本来有价值的事物逐步被虚无化，价值观的方法、规律、内容，价值观所立足的真实世界，对美丑善恶的价值判断也被网络"泛娱乐化"所扭曲。作为某些错误思潮的温床，网络"泛娱乐化"用直接性的消费、即时化的享乐构建了虚无缥缈的网络"桃源"，一些青年在其中纾解心情后继续麻痹自我，将奋斗抛之脑后，沉迷于感官刺激，最终彻底消弭了在奋斗和"躺平"之间的犹豫。部分青年人一边说着不将网络带入现实，一边却又在现实中展现网络话语和网络行动，潜意识层面的现实和网络不分已深深影响了他们的理性思考能力。泛娱乐心态一步步加深部分青年对现实的质疑，他们"在叛逆心理和怀疑精神的支配下，易于倒向网络媒体一边，使非理性化、情绪化加剧"[19]，这时，深刻变得可有可无，调侃却成了生活必需品，他们的正确价值观被进一步消解。

"个人进入特定的情景后，其价值观、偏好、感知完全交织在一起，如果事件和预期程度不符，则会产生不一致行为"[20]。为了避免价值观激变导致现实中的不一致行为产生，必须对网络"泛娱乐化"所构造的娱乐情景进行改造。正如现实娱乐一般，网络也需要严肃，分清现实和网络，强化网络中娱乐和严肃的界限，拒绝低俗文化入侵娱乐是应对网络"泛娱乐化"的关键。面向青年的价值观教育必须始终保持自信和理性，要让马克思主义理论发挥出惊涛拍岸的伟力，震穿网络"泛娱乐化"的虚伪外壳。

参考文献

[1] 习近平.习近平谈治国理政（第一卷）[M].北京：外文出版社，2018：

172.

[2] 冯刚,彭庆红,佘双好,等.新时代高校思想政治教育学原理[M].北京：人民出版社,2021：358.

[3] 中共中央马克思恩格斯列宁斯大林著作编译局.马克思恩格斯选集（第四卷）[M].北京：人民出版社,2012：664.

[4] 张庆熊.大数据时代社会科学方法论探讨[J].社会科学,2018（9）：69-77.

[5] 李紫娟,李海琪.网络"泛娱乐化"倾向对青年大学生的危害及其应对[J].中国青年社会科学,2021,40（6）：56-62.

[6] 汪康,吴学琴.网络"泛娱乐化"引发的主流意识形态安全风险及其治理[J].思想教育研究,2021（3）：56-60.

[7] 斯蒂芬·贝斯特,道格拉斯·凯尔纳.后现代转向[M].陈刚,等译.南京：南京大学出版社,2002：101.

[8] 宋小红.深刻认识网络"泛娱乐化"对大学生的影响[J].思想理论教育导刊,2019（9）：141-144.

[9] 陈力丹.网络对思维方式及思想发展的正负面影响[N].北京日报,2012-04-23（18）.

[10] 尼尔·波兹曼.娱乐至死[M].章艳,译.桂林：广西师范大学出版社,2004.

[11] 张晶.娱乐：审美文化中的"溶解性的美"[J].社会科学,2002（12）：61-64.

[12] 中共中央马克思恩格斯列宁斯大林著作编译局.马克思恩格斯全集（第三卷）[M].北京：人民出版社,1960：514.

[13] 李春雷,马思泳.社交媒体对青年群体灾害信息泛娱乐化传播的影响研

究——基于台风"山竹"的实地调研［J］.现代传播（中国传媒大学学报），2021，43（5）：138-144.

［14］宋小红.深刻认识网络"泛娱乐化"对大学生的影响［J］.思想理论教育导刊，2019（9）：141-144.

［15］习近平.习近平谈治国理政（第二卷）［M］.北京：外文出版社，2017：522-534.

［16］张恂，吕立志.网络"泛娱乐化"影响下高校思想政治理论课困境审思［J］.思想教育研究，2021（8）：95-99.

［17］习近平.思政课是落实立德树人根本任务的关键课程［EB/OL］.（2020-08-31）［2023-05-16］.https://www.ccps.gov.cn/xxsxk/zyls/202008/t20200831_143011.shtml.

［18］习近平.用新时代中国特色社会主义思想铸魂育人贯彻党的教育方针落实立德树人根本任务［N］.人民日报，2019-03-19（1）.

［19］于建嵘.抗争性政治：中国政治社会学基本问题［M］.北京：人民出版社，2010：165.

［20］ALBERT E. Some connotations of cognitive dissonance theory［J］. Psychological Reports, 1963, 13(3): 807-812.

本文转载自王少.网络"泛娱乐化"对青年价值观的危害及应对［J］.中国电化教育，2022（9）：69-76.

"微时代"背景下高校入党启蒙教育的路径
——以同济大学为例[*]

王 宁 覃文忠 李 睿

摘 要 互联网技术、移动终端与社交媒体的快速发展把我们带入了"微时代",其参与大众化、内容碎片化、传播裂变化的特点,为高校开展入党启蒙教育带来机遇和挑战。同济大学发挥"微时代"的创新驱动作用,构建学生党建慕课平台,打造入党启蒙教育"微党课"的实践经验,从盘活"微资源"、建好"微平台"、优化"微环境"和构建"微生态"等路径作出探索。

关键词 "微时代";入党启蒙教育;高校党建;"微党课"

随着信息技术的迅猛发展,微博、微信、微小说、微视频、微电影等"微"事物如雨后春笋般登上互联网舞台,让当代中国悄然进入了一个"微时代"。习近平总书记在全国高校思想政治工作会议上强调,"做好高校思想政治工作,要

---

[*] 本文为2019年度上海市学校党建研究课题(项目编号:DJYJ-2019-B05)、2019年度上海学校德育实践研究课题"'微时代'背景下大学生入党启蒙教育路径研究"(项目编号:2019-D-016)的阶段性研究成果。
作者简介 王宁,同济大学统战部主任科员,讲师。
覃文忠,同济大学上海国际知识产权学院党委书记,研究员。
李睿,同济大学党委宣传部副部长,副教授。

因事而化、因时而进、因势而新"。面对"微时代"的到来，高校开展入党启蒙教育应当抓住机遇、面对挑战，运用新思维，谋求新作为，在实践中创新理念思路、内容形式、体制机制、路径手段，不断提升其吸引力，增强思想政治教育的实效性。

一、"微时代"对高校入党启蒙教育的影响

中国互联网络信息中心（China Internet Information Center，CNNIC）发布的第44次《中国互联网络发展状况统计报告》显示：截至2019年6月，我国网民规模达8.54亿，同比增加6.59%，手机网民规模达8.47亿，同比增加7.5%。手机网民的快速增长、互联网技术的不断升级，使得微博、微信、抖音、哔哩哔哩等主要基于移动互联网存在的"微"媒体蓬勃发展，微小说、微视频、微电影等"微"内容大受追捧，人们的生活方式及信息的传播方式发生了巨大变化。"微时代"被定义为在互联网技术、移动终端与社交媒体快速发展的背景下，以数字化技术为基础，运用视频、音频、文字、图像等多种方式，通过显示终端即时获取和传播信息的时代，具有内容短小精悍，传播速度迅速，传播者更加多元，交互性更强等特点[1]。

与传统大众传播时代相比，"微时代"呈现出独有的特征：一是参与的大众化。只要拥有智能手机等设备，就可以通过微信、微博、抖音等社交软件表达观点、分享经验，人人都可以成为信息的生产者、制造者和传播者。二是内容碎片化。"微媒体"在发布信息时，往往会受到内容、时间方面的限制。例如，微博最初最多仅能发布140个字，抖音新用户只能录制15秒及以内的内容等，这些都导致"微时代"传播信息呈现出内容短小、零散、间断等特点。三是传播的裂变化。在"微时代"，人们习惯于通过点赞、转发、评论等方式互动，而每一次转

发,都会使信息进行一次"裂变式"的传播,信息传播的速度呈指数倍增长,远远高于以往任何一个时代。因此,"微时代"的到来给中国社会的政治、经济、文化、教育等方面带来了深刻影响,在其发展与应用过程中可谓机遇与挑战并存。

在"微时代",青年大学生在知识和信息的学习和获取途径及社交方式上都发生了巨大变化,网络复杂多元的意识形态强烈地影响着青年大学生的思想观念、价值取向及行为塑造等,影响着他们对于世界的认知和判断[2]。"微时代"的到来,对高校思想政治教育工作来说是一把"双刃剑",而作为高校党建工作源头的入党启蒙教育,近年来受"微时代"的影响尤为明显。深入分析"微时代"给高校入党启蒙教育带来的机遇和挑战,对于探索创新工作路径具有很强的指导意义。

1."微时代"背景下高校入党启蒙教育的机遇

(1)提升教育的吸引力

"微时代"为高校思想政治教育的载体、内容、方法等带来全方位变革的契机,也为入党启蒙教育提供了崭新的、有时代感和吸引力的平台。微课、微文、微视频、微电影等"微文化"的悄然兴起,图片、音频、视频、漫画等各种元素的有机组合,创造出一种独特的,更加亲切随和、更加灵活多样、更加个性化和人性化的呈现形式和文化风格,深受青年群体的喜爱。而这种"微文化"引发了当代青年话语方式、社交生态和知识获取方式等方面的变革,尤其是大学生群体,他们越来越依赖在移动终端主动检索信息的过程中实现自我教育。因此,通过这种丰富的"微文化"开展入党启蒙教育,将呈现"随风潜入夜,润物细无声"的感染力,实现入党启蒙教育效果的最大化。

(2)提升教育的传播力

移动互联网的产生和迅速发展,不但打破了信息传播的人际和时空限制,而且裂变式的传播速度为传播影响力带来革命性的变革,对提升教育的传播力有着积极的作用。一方面,思想政治教育工作者的工作时间不再限于8小时,工作场所也不再囿于教室或学生宿舍,哪里有网络,哪里就是弘扬主旋律的阵地、意识形态的战场。另一方面,大学生在移动互联的"微时代"更容易互相影响、互相作用、互相感染,微博上的每一次有感而发、微信朋友圈中的每一次转发,都可以是价值观的引领、正能量的传递和良好舆论环境的塑造。在"微时代"中,信息传播更便捷,传播方式更时尚,使思政教育能够以更加鲜活的形式、更接地气的内容和更具亲和力的表达方式,吸引大学生参与学习和传播,从而强化教育成效。

(3)提升教育的渗透力

"宽带中国"战略的深化和移动通信网络环境的不断完善,使移动网络与学生的学习、生活、娱乐更加密不可分,并成为一种融于细微、化于无形的新传播载体,其呈现的信息传播具象化、碎片化特征,为思想政治教育的日常化、具体化、生活化提供了切实可行的着力点。大学生碎片时间较多,可以随时通过手机终端上网学习,各类"微媒体"的出现,使得入党启蒙教育的触角有机会突破时空限制,通过学生熟悉而乐见的快速、便捷、灵活的传播渠道,直接触碰大学生思想心理的方方面面,渗入大学生学习生活的每个时空,对大学生产生潜移默化的影响。

2."微时代"为高校入党启蒙教育带来的挑战

(1)意识形态渗透加快

当今世界格局正在深度调整,国际国内形势深刻变化,社会思想文化和意识形态领域斗争复杂尖锐,此起彼伏[3]。在信息高度开放、资源高度共享的网络舆论场中,各种意识形态信息并存,而大学生对纷繁复杂的社会现象的甄别能力有限，很容易受到西方错误思潮的渗透和侵扰，从而对中国特色社会主义道路、理论、制度和文化缺乏自信[4]。而"微时代"的到来加快了西方政治意图的有意渗透，使网络意识形态领域的话语权争夺日趋激烈，使思想政治教育面临复杂和更具挑战性的局面。

（2）教育者的话语权威性和主导权受到冲击

"微时代"网络环境的自由度更高，信息传播体现出更强的即时性和共享性，这使得大学生的知识场域更加多元化和碎片化，导致其认知的系统性和完整性难以得到保证。此外，在"微时代"，无人不"微"、无时不"微"、无"微"不至，每个人都是微小的"自媒体"。人人可以发声，人人可以自由地发表见解，所以大学生群体自然成为网络阵地的主力军。权威平台的缺失也将引发权威话语的式微，使得受教育者容易被网络空间的各类庞杂的信息引导，使思想政治教育施教者的主体地位被解构[5]。网络传播的互动性也导致高校基层党组织产生"去中心化"的舆论格局[6]。

（3）教育者的网络思政素质能力面临挑战

"微时代"改变了以往思政教育工作自上而下的方式。一方面，学生借助各种"微平台"获取信息，思维更加活跃，关注面更加广阔，教师很难把握学生的特点和喜好，对话平台和对话方式往往不能被有效打通[7]；另一方面，从校园微博账号到校园微信公众号再到校园抖音号，层出不穷的校园新媒体形式，分散了思想政治教育者学习新技术的精力，加大了思想政治教育者学习、运用新技术的难度，加深了思想政治教育者的技术分化[8]。高校思政教育工作者需要主动了解大学生的喜好，积极融入微博、微信、抖音、快手等大学生群体聚集的"微平台"，以大学生乐于接受的方式和话语体系来传播主流意识形态，这对教育者的理论知识功底、网络技术水平、思维转换能力等都提出了更高的要求。

二、"微时代"背景下入党启蒙教育的路径

党的十八大以来,随着全面从严治党不断深化,高校党建工作产生新要求、新变化、新挑战,同时,我国经济发展进入新常态,全面深化改革进入深水区,高校意识形态领域呈现空前复杂的局面。当此之时,做好高校意识形态工作的任务十分艰巨,入党启蒙教育也应当站在新时代的新起点谋划布局。同济大学2017年开始实施"信仰启航"工程,旨在把优秀的青年学生凝聚在党旗下,引导普通学生主动了解党、积极靠近党,并切实发挥"微时代"的创新驱动作用,围绕"入党启蒙""学生党建""微视频"等若干关键词,构建以网络为传播途径、以微视频为信息载体的学生党建慕课平台,打造了一批有颜值、有温度、滴灌式、入脑走心的"微党课"。根据对大学生网络浏览习惯的综合调研分析,将每节"微党课"视频时长控制在3~8分钟,视频运用绿幕合成、动画制作、虚拟场景、数字影像合成等一系列流行的影像制作技术,在表达方式上注重信息的多样、内容的精练、画面的绚丽及讲述的生动。"微党课"通过网络播出后,在新生中引起了强烈反响。截至目前,同济大学"微党课"已覆盖2019级学生11 000余人,2019级本科生入党申请书递交比例较2018级提升21%。

1. 以"微传播"为着眼点,盘活入党启蒙教育的"微资源"

"微时代"背景下,运用"微传播"的工作思路开展入党启蒙教育,要从教育内涵和资源上进行创新,适应新的传播特性。首先要厘清入党启蒙教育内涵,结合大学生思想现状和成长特点,将入党启蒙教育目标具象化,从思想教育、文化教育、入党程序、行为标准等层面,科学设计《入党启蒙教育大纲》,使入党启蒙教育的内涵更加具体和细微。其次是丰富入党启蒙教育资源,注重挖掘鲜

活素材,把党的基本理论与挖掘校史红色文化相结合,与形势与政策教育相结合,与学生身边的典型事例相结合,与优秀党员榜样教育相结合,构建适应"微时代"的有活力、有魅力的话语体系,用故事来打动人、说服人、启示人、引导人,要主动回应思想疑惑和现实关切。同济大学入党启蒙教育系列"微党课"中,"与中华民族命运休戚与共"通过回顾同济大学百余年光辉校史,重温同济人与祖国和人民同舟共济,在革命年代保家卫国的情怀;"将论文写在祖国大地上"展现了在党的领导下,同济人始终以培育国之栋梁、矢志创新为己任,把论文书写在祖国大地上,为我国科技发展和经济建设奋斗终生的一系列感人故事;"党员,我最美的样子"以展现同济大学学生党员的成长变化为切入点,引导大学生感受入党的过程是追求卓越的过程;"党员,我无悔的选择"从党员校友的视角正面回应新生在递交入党申请书时的主要顾虑和疑惑,如党员身份对去外企工作、出国深造是否有影响等,起到示范引领作用;"你要知道的入党五步骤"通过活泼的动画形式对发展大学生党员的具体标准和入党程序等内容进行了一次深刻的解读。通过挖掘入党启蒙教育"微资源",用身边人讲身边事、道身边情、说身边理,生动活泼、深入浅出,将中国与世界、历史与现实、理论与实践充分地融合,这些"微党课"既"高大上",又接地气,有虚有实,有棱有角,有情有义,有滋有味,让理论学习和思政教育从枯燥乏味中脱胎换骨,焕发新的活力。

2. 以"微党课"为突破点,建好入党启蒙教育的"微平台"

思政课是大学生思想政治教育的"主阵地",在开展入党启蒙教育工作中,"微党课"实现了"主阵地"与"微媒体"的有机结合。大学生在制作、学习"微党课"的过程中,深入思考理想信念的内涵;在设计、讲授"微党课"的实践中,加强理论联系实际,实现知行合一;在完善、推广"微党课"的服务过程中,发挥朋辈教育的力量,有效引导学生坚定理想信念,培育社会主义核心价值观。由此可见,"微党课"不仅是"微传播"的一种形式,而且可以作为大学生深度参与、师生广泛互动的媒介和载体,因此,以"微党课"为突破点,建立可持续发展的"微平台"是开展"微时代"入党启蒙教育的关键。同济大学推出首批入党启蒙教育系列"微党课"后,逐步构建了以学生为中心、以互动为导向,全过程、多层次的新型学生党建工作载体———"学思·知行"学生党建慕课平台,实现了入党启蒙教育的自我学习、实践应用、服务朋辈三位一体的功能。第一,丰富入党启蒙教育内容:目前学生党建慕课平台已推出"入党启蒙教育""青年党员讲党课""党员TALK"三个系列"微党课",其中"青年党员讲党课"形成了"党的十九大""改革开放40周年""中华人民共和国成立70周年""不忘初心、牢记使命"等多个专题。第二,延伸入党启蒙教育阶段:为了方便学生能够随时随地进行线上学习,将入党启蒙教育以新生入学周为起点向前后延伸,实现新生入学前的关键期至大学毕业的全覆盖,通过持续的教育信息输出及借助"微时代"传播的裂变特性,吸引更多优秀大学生加深对党的认识,积极向党组织靠拢。第三,凝聚入党启蒙教育力量,引入"共享"和"众筹"理念,通过吸引和组织师生参与"微党课"的制作、交流和宣传,为入党启蒙教育工作整合多种资源,实现人力资源和内容资源的供给侧改革。

3. 以"微团队"为落脚点,优化入党启蒙教育"微环境"

高校应坚持网内网外协同、内容技术并重和监管引导并举的原则,构建网络教育主导权[9]。"微时代"背景下,开展入党启蒙教育,应坚持专业多样化、年龄层次化的原则,逐步组建有梯度、团队发展可持续的"微团队",注重学科交叉、能力互补。聘请一批思政教育领域和信息化建设领域专家,参与入党启蒙教育体系的顶层设计、内容把关和技术指导;打造一批理论过硬、擅长讲课、善于说理的网络名师，推出一系列入党启蒙"金课"，设立一系列能够与学生互动的入党启蒙"专栏"，正面引导网络正能量；选拔一批思想敏锐、业务全面的网络辅导员，面向学生开展入党启蒙教育；培养一批具有良好网络素养的学生党员骨干，深度参与"微平台"的运营和维护，有的放矢地做好"微服务"。此外，重点挖掘出一批党性强、有热情、理论水平高、宣讲能力强、语言"接地气"的学生党员，参与党课的录制，让同学们以"平视"的角度倾听党员的所思所想，牢固树立共产主义远大理想。完善队伍建设机制，并进一步建立配套的管理机制，明确工作分工和职责；加强培训机制，从政治理论、实践运用、网络技术等层面提升队伍的专业化水平；完善发展机制，通过考核和激励等制度为队伍的成长保驾护航。同济大学依托"学思·知行"学生党建慕课平台建设，成立党建慕课工作室，由党委学生工作部、研究生工作部负责组织协调，邀请5位分别来自马克思主义学院、艺术与传媒学院、文科办公室、校史馆的专家担任顾问，参与"微党课"的内容设计和审核，并进行艺术表现指导；邀请5名理论功底深厚的资深辅导员（包括2名副教授），参与"微党课"脚本的设计和孵化；选拔5名擅长学生党建或网络思政工作，且有稳定的研究方向及较高创新能力的一线辅导员，深度参与"微党课"的制作和党建慕课平台的具体实施；选拔10名学生党员（包括5名党支部书记），全面参与课程平台建设，共同开展教学实践。

4. 以"微细胞"为生长点，构建入党启蒙教育"微生态"

构建开放互动的信息网络，是这个时代教育的本质，联通成为重要的学习方式。一个人与有价值的信息源建立有机的联通，并不停地共享信息，是一种重要的学习方式。为学习者搭建信息网络，就是重要的教学方法。过去，教学是传播内容，而今天，最有价值的教学是搭建一个生态，让学习者与有价值的信息源建立有机的沟通，并形成广泛的信息共享网络[10]。"微时代"背景下，开展入党启蒙教育的未来趋势是建构开放互动、联通学习的"微生态",激活每一个"微细胞",即引导学生广泛、深度参与,实现资源共建共享。同济大学采取一系列措施,建立师生共同参与学生党建慕课平台建设的长效机制。一是设立党建专项,打通课程入口:发布学生党支部"对标争先"建设、"三型"学生党支部建设等项目,专项设立"微党课"申报通道,给予项目经费支持。通过自由申报和委托申报两种方式,鼓励学院和学生党支部制作"微党课",充分挖掘艺术与传媒学院、马克思主义学院等单位的学科优势,整合校内外资源。通过专项建设,2019年共有54个"微党课"立项,孵化形成了一批以庆祝改革开放40周年、庆祝中华人民共和国成立70周年等为主题的优秀"微党课"作品。二是跟踪课程孵化,打造精品课程包:遴选主题突出、形式新颖的"微党课"专题项目,由慕课平台研发团队从学校课程顶层设计切入,跟进指导;校院两级创新协同,做好课程设计,积极打造慕课系列精品课程包,不断丰富慕课平台的课程体系。通过课程孵化,2019年打造了党史、红色故事会等精品"微党课"专栏。三是做长触角延伸,推进广泛参与:加强与学生理论社团、时代声音传播社、"理论+"宣讲团等社团的联动,一方面从学生社团中遴选部分成熟的党课,按照适合"微传播"的时长和内容进一步打磨,制作精品课程;另一方面,邀请学生社团将部分"微党课"的内容进行深化和扩展,将课程从线上搬到线下,走进教室,走进学生社区,丰富线下入党启蒙教育的形式。

参考文献

[1] 沈培辉."微时代"下大学生思想政治教育工作研究——基于传播学视角的思考[J].高校辅导员学刊,2013,5(4):1-5.

[2] 丛亮.融媒体时代高校思想政治教育工作面临的挑战及应对[J].思想理

论教育,2019(11):82-85.

[3] 牛建强,刘海霞.大学生"半小时安全预警"机制的构建———基于兰州理工大学的实践研究[J].高校辅导员学刊,2019,11(2):94-98.

[4] 杜锄,谭向阳.网络传媒视阈下高校思政课教学方法创新研究[J].学校党建与思想教育,2019(19):63-65.

[5] 周炯.论微时代情境下高校思想政治教育话语权建构[J].湖南师范大学教育科学学报,2015,14(3):80-83,94.

[6] 邱吉,安阳朝.关于网络空间场域中高校基层党组织建设的思考[J].思想教育研究,2019(9):100-104.

[7] 彭容容.微传播时代高校网络思想政治教育话语权的提升[J].高校辅导员学刊,2019,11(5):41-45.

[8] 骆郁廷,余杰.新时代大学生思想政治教育融入校园新媒体刍议[J].学校党建与思想教育,2019(19):66-71.

[9] 兰明尚.新时代高校网络教育主导权构建研究[J].学校党建与思想教育,2019(20):71-73.

[10] 陈丽.教育组织体系发展的方向与趋势教育:未来之后[R].北京:中国发展研究基金会,2019.

本文转载自王宁,覃文忠,李睿."微时代"背景下高校入党启蒙教育的路径——以同济大学为例[J].高校辅导员学刊,2020,12(2):59-63.

高校校史网络资源建设现状的分析与思考
——以"双一流"大学为例

梁旭莹

摘　要　高校校史具有文化宣传与公益价值，对学校乃至社会都有重要意义。但是，目前高校对校史网络资源建设的关注与投入参差不齐，其功能未得到充分发挥。文章通过分析42所"双一流"高校校史网站与校史微信公众号的现有内容、更新时间和特点等，发现整体存在着建设不够完善、分类体系不够健全、内容不够丰富等问题，进而提出加强校史理论建设、完善校史网络资源评价体系和开拓新的网络资源途径的发展对策。

关键词　双一流；高校校史工作；网站；微信公众号

高校的校史具有存史、资政、育人等功能。[1]目前学界对校史工作的研究主要集中在校史档案开发利用、校史馆运营、校史思政课堂等方面，对校史网络资源建设方面的研究与分析较少。以高校校史馆为代表的校史工作机构是高校精神、建设特色的最佳展示窗口与平台，高校应当利用好校史档案资源，采用"互

作者简介　梁旭莹，同济大学校史馆副研究员。

联网+校史"的模式,探寻高校校史机构的工作方向,丰富高校校史成果的展示途径,促使更多师生和社会公众参观校史、研究校史。

一、我国"双一流"高校校史档案利用服务的建设现状与分析

现阶段我国42所"双一流"高校的校史网络资源建设较为薄弱,许多有趣的校史故事和文化并没有"活起来"和"走出去",受众群体较为狭窄。笔者以校史网站和校史微信公众号作为调研对象,发现只有少数高校校史机构的网络资源建设有着相对完整的架构、高质量的更新内容和定时定期的更新频次。由于校史机构名称的差异,本次调查中以校史馆为主体,兼及其他包含校史内容的档案馆、博物馆、校史文化网、校史网、校史办公室等相关校史机构。

1."双一流"大学校史机构网站建设情况

截至2021年8月,在教育部公布的42所"双一流"高校中,共有39所高校建立了相关的校史网站,约占"双一流"高校总数的93%,态势良好。在这39所高校中,将校史工作内容归于博物馆管理的有中国人民大学、中央民族大学和哈尔滨工业大学。由于其博物馆官网未提供校史展览和校史研究工作的详细全面的信息,因此本文不对这3所高校加以讨论。此外,除去在校外无法访问的南开大学校史网和专栏内无任何内容的新疆大学档案馆网站,共有34所高校被纳入调查范围。

高校校史网站的栏目主要包括本馆简介、各类展览、校史研究和馆务工作4个部分。其中最能体现高校馆藏特色的是"各类展览"和"校史研究"。"各类展览"部分以图片为主要展示形式,如专题展览、旧影存珍等;"校史研究"部分

以文字为主要表述形式,如史海钩沉、编研成果等。此外,还有一些高校将校史网站与档案馆网站合办,仅将校史部分作为网站中的一个专栏(表1"名称"一列加双下画线的校史机构)。而因天津大学与西北工业大学的网站均为多媒体/VR技术制作的图片、实景展示平台,没有标注相应的日期,故未被纳入此次统计范围。

表1 34所"双一流"大学校史机构(含各类档案馆、校史博物馆)网站建设情况

名 称	展览专栏数	校史研究专栏数	备 注
北京大学校史馆	3	2	—
北京航空航天大学档案馆、校史馆	3	1	有"档案馆"和"数字校史馆"两个主页
中国农业大学档案与校史馆	1	4	校史部分为一个专栏;名师风采中无内容
天津大学在线校史博物馆	10		运用多媒体技术将全馆的展览同步至线上
吉林大学档案馆(校史馆、黄大年纪念馆)	—	3	吉大校史专栏内包含校史馆虚拟馆部分,可用全息影像方式线上360度参观吉大校史馆
上海交通大学校史网	1	5	给出可直接下载年鉴和校志的网址
南京大学校史博物馆、展览馆	2	2	南大记忆内藏品一览、数字展品无内容;出版文创内无链接
浙江大学校史网	2	2	校史馆专栏内文件通知、求是飞羽无内容;讲堂、专家专栏无内容
厦门大学档案馆、校史研究室	1	2	百年厦大情怀档案专栏直接链接到厦门大学档案馆微信公众号内容
中国海洋大学档案馆	3	—	档案展览专栏无内容
华中科技大学校史网	2	4	利用Unity WebGL技术制作虚拟展馆

续 表

名　称	展览专栏数	校史研究专栏数	备　注
中山大学历史文化展示	3	1	—
文化川大——四川大学档案馆（校史办公室、校史展览馆）	1	—	另有百年珍藏专栏中的学术成果属于校史研究的内容
电子科技大学档案馆	1	1	校史部分仅占网站总专栏数中的一个
西北工业大学网上校史馆	1	—	名称为西北工业大学——VR全景数字校史馆
东北大学档案馆	—	1	校史部分仅占网站总专栏数中的一个
郑州大学档案与校史馆	—	1	校史部分仅占网站总专栏数中的一个；专栏内无分类
清华大学校史馆	1	4	—
北京理工大学校史网	—	4	—
北京师范大学校史研究室	2	2	年鉴部分提供可直接利用的PDF版本
大连理工大学档案馆、校史馆	1	2	年鉴编纂专栏内只有新闻不提供下载；校史研究专栏内无内容
同济大学校史馆	2	1	—
华东师范大学档案·校史信息网	1	4	校史部分仅占网站总专栏数中的一个；校史沿革、历史上的今天无法打开，编研成果无内容
东南大学校史文化网	4	3	大学之道专栏内收录创校早期校友文章；利用Unity WebGL技术制作虚拟展馆
中国科学技术大学档案文博院（档案馆、校史馆、博物馆）	1	—	校史部分仅占网站总专栏数中的一个；网上校史馆内含大师风采子项一个

续 表

名　称	展览专栏数	校史研究专栏数	备　注
山东大学档案馆	3	—	网上校史馆专栏无内容；历史名人专栏与山东大学主页中的概况部分相链接
武汉大学校史馆	1	1	武大印象专栏无内容
中南大学档案馆	2	4	校史部分仅占网站总专栏数中的一个；学科史研究下只有一项内容
华南理工大学校史馆	3	1	—
重庆大学档案馆	1	1	校史部分仅占网站总专栏数中的一个；其中，历史老照片无内容
西安交通大学校史文化网	2	4	专题策划、校史专著专栏无内容
兰州大学档案馆	—	2	萃英记忆专栏为兰州大学口述史专项；兰大校史展设在兰大博物馆内
湖南大学档案与校史馆	1	1	—
云南大学校史网	2	4	—

　　通过表1可以归纳出"双一流"高校校史网站建设的一些共同特点。其一，从网站的主体来看，多为与档案馆、博物馆合办。校史网站为独立主体网站的共有18所高校，约占"双一流"高校总数的43%。其二，从展览和研究的对象来看，除了常规的学校发展和著名校友的栏目以外，还出现了口述史、学科史和党史等新专题。各类展览和校史研究的侧重比例不同，反映出了各高校校史工作的不同侧重点，进而展现出该校特色。其三，从展览的形式来看，新技术不断引入和应用于校史工作中，如利用UnityWebGL技术、VR全景技术等制作虚拟展馆等，大大提升了网上参观校史的体验，也丰富了校史宣传的途径。

但就建设的实际内容和成果而言，仍然存在一些问题。一是校史网站建设的相关工作投入还有待提高。特别是在校史与档案馆合办的网站中，有9所高校的校史工作仅占其中1个专栏，而且长时间不更新，甚至只有框架而没有任何内容的校史网站也不在少数，数量占比在20%左右。此外，对网站中有编辑日期的条目进行统计，除基本的馆内动态新闻外，能够在2021年前半年内做到核心内容更新的高校只有13所，约占"双一流"高校的31%。考虑受到新冠疫情的影响，将更新的时间范围扩大至2020年，则共19所高校的校史机构网站有更新操作，约占总数的45%。校史网站的"建而不用""建而不善用"是令人感到非常可惜的情况。此外，还有一些网站运营的细节问题也值得关注和优化。如北京师范大学校史研究室的网站兼容性较差，南开大学校史网则无法通过外部访问打开，中国海洋大学的相关纪录片需要通过校内统一身份认证才可以观看。另外，值得注意的问题是，一些过时的、改版的展览信息并没有及时在网站上更换，如展区调整的信息等。同样，一些已经制作好的内容也没有上线，如同济大学校史馆曾制作过VR全景式的线上观展，但是只在内部传播而没有对社会公众提供利用服务。

二是校史机构与档案馆、博物馆的实际内涵存在交叉。在"双一流"高校中，一些高校的校史展览没有自己独立的展馆，多为该校博物馆中的一个主要展厅或者是作为串联博物馆展览的主要线索。但据笔者了解，复旦大学在线下校史馆建设与校史研究方面的投入巨大，如陈望道旧居（已开放）、苏步青旧居和谈家桢（陈建功）旧居（正在建设中）都采用了"实物+实景+文字图片"结合的展示形式，但在线上建设方面则有所欠缺，因此也需要具体情况具体分析。从校史机构、档案馆和博物馆三馆之间的内涵与职能的交叉现象可以看出，目前我国高校校史机构的体系建设还处于发展阶段，对于校史机构的功能和定位并没有明确的标准。并且因为校史机构在实际工作中更多地承担了"文字+实物"的展览和研究任务，因此有许多高校存在着以"校史博物馆""校史展览馆"和"档案文博院"为名称的校史机构。有研究者认为，校史馆与校史博物馆的区别就在于"博物"二字，也就是说，这两个概念之间最明显、最直观的区别在于馆内是否有足够数量的藏品和必要的研究资料构成陈列展览体系，而这也是所有博物馆得以设立的条件之一。[2]因此，校史工作自身的定义及其与其他两馆之间的关系还需要进一步研究。

2."双一流"大学校史机构微信公众号建设情况

截至2021年8月，在42所"双一流"高校中，共有31所高校的校史机构（含各类档案馆、校史博物馆）开通了微信公众号。其中，重庆大学档案馆、大连理工大学档案馆和东北大学校史馆微信公众号内无内容。东南大学校史馆无微信公众号，其档案馆微信公众号内没有与校史相关的内容。此外，北京理工大学校史馆微信公众号内只有一条讲解员招新的推送，哈尔滨工业大学档案馆微信公众号内与校史有关的"校史回顾"栏目中无内容，因此共有25所高校的校史机构微信公众号被纳入统计，约占总数的60%。在这些微信公众号中，笔者发现与校史相关的内容大致可分为馆务工作、校史研究、线上利用服务3个模块，其中线上展览目录主要包括目前可使用的图片展览和VR线上观展等，以及录音讲解等内容。同时，对于目录数的界定，以线上服务和校史编研为其微信公众号的核心内容为标准，若微信公众号内有直接明确的分类选项，如"口述历史"目录直接链接至官网，亦可纳入计数范围，若没有线上服务和校史编研的目录名称而可直接链接到官网，则不纳入计数范围。此外，因上海交通大学、华东师范大学、华南理工大学、西安交通大学、兰州大学和云南大学的微信公众号中与校史有关的部分均为直接链接到官网而非利用公众号平台编辑的推送；西北工业大学的"VR校史馆"无法访问，故未被纳入该次统计范围（表2）。

表2 25所"双一流"大学校史机构微信公众号建设情况

名　　称	线上展览目录数	校史研究目录数	备　　注
北京大学校史馆	1	4	—
北航档案与文博馆	1	1	此公众号为航空馆、档案馆、校史馆合一
天津大学档案馆	—	1	—
复旦记忆	1	1	云参观使用了VR技术，此外"旦复旦的校史"为复旦校史学会的微信公众号
同济大学校史馆	—	—	无明确分类
南京大学档案馆	3	1	—
厦门大学档案馆	1	2	"百年厦大情怀档案"话题持续更新中
武汉大学档案馆	—	—	无明确分类
中南大学档案馆	—	—	无明确分类
华南理工大学档案馆	—	1	校史研究模块直接链接到官网
西安交通大学档案馆	—	1	校史研究模块直接链接到档案馆官网
兰大档案	—	1	校史研究模块直接链接到官网
云南大学档案馆	—	2	校史研究模块直接链接到官网
清华校史馆	1	2	—
南开大学档案馆	—	—	无明确分类
吉林大学档案馆	2	1	在线参观使用了VR技术
上海交大档案文博管理中心	1	2	全景展厅使用了VR技术，校史研究模块则直接链接到官网
华东师范大学档案馆	—	—	所有项目直接链接到官网
浙大档案馆	2	4	校史馆云展馆使用了VR技术
山东大学档案与校史	1	1	全景展示需通过校内网登录

续表

名　称	线上展览目录数	校史研究目录数	备　注
华中科技大学档案馆	—	—	"HUST党史故事"话题持续更新中，但校史专栏内无任何内容
中山大学博物馆校史馆	—	—	无明确分类
四川大学档案馆校史办公室	4	1	另有百年珍藏专栏中的学术成果属于校史研究的内容
西北工业大学档案馆	1	—	VR校史馆因域名不一致而无法访问
郑州大学档案与校史馆	—	2	—

通过表2可以发现，校史机构微信公众号的运营发展速度较快，态势良好。其特点有三：一是根据其使用新兴技术、展现形式与更新时间等的内容来看，校史机构微信公众号建设更具有"新鲜度"。一方面，微信公众号的更新频率较高，且更加切合手机用户的阅读需求。在2020年后更新内容的高校有16所，约占"双一流"高校总数的38%。另一方面，微信公众号文章更为简短，配图和排版也更为多样，阅读的体验较好。二是校史机构微信公众号加入了语音讲解和导览等功能。微信公众号中的线上展览更多地使用VR全景、3D等技术同步了常展及部分临展，如上海交通大学同步了"风雨故人来——陈佩秋文献作品展"等临展特展的内容。语音讲解和导览更多的是在公众自行到馆参观的时候使用，但也可以配合线上的图片完成线上观展。三是与校史机构网站相对照，能够发现网站与微信公众号之间的内容存在着差异。笔者认为，网站上的信息偏向于大而全，而微信公众号上的信息则偏向于小而精，公众号中的内容更能快速地展现高校的特色与馆内的研究动态。如北京大学校史馆微信公众号中的"读原文悟初心""北大与建党"等专题研

究都是未在网站中出现的分类。

宋雪雁等提出，公共档案馆微信公众平台服务质量评价框架由档案价值、技术功能、服务能力及平台系统设计4个一级评价指标组成。[3]借鉴此评价体系，笔者发现校史机构微信公众号存在以下三方面不足：

一是技术功能有待提高。参照档案馆微信公众号评价体系的技术功能的含义，其包括了基本功能和检索功能。南开大学、同济大学、武汉大学、中南大学和中山大学共5所高校校史机构微信公众号出现了"无明确分类"现象，这导致微信公众号的功能扩展性、导航准确性与帮助醒目性等基本职能缺失，不方便公众检索和使用。微信公众号内发布的文章只是按发布的时间罗列在一起，发布者未提炼出文章、人物、事件之间的关系，错失展现高校特色的机会。

二是服务功能并不完善。首先，目前大部分校史机构微信公众号并未设立相关的评论区，未能建立反馈和评论的良性互动机制。其次，目前校史机构微信公众号的部分专题基本处于停更状态。据笔者调查，大多数"双一流"高校的图书馆微信公众号能做到学期中一周一次、假期中大约两周一次的更新频率。相比之下，校史机构的微信公众号的更新频率则稍有不足。最后，5所校史机构在微信公众号中直接链接到其官网，但在微信端口的阅读体验较差。

三是部分高校校史机构微信公众号的平台系统设计稍显混乱，部分专题内容出现交叉，或新的内容话题并未被收录功能目录。前者如山东大学的校史机构微信公众号"捐赠合作"专题下的链接内容是"记录历史服务当代——2015年国际档案日山东大学专题展览"而不是相关的捐赠要求与联系方式；后者如厦门大学的"百年厦大情怀档案"、华中科技大学的"HUST党史故事"等已经形成系列文章，但在微信公众号中仅以普通推送的形式存在，未被加入公众号底端的功能目录。此外，校史机构的微信公众号也存在与其网站一样的问题，即大多数校史机构依然与档案馆合用同一平台，仅以公众号名称为统计标准，校史机构拥有独立微信公众号的高校仅有6所，约占"双一流"高校总数的14%，这大大地制约了校史机构自身内容和特色的开发与发展。

二、校史工作发展的对策与建议

1. 宏观层面

（1）加强对校史网络资源的相关理论建设

目前我国并没有针对校史网络资源建设工作的完整性的、提纲性的理论和文件，很多时候校史网络资源建设工作都只能由校史机构的工作人员在实践中不断总结经验，摸索前进。与此同时，国家正在大力推行"互联网+"计划，校史网络资源建设更是面临着理论深度与广度都不足的考验。因此，作为校史工作者，我们需要思考如何将国家政策方向与实际工作结合的问题，将归纳总结以往工作经验摆在首位，摸清校史工作的特点与发展规律。

（2）建立完整的校史馆网络资源建设评价体系

引入高校校史建设的评价体系迫在眉睫。在评价体系的反馈下，能够更好地促进校史工作的改进与发展，提升校史馆网络资源建设的积极性，不断更新网络资源的内容，发掘本校历史特点。

（3）加强网络资源建设途径的开发

高新技术迅猛发展给校史馆网络资源建设带来了新的机遇与挑战。同时，我们也应该关注网络信息传播途径的变化与发展趋势。除微信外，微博、知乎、哔哩哔哩、抖音和快手等也是重要社交媒体，例如北京航空航天大学校史机构做了新尝试，开通了抖音账号。这些都是非常值得校史机构开发的新兴网络资源传播渠道，有利于扩大高校校史工作的关注度与影响力。

2. 微观层面

（1）校史工作应成为网络资源建设的独立主体

笔者认为，应当建立专门的校史网站和微信公众号。在这种独立运营的要求下，相关的负责单位与机构会考虑在校史网络资源的框架构建、内容运营上投入更多的资源，针对高校校史发展的切实需求进行合理规划，使之真正成为展示高校自身办学与科研特色、展现高校精神风貌的线上平台。

（2）加强校史网络资源数据库的开发与建设

在调查过程中，笔者发现部分高校开始关注校史网络资源的整理工作。目前，除了高校的专职人员进行整理与研究外，还有许多毕业校友、校史研究爱好者共同投入校史网络资源建设工作。他们在网络上发布旧照片或者校园学习生活的回忆录，对于其中可信度较高者，可以为他们建立相关索引，并在网站、微信公众号上设置相关的检索功能，形成既能够满足普通公众接触了解校史的需求，又能够支撑相关学术研究的校史资源专业数据库。

（3）加强校史资源网络的推广与宣传

从点击阅览次数统计来看，大多校史网络资源没有达到良好的宣传效果。目前各大高校的网站主站、微信主账号上都有关于学校历史的简介，但这种简介的广度与深度远不及专门校史网络资源。因此，建议在高校网站主站、微信主账号中关于校史简介的部分设置直接跳转至校史网站和微信公众号的链接，使得校史网络资源得到更好的推广与宣传。同时，校史工作部门应与高校的文化宣传部门、当地政府与团体的历史文化部门等机构建立密切联系，加强校史文化研究与宣传团队的建设，真正使得校史工作"活起来"和"走出去"。

参考文献

[1] 付春梅,梁敬芝,万静.浅谈我国高校校史研究发展趋势——以中国人民大学校史研究为例[J].中国高教研究,2009(3):86-87.

[2] 顾佳燕.我国高校校史馆建设研究[D].南京:南京大学,2020:15.

[3] 宋雪雁,张岩琛,王小东,等.公共档案馆微信公众平台服务质量评价研究[J].图书情报工作,2016(16):39-49.

本文转载自梁旭莹.高校校史网络资源建设现状的分析与思考——以"双一流"大学为例[J].档案与建设,2022(2):38-42.

青年虚拟偶像崇拜的生成逻辑、认同机制及其引导策略

李博然

摘　要　虚拟偶像是网络信息技术和偶像"粉丝"文化叠加构成的技术虚像,随之衍生了拥有多元"粉丝"圈层的青年虚拟偶像崇拜亚文化。探究青年虚拟偶像崇拜的生成逻辑、认同机制、引导策略,是思想政治工作在网络时代创新发展的必然举措。虚拟偶像崇拜源于技术映射、文化动因、情感合谋三者的共同形塑,其同好社群圈层的形成则经历了"聚合—分离—强化"三个环节的逻辑建构。青年一代的价值选择关系到未来社会的整体走向,要通过引领与嵌入、突破与革新、规训与收编,在思想政治引领与价值引导的内在张力中打破次元壁垒,培育青年"粉丝"群体形成健康有序的"赛博追星"新路径。

关键词　虚拟偶像；偶像崇拜；青年心态；引导策略

虚拟偶像作为数字影像技术和文娱产业资本联袂的虚体,原本只是对"三次

---

*　本文为教育部高校思想政治理论课教师研究专项"新时代增强高校思政课对社会思潮的引领力研究"（项目编号：20JDSZK142）、中央高校基本科研业务费专项资金项目"提升'马克思主义基本原理'课引领力的方式研究"（项目编号：22120210217）的阶段性研究成果。
　　作者简介　李博然,同济大学马克思主义学院博士研究生。

元"世界的人或物进行超现实化的拟态,赋予其鲜明的情感符号和价值人设,进而映射出创造者的某种意向或隐喻。近年来,伴随着虚拟现实(Virtual Reality, VR)技术、增强现实(Augmented Reality, AR)技术和人工智能(Artificial Intelligence, AI)技术的快速发展,虚拟偶像逐渐拥有了视觉意义上的实体承载,从二维世界的"纸片人"过渡成为一种有"肉身"、有"情感"、有"语言"的动态形象,并且通过技术赋能增添了互动性、可塑性和故事性,从而成为受到现实世界中青年人追捧的独特文化景观。虚拟偶像突破了青年群体想象与现实之间的次元壁垒,以"完美人设""永不劣质""个性鲜明"的特征拉近了主客体之间的心灵距离,形成了青年群体展现自我特质、追求个性表达、传递价值取向的精神寄托场域。作为一种文化景观的虚拟偶像崇拜现象,不仅深刻影响社会文化的多元创造和文化消费产业的勃兴,更通过榜样示范效应将价值观念内化于心,潜移默化地影响和改变着青年的价值判断和行为选择。鉴于此,应当从虚拟偶像崇拜文化景观的深层内涵出发,探究虚拟偶像崇拜现象的生成逻辑,把握青年同好圈层的心理认同机制,为引导青年的健康网络生活提供路径参考。

一、虚拟偶像崇拜文化景观的生成逻辑

作为一种文化景观的虚拟偶像崇拜现象,其生成过程有特定的技术基础、文化背景和情感缘由。探究虚拟偶像获得狂热追捧的内在原因,要从其诞生之初追根溯源,探寻其作为一种青年亚文化背后隐藏的时代背景,解析其迎合青年群体价值观的方式图景。

1. 技术映射:代码虚像与投影实体的交织

回顾网络虚拟偶像的发展历史,可以追溯到1984年由英国乔治·斯通

(George Stone)等人创造的Max Headroom,由计算机合成的它身着黑色西装、戴着朋克墨镜出演了很多电视节目和广告,这一俏皮的机械形象带给世人对于虚拟偶像的最初印象[1]。而真正让虚拟偶像家喻户晓的明星还是2007年由日本音乐软件公司克理普敦未来媒体(Crypton Future Media)通过语音技术合成的虚拟歌手——初音未来,它以浅蓝色双马尾的独特造型和《甩葱歌》风靡全球,同时它也是世界上第一个使用全息投影技术举办演唱会的虚拟偶像,在世界范围内掀起了一场青年群体追捧虚拟偶像的热潮。2021年,中国本土虚拟偶像歌手"洛天依"登上中央广播电视总台春节联欢晚会,在国内最盛大的电视舞台上向全国观众展示了虚拟偶像的独特魅力。时至今日,虚拟偶像在技术赋能的背景下不断进化和演变,突破了以往固定的主持、歌手、主播等单一身份,通过迭代发展不断演进出新的社会功能和角色,一跃成为跨界多面的社会化明星。

技术进步是虚拟偶像生成和进化的内在推力,虚拟偶像的"人设"生成机制由技术映射的三个维度组成。其一是视觉意义上的外部形象构建。这包括数字渲染技术加持下的人物皮肤、服装、动作,以及更为微观的毛发、配饰、表情等细节特征。通过全息投影技术将虚拟偶像的身体三维化,使其能够以更加逼真和更为立体的人物形象与"粉丝"互动。其二是听觉意义上的语音形象构建。作为投影实体的虚拟偶像通过表演歌曲、主持节目等方式展演才艺,其声音是通过真人音源采集和数字媒体合成而形成的独特音轨。其三是心理意义上的性格形象构建。虚拟偶像一般拥有性格鲜明的人格符号,区别于在现实生活中频繁发生丑闻的现实偶像。虚拟偶像的"人设"是其创造者主观赋予的,具有超现实性的空间隐喻,其非实体化的特质也给大众留出了足够的想象空间。换句话说,虚拟偶像的人物性格建构如同多种元素的耦合游戏,其既可以脱胎于现实世界中的凡人之躯,也可拥有如同阿佛洛狄忒般超凡完美的神性。虚拟偶像拥有独一无二的背景人设、鲜明个性和人物技能,在虚实交互中形成了立体、完满、个性的人物特征。这三重形象建构通过一行行代码串联起人物"通感",直观地给"粉丝"带来与偶像零距离互动的情感体验过程。

2. 文化动因:消费与娱乐文化的双向催生

数字技术赋予了虚拟偶像视觉形态,消费和娱乐文化则催生了虚拟偶像的工业化产出,为虚拟偶像崇拜文化景观的生成提供了现实土壤。在消费文化影响下,"人们从来不消费物的本身(使用价值)——人们总是把物(从广义的角度)用来当作能够突出你的符号"[2]。消费社会中,所有的消费运作和交易行为的深层逻辑是通过符号表示人们的差异性,而不是单纯为了满足一般意义上的使用价值。对虚拟偶像及其衍生周边的一切消费行为都可被视为消费主体在非物质层面的"优越性"展现,偶像周边及其衍生物为特定虚拟偶像的消费群体搭建起了共有领域,"粉丝"经济的消费过程使得"个人行为的符号成为社会凝聚的符号"[3]。总而言之,大多数"粉丝"群体针对虚拟偶像的消费行为深受消费文化的影响,"粉丝"们希望通过消费行为完成对于自我"粉丝"身份的界定和对于同好人群的标识。这种异化的消费状态类似于一种门槛性的圈定,并且以"滚雪球"的方式吸引着更多的潜在"粉丝"群体参与新的消费行为。

娱乐文化作为助推虚拟偶像崇拜的现实力量,为青年群体量身定做了体验式的偶像世界。从虚拟偶像崇拜者来看,青年人在其成长的社会化过程中存在明显的娱乐化倾向,他们在文化心理上热衷于颠覆和创造,在行为方式上追求新潮和个性,而娱乐文化则带有数字文化相关产业的理念内核。正如尼尔·波兹曼哀叹的那样:"一切公众话语都日渐以娱乐的方式出现,并成为一种文化精神。"[4] 虚拟偶像是"造物主"人工创作的文化娱乐符号,资本驾轻就熟地运用技术手段创设"造星"路线,将用户能够感知到的一切元素娱乐化,以此作为文化基因生产出"颠覆性"的虚拟偶像。虚拟偶像的产生本就源自用户的内容生产和创意聚合,"粉丝"通过视觉和听觉反馈,在与偶像人物的"零距离"互动过程中达成追求娱乐满足的情感向度。再通过"制造—包装—迭代"的升级路线,完成虚拟偶像的进阶拟人化培育,不断增强虚拟偶像人物的娱乐黏性,以此建构逻辑链条完整的偶像互动过程。

3. 情感合谋:迎合了特定圈层的心理诉求

对于网络虚拟偶像的狂热追捧也源于受众自身的心理诉求。一方面,多重来源的社会压力共同作用于青年人的社会生活全过程,包括学业、生活、工作和人际交往等各个方面。与此同时,家庭、媒介和社会舆论共同营造了快节奏生活的压力氛围,城市微型居所空间的压迫也共同塑造了一批原子化的孤独生命个体。青年人在现代社会扮演的角色中存在自由发展的辩证性,社会"用一种互相矛盾的手段影响人:它们使人发展了个性,但同时又使人孤独无援"[5],即社会结构塑造了现代人自由的两个方面——孤独和自立。这种尴尬境地驱使青年人寻求情感代偿,将网络空间作为逃避压力的自由之境,以此实现焦虑的排解和压力的释放。"当技术成为物质生产的普遍形式时,它便约束着整个文化。"[6]虚拟偶像的产生高度迎合了娱乐文化背景下青年人的情感表征样态,为其提供了一种虚拟化的娱乐路径。虚拟偶像本身带有的幻想空间大幅增强了其娱乐效应,其人设、语言和行为作为一种非实体的"想象语料",充盈和饱满了青年群体的意识幻境,也契合了青年人追求新奇情感体验的心理特质。粉丝群体不再局限于传统意义上对现实偶像的"追星"行为,而是倾向于通过相对小众和私密的虚拟偶像达成娱乐满足,通过收听、观看、评论等方式与虚拟偶像实现多维互动,以此完成娱乐文化和消费文化背景下个体情感的释放。同时,通过数据的形式将这种情感需求实现的全过程反馈给虚拟偶像的制作团队,以便优化虚拟偶像的性格和行为,不断满足青年群体的"养成向"娱乐需求,而这又进一步推动了虚拟偶像崇拜文化景观的生成。

虚拟偶像崇拜的心理迎合还体现在群体诱导和自我表征上。一方面，青年群体作为虚拟偶像崇拜的潜在受众，群体心理的趋同性导致青年人在选择偶像时热衷于选择更加热门的对象。而虚拟偶像的出现迎合了青年的心理同一律，"在集体心理中，个人的智力及其个性都被削弱，差异性被同一性盖过，无意识占了上风"[7]。数字化的"乌合之众"会不自觉地将个人偏好带入从众式的心理群体。在资本与情感的调和下，虚拟偶像的完美特质呈现为一种先发优势，青年群体中对虚拟偶像的崇拜也成为一种非强制性的规训手段。另一方面，青年人希望通过建设异质性的文化资本，为自身在现实社会的话语体系赋权。对虚拟偶像的崇拜显然超越了现实语境下的偶像崇拜，其核心优势在于，对偶像协作式的养成和培育行为创造了一种沉浸式的具身体验。这一过程吸纳了青年大量的自由时间，他们在与同好圈层互动、交流、创作的过程中拟合想象，不断展现主体的造物价值，充分表征青年群体的自我意识和身份特质。

二、虚拟偶像崇拜社群的认同机制建构

虚拟偶像崇拜的"粉丝"群体利用赛博空间的广域互动性，形成了一套完整的甄别和聚合机制。其"粉丝"个体的识别机制建基于同好圈层的身份认同，并在此基础上形成了内部成员共同遵循的行为规范和创作机制，进而通过内容创作和社群互动不断强化"粉丝"认同。虚拟偶像所独有的高参与度和用户黏性成为偶像亚文化中一道独有的社群风景。

1. 聚合：想象中的共同体

本尼迪克特·安德森（Benedict Aderson）笔下的"共同体"基于民族主义

问题的权力隐喻,而针对虚拟偶像崇拜衍生的青年想象共同体则构筑了"粉丝"迷群的聚合空间,二者的区别在于,对青年想象共同体的认同并非源于血缘和民族这种"特殊类型的文化的人造物"[8],而仅仅基于主体的爱好和想象投射。虚拟偶像的迷群聚合首先源于对象化的自我投射。每一个虚拟偶像人物都拥有着各不相同的人设和背景,青年人在选择虚拟偶像时往往会不自觉地将现实社会的情感和愿望代入其中,选择那些与自我镜像最为契合的人物作为偶像。虚拟偶像是心理投射的一面镜子,也是不同世界中的另一个"自我",它们将"粉丝"群体的自我特点和情感诉求倍数放大,把主体的各种理念、欲望、诉求叠加于自我意识投射的"虚像"之上,建构了真实情感虚拟化延伸的特殊场域。与此同时,"粉丝"的圈层聚合机制建基于主体之间情感的虚拟连通,而虚拟偶像则作为满足"粉丝"心理情感寄托的象征符号,不断吸引着拥有类似心理特质、人格特点、思维模式的"粉丝"群体,并在此基础上缔结"粉丝"群体内部的圈层契约。对虚拟偶像人物的崇拜实质上是以虚拟人物为核心的认同式依恋,实体与虚像的联通纽带依托于实体周边和数字藏品等多元化的偶像衍生物,在虚拟偶像的文化消费场景中不断实现"粉丝"的情感满足。在养成虚拟偶像的实践过程中,"粉丝"群体建构了自我保护的"安全场",建立了"粉丝"之间和"粉丝"群体内部进行情感交流的沟通渠道。在虚拟感知与文化体验的交融中,"粉丝"群体创造了别样的虚拟追星新模式。在无形之中,虚拟偶像将拥有相似性格特质的青年人聚合起来,形成网络空间"想象中的共同体",达成身份认同的初级阶段——迷群聚合。

虚拟偶像崇拜的圈层认同机制源于主体性的文化创造。"粉丝"迷群对于虚拟偶像的追捧作为一种特定的文化选择,带有在想象空间解构自我心理、投射本我拟象、传递真我情感的文化表征意义,其圈层的聚合时序依托"粉丝"自我和"粉丝"之间的参与式创造和协作式创造。一方面,"粉丝"希望通过对虚拟偶像的再创造获取虚拟空间中的文化赋权。虚拟偶像最终能否"出道"和"上位"的先决条件是票选,而投票衍生的宣传、"打榜"、拉票行为又反向提高了虚拟偶像的热度。在这一过程中,话语领袖和一般"粉丝"的角色得到互认,无数的小团体也基于相同的行为目的聚合起来,最终形成比较明晰的"粉丝"圈层结构。另一方面,"粉丝"通过对于虚拟偶像的崇拜力图在世俗规则之外构建一个属己的意义世界。虚拟偶像崇拜的小众社群消弭了真实世界的社会地位、财富阶层及知识结构,那些在学校中表现不尽如人意的"问题学生"有可能在虚拟偶像界"呼风唤雨",那些在工作中循规蹈矩的"刻板职员"有可能在虚拟文化领域的创作中天马行空,试图在意义世界之中寻求数字化生存所需的文化资本。此外,就虚拟偶像诞生过程而言,其人物创造主要源于"用户生产内容"(User Generated Content, UGC),即"偶像由我决定"模式下低门槛、平等式的参与式创作模式。任何个体都可以使用文字、绘图、作词、建模等形式参与虚拟偶像的二次创作,将自己的审美取向"缝合"到虚拟人物的成长进程当中。其后续创作又根据受众的喜好程度进行数据量化,从而生成更符合多数人审美取向的虚拟偶像。"粉丝"社群针对虚拟偶像进行创作生产,赋予原本二维化的漫画人物立体形态感知的能动生命,充分彰显"粉丝"群体的主体创造性和自我价值。共享式创作是虚拟偶像社群崇拜中最为显性的特征,由分享到创作的互动过特征一步筛选和聚合了"粉丝"群体。

2. 分离:明确的他者边界

虚拟偶像的"粉丝"亚群体身份建构有着明确的"他者化"分界,这种基于偶像崇拜的圈层隔离现象带来了"粉丝"之间无形的距离感。虚拟偶像"异质"社群之间的隔离倾向主要呈现在以下三个方面:

其一是社群内部特有的符号编码系统,基于文本符号的互动过程是网络空间的交往常态。在互联网交流中使用特定的语言符号是虚拟偶像"粉丝"协商交往的前提条件。作为偶像崇拜范畴下的亚文化表现形式,虚拟偶像"粉丝"通过交往互动实践形成了圈层内约定俗成的话语表达范式和专有名词。圈层主通过识别新"粉丝"的头像、昵称(ID)、个性签名等外在符号进行初步判断,再辅以日常互动过程中"粉丝"对于具有特殊意义的词汇、图片、视频等材料的反馈,最终达成对"粉丝"个人角色的精准化识别。在虚拟偶像的"粉丝"团体内部,存在着诸多非文字本原意义的专属符号,如"粉丝"往往热衷于根据虚拟偶像的身体或心理特征赋予其抽象化的"爱称",某些拥有较多追随者的"粉丝"团体甚至还会被虚拟偶像运营者赋予特殊的群体称谓。"粉丝"也同样可以利用专业术语反向识别"同道中人",在网络用语的交流表达中实现对于"粉丝"身份的认同。

其二是社群内部特有的活动专属空间,为"粉丝"团体内部和崇拜不同虚拟偶像的"粉丝"团体之间的交往行为划定了边界。如同充满野性力量的自然界一样,虚拟偶像的"粉丝"生存空间中同样存在着泾渭分明的群体活动边界,大部分团体领导者拥有强烈的领地意识,在新人入圈之前会通过公告、版规、提示等手段培养其边界意识。一方面,在约束和规训"粉丝"内部群体时,团体领导者通过行为规范和流程导引为"粉丝"设定明确的活动空间,利用群体通知明文规定"粉丝"的推荐性行为、约束性行为和禁止性行为,防范"粉丝"超出规定边界的越轨行为。另一方面,不同的"粉丝"团体在无形之中形成了约定俗成的边界共识。类似于现实世界,虚拟偶像的"粉丝"团体之间也存在着明晰的领地划分。在同一平台的"粉丝"圈中,公共资源的总量往往是有限的,但大偶像和小偶像却由于"粉丝"数量的差异产生了先天不对等的领地划分模式。因此,每当虚拟偶像经历票选、"打榜""塌房"等事件时,占有优势地位的"粉丝"团体总会萌生扩大领地、争夺舆论、吸引受众的想法,威胁处于弱势地位的"粉丝"团体的"圈地自萌",由此引发虚拟偶像界新一轮的"粉丝"博弈和布局调整。

其三是社群内部特有的虚拟偶像文化,以"无形之链"形成了"粉丝"团体内部的集体意向共识。针对虚拟偶像的崇拜逐渐形成了具有鲜明的"二次元""科技宅""未来风"等标签化特质的社群"粉丝"文化,网络空间中素不相识的"同好圈层"得以实现"因偶像而起""为爱好而连""以兴趣为缘"的群体聚合模式。实质上,虚拟偶像本身作为一种关系媒介和文化符号,其中必然蕴含着聚合或分离同质化群体的发展倾向,也就隐含了不同"粉丝"团体之间的圈层分离趋势。在理想状态下,要通过培养"粉丝"文化、聚拢情感归属、建构价值认同来把握聚合与分离之间的内在张力,以此维护"粉丝"圈层的总体平衡。此外,"形成社会认同,建构社群类属有非常强烈的社会文化意涵"[9]。而虚拟偶像文化及其衍生的"粉丝"行为就是自我归类和群体比较的行为过程,"粉丝"文化作为识别"粉丝"群体内部成员"同一性"的标识符,开创性地实现了基于"粉丝"身份的虚拟化社会建构。"粉丝"能够利用语言、表情等外在表现形式传达对于虚拟偶像的喜爱,并依托"粉丝"群体的强大凝聚力,在团体内部建立相对完善的主体间共识,在此基础上形成适用于不同"粉丝"团体的边界协商策略。

3. 强化:缔结的自我认同

虚拟偶像"粉丝"群体的圈层聚合机制通过"粉丝"群体"缔结的自我认同"逐渐得到强化,以自我正名、自我调侃、自我认同的方式实现虚拟偶像崇拜过程中主体间的和解,使得用户圈层内部更为团结和巩固。

其一是自我正名化。"粉丝"群体的自我形象和群体形象建构是在反抗污名和自我正名的循环往复中得以确立的。一方面,"粉丝"通过合理性辩解正向强化自我的行为认知,力图为维护虚拟偶像的实践性行为先赋天然的正义合法性。

追捧虚拟偶像的动力基础往往源于"粉丝"的自我获得感，有着特定技能的创作者在对虚拟人物的创作和完善过程中能够获得充沛的自我满足感，有足够经济实力的"粉丝"也能通过消费周边产品为虚拟偶像作出贡献，普通"粉丝"通过"证明积极行为"强调自身在虚拟追星过程中的价值，以此进一步强化自我意识中追捧虚拟偶像这一行为的正当性与合理性。另一方面，虚拟偶像借用价值通感，联动受众多元感官的同频共振，实现主体行为反馈与自我正名的理想效用。虚拟偶像对于"粉丝"的陪伴和互动是全天候、多模态、共时性的，能够无时无刻不参与"粉丝"日常生活的各个场景。在数字技术为虚拟偶像赋能的大背景下，虚拟偶像能够超越单一的视听感官，利用"认知可供性、感知可供性、行为可供性和功能可供性的共同作用满足用户情感的本能层、行为层和反思层"[10]，最终实现"粉丝"对于自身迷恋行为的正名。

其二是自我调侃化。虚拟偶像崇拜形成了"粉丝"群体内部独特的"自黑"式倾向，"粉丝"对于追星行为的自我调侃成为网络时代特有的文化样态。当大众"客我"的社会价值和"主我"的观念价值发生冲突时，"粉丝"们常常采取自我调侃的方式，利用特定符号、表情包、颜文字等形式悦纳自我，以此逐步强化自身对于虚拟偶像崇拜的情感认同。网络空间中的娱乐要素普遍具有"戏谑化"的编码特质，"粉丝"作为虚拟偶像崇拜的行动发起方，希望通过"自黑""自嘲"等意义再生产工具，集中表达对于其他"粉丝"群体的不满或者是意图为自家偶像吸引"出圈化"的社会关注。这种表达方式既可以增强虚拟追星行为的趣味性，也能够掩饰悲伤与愤怒等不良的主观情绪。同时，"粉丝"的自我调侃具有较为明晰的层次分界，能够为己方"粉丝"群体提供足够的舆论保护空间，从而在虚拟偶像的社群互动中以退为进、转守为攻，将自身塑造为相对弱势的"粉丝"群体，以此提升圈层内部的凝聚力和向心力，并博得广大"路人粉"的心理同情，通过自我调侃强化广大受众对于"粉丝"身份的心理认同。

其三是自我认同化。安东尼·吉登斯（Anthony Giddens）在揭示现代性与自我关系的框架时提出，自我认同"并不是个体所拥有的特质……是个人依据其个人经历所形成的，作为反思性理解的自我"[11]。在此语境下，个体表现的自我是外在现实形塑的结果，而外部环境又以共有文化最为影响人和改变人。对于自我身份的确证就源于文化互动过程中反复的质询。虚拟偶像"粉丝"群体的演变过程印证了人类自我认同的强化过程，从实体偶像到虚拟偶像，"粉丝"迷群的关注焦点实现了从外在特质到身份认同的情感转型，从接触虚拟偶像满足感官欲望的底层情感需求逐渐上升到追寻自我价值的反思性情感诉求，并在追捧虚拟偶像的行为中实现对主体意识的二次确证，实现虚拟偶像崇拜从浅表到核心的自我情感满足，并在认识自我和追寻偶像的双向互动过程中进一步强化偶像崇拜意识。

三、青年虚拟偶像崇拜的文化引导策略

虚拟偶像崇拜如同一把双刃剑，给青年群体的价值观念引导既带来了崭新的机遇，也带来了巨大的挑战。必须防止不良资本裹挟虚拟偶像的负面效应，避免青年陷入庸俗媚俗和泛娱乐主义建构的"价值迷阵"。要通过思想政治引领、方法创新、价值依归将虚拟偶像产业的庞大"流量"转化为青年成长的"正能量"，将"粉丝"群体对于虚拟偶像的追捧转化为青年学习成长的动力源泉，让沉迷于虚拟偶像的"架空青年"真正回归生活，拥抱现实。

1. 引领与嵌入：加强文化建设，在思想政治引领中引导虚拟偶像崇拜

首先，要不断加强社会主义文化建设，用社会主义核心价值观引领青年思想。虚拟偶像崇拜"粉丝"圈层的主体力量是广大青年，青年群体价值观念的培

育路径必须始终以社会主义先进文化的前进方向为指引,"用社会主义核心价值观凝聚共识、汇聚力量,用优秀文化产品振奋人心、鼓舞士气"[12]。用社会主义先进文化引领虚拟偶像崇拜,既是在新时代培育和践行社会主义核心价值观的基本要求,也是推动中国特色网络文化事业和偶像文化产业繁荣发展的重要抓手。"青年一代有理想、有担当,国家就有前途,民族就有希望。"[13]青年群体在迷恋虚拟偶像的进程中极易受到错误思潮的诱导,产生与主流价值观念相违背的心态和思想观念,进而威胁社会主义文化事业健康发展,影响国家青年人才的储备质量。因此,要用社会主义核心价值观引领青年思想,凝聚青年群体观念维度的"最大公约数"[14],在滋养人心中培育积极向善的虚拟偶像崇拜网络文化圈。

其次,要将法律手段和制度规范作为监管虚拟偶像发展的外部屏障。要加快制定完善互联网领域的法律法规[15],明晰虚拟偶像运营平台和用户两者的权利责任关系。不断提升虚拟偶像及其衍生产业从业者的准入门槛,为虚拟偶像庞大"虚像"背后的运营者建立"白名单"监管制度,防范化解数字时代技术异化所隐含的潜在风险。要通过顶层设计,统筹规划虚拟偶像"粉丝"群体的成瘾预防和纠正机制,逐步规范虚拟偶像文化市场和消费市场。对虚拟偶像崇拜生成的全过程进行系统监管、风险研判、趋势预测,避免虚拟偶像沦为境外势力进行意识形态渗透的文化工具。同时,要加快建立虚拟偶像全产业格局的监管制度和行业准则,打造具有中国特色、中国风格、中国气派的虚拟偶像文娱产业新格局。要立足本土虚拟偶像行业的发展现状,避免亦步亦趋式地模仿西方国家虚拟偶像产业链和运作模式,不断探索健康有序的虚拟偶像产业运作模式,"把握好意识形态属性和产业属性、社会效益和经济效益的关系"[12],进而引导虚拟偶像的"粉丝"群体理性追星。

再次,要实现社会主流文化和虚拟偶像亚文化的对话互动,推动对虚拟偶像崇拜的辩证审视。要通过在全平台广泛宣传虚拟偶像,实现社会主流文化与虚拟偶像亚文化之间的对话互动，推动社会主流文化正确认识、理性审视、辩证看待虚拟偶像在促进青年成长和推动文化发展等方面的积极作用。同时，要实施网络全领域人才遴选制度和人才培养工程，集中培养一批了解和熟知虚拟偶像文化的思想政治工作者，推动教育过程中主客体双方情感共契，拉近双方心灵距离，从而避免思想政治工作者在引导之初就对虚拟偶像"粉丝"群体存在主观偏见，使教育者和受教育者以更为平等的姿态进行思想交流，从而显著提升思想政治引领和行为引导的教育实效性。

2. 突破与革新：打破次元之壁，在路径辟新中引导虚拟偶像崇拜

首先，要充分利用虚拟偶像在凝聚青年方面的优势，创新传统的思想政治工作模式。在内容供给侧，应以虚拟偶像的外在形态表征思想政治教育的优质内容，实现现实题材与虚拟工具的深入融合，用充满正能量的虚拟偶像感染青年人、凝聚青年人、引领青年人，为新时代的思想政治教育提供完备的内容养料和精彩的表现形式，使广大青年群体在与虚拟偶像互动的沉浸式体验中获得向上向善的思维力量，以更为柔性和更易被接受的方式提升青年群体对于思想政治教育理论内化和实践外化的能动性与创造性。思想政治工作者要善于借力使力，发挥虚拟偶像承载的榜样教育的独特优势，将充满正能量的虚拟偶像作为学习者的榜样，充分激发"粉丝"受众的学习热情。在受众需求侧，要利用虚拟偶像反馈的用户数据进行智慧化处理和多模态分析，精准把脉青年群体的现实关切与意向主张。遵循青年人处在"拔节孕穗期"[16]的心理特点和认知规律，找准培育青年价值观念的工作着力点，从而让思想政治工作主体真正走进青年、了解青年、引领青年。

其次，要立足"粉丝"群体的生活实际，整合主流宣传平台优势资源，打造具有鲜明中国特色社会主义属性的中国式虚拟偶像。虚拟偶像作为传播价值观念和呈现价值取向的虚拟场域，理应被视为多元社会媒体的"兵家必争之地"。因

此，主流媒体应主动出击、抢先布局，加快推进官方虚拟偶像的创作进程，积极推出迎合"粉丝"受众文化心理的虚拟偶像衍生周边，设置具有思想政治教育寓意的媒体传播议程，不断优化虚拟偶像各类"粉丝"圈层的内容生态。同时，主流媒体应优化舆论宣传思路，利用虚拟偶像的"笑点""萌点""燃点"，密切跟进时事，将青年群体喜闻乐见的技术元素、娱乐元素、文化元素与主流意识形态教育有机结合，从而推动青年群体对于现实世界的关心与思考，让热爱祖国成为"粉丝"群体中流行和弥漫的社会时尚。借用虚拟偶像打破"二次元"与"三次元"之间的次元壁垒，为虚拟空间与现实世界的弥合、个体生活与国家发展的融合、自我提升与社会进步的结合开辟全新的升维场域。

再次，要创新多元主体协同共治的虚拟偶像行业生态，扎实推进虚拟偶像文化产业的发展布局，从而有效地维持"粉丝"圈层和消费市场的整体稳定，为引导青年群体的思想观念提供良好的外部环境。虚拟偶像作为众多新兴数字技术的集合体，拥有娱乐、教育、文化等多个场景的广阔应用前景。当前国内虚拟偶像的发展陷入了"破圈难"的现实困境，常常受制于资本运作"短平快"的周期性，缺乏可持续性的创意内容供给和高效的产业体系配套，在创作质量和数量上都存在较大的提升空间。这也导致"粉丝"群体往往更青睐西方资本平台"包装"出的虚拟偶像，随之衍生了文化产业领域潜在的意识形态风险。由此，要促进虚拟偶像运营平台的主体联动，规范行业内部自律、自查、自纠的企业管理制度。要引导从业者遵循"技术向善"的价值原则，主动增强虚拟偶像的文化内涵，避免资本逐利特性对于虚拟偶像亚文化的侵蚀，以理入器，以器载道，促进虚拟偶像从单纯的"消费符号"上升为传播社会正能量的文化载体[17]。

3. 规训与收编：观照生活世界，在价值依归中引导虚拟偶像崇拜

首先，要关心青年群体的生活世界，鼓励虚拟偶像的粉丝群体"仰望星空，

脚踏实地",引导广大青年在学习中"立鸿鹄志,做奋斗者",在实践中"知行合一,做实干家"[18]。教育中一定程度存在的"分数导向论"倾向使部分教育者往往过度关注学习者的量化考核评价,却忽视了对学习者所思所感及其思想困惑的引领与疏导,以致部分青年学生将大量自由时间投入虚幻的网络空间,借助虚拟偶像沉湎于"二次元"世界,以此来逃避现实。因此,"要关注青年、关心青年、关爱青年,倾听青年心声,做青年朋友的知心人、青年工作的热心人、青年群众的引路人"[19]。全社会应该共同关注虚拟偶像"粉丝"群体等青年群体,给予其足够的关心和充分的尊重,以知心朋友的平等姿态倾听青年心声、纾解青年困惑、为青年指点迷津。要充分了解青年群体的思想动态、价值取向、行为方式、生活方式,倾听他们对社会问题和现象的看法[20],鼓励和引导青年敞开心扉、回归现实、拥抱生活。全社会应该携起手来,促进青年人认识自我、完善自我、悦纳自我,为其创设自由而全面发展的生存空间,使虚拟偶像"粉丝"群体感知到真、善、美的情感温度,最终在现实世界中释放青春活力。

其次,教育工作者要发挥审美教育和榜样教育的育人优势,逐步培养青年学生的文化鉴赏力和审美感知力。虚拟偶像崇拜作为新生的网络亚文化,其中难免掺杂着不良审美思维与倾向,因此要积极"倡导健康文化风尚,摒弃畸形审美倾向"[21],通过艺术教育相关课程提高学生的审美判断标准,让青年群体在虚拟偶像崇拜的过程中充分感受健康网络文化的魅力,同时加深对于社会主义先进文化的认识和理解。"伟大时代呼唤伟大精神,崇高事业需要榜样引领"[22],要充分发挥虚拟偶像作为青年榜样的示范引领作用,将榜样育人的传统教育理念与虚拟偶像的先进技术特质相互融合,将理想信念、爱国情操、时代精神注入虚拟偶像的生命力中,使广大青年群体在网络空间学有榜样、行有示范,在见贤思齐中形成乐观积极的生活态度与价值追求。

再次,要发挥"学校—家庭"的双向育人合力,在多元主体的协同合作中实现虚拟偶像崇拜的功能性调节。一方面，学校是立德树人工作的主要渠道和意识形态工作的重要阵地，"国势之强由于人，人材之成出于学"（清·张之洞《创设储才学堂折》），学校应当切实担负起思想政治教育主体责任，始终坚持正确的办学方向，坚持以课堂教育为主渠道、以课外实践为主抓手，采取更为多样化的教育手段培养学习者的学习兴趣、激发学习者的学习热情、营造良好的校园网络文化环境，正确引导学习者将虚拟偶像视为先进榜样，探索虚拟偶像与思想政治教育相契合的技术化思路，并使之转化为培养社会主义建设者和接班人的重要手段。另一方面，家庭是青年人格培育和思想塑造最为重要的教育场域之一，家长是孩子的第一任老师。父母要审慎对待子女的"赛博追星"行为，通过换位思考来理解和体悟青少年处在特殊成长时期的所思所想，在此基础上进一步引导子女建构完善的自我同一性，避免其陷入狂热迷恋虚拟偶像的泥沼。"广大家庭都要重言传、重身教，教知识、育品德，身体力行、耳濡目染"[23]，通过深远持久的家庭教育和家风教育培育青年一代积极向上的网络文化心态，引领青年群体在价值选择、反思和澄清中实现价值塑造和人格建构[24]。

参考文献

［1］不存在日报.虚拟偶像，一场二进制人造甜梦［EB/OL］.（2016-12-31）［2023-05-16］.https：//www.ifanr.com/768442.

［2］让·鲍德里亚.消费社会［M］.刘成富，全志刚，译.南京：南京大学出版社，2014：47.

［3］让·鲍德里亚.符号政治经济学批判［M］.夏莹，译.南京：南京大学出版社，2009：28.

［4］尼尔·波兹曼.娱乐至死［M］.章艳，译.北京：中信出版社，2015：4.

［5］埃里希·弗罗姆.逃避自由［M］.刘林海,译.北京：国际文化出版公司,2002：75.

［6］赫伯特·马尔库塞.单向度的人——发达工业社会意识形态研究［M］.刘继,译.上海：上海译文出版社,2006：140.

［7］古斯塔夫·勒庞.乌合之众［M］.杨献军,译.北京：台海出版社,2019：22.

［8］本尼迪克特·安德森.想象的共同体——民族主义的起源与散布［M］.吴叡人,译.上海：上海人民出版社,2016：4.

［9］吴莹,韦庆旺,邹智敏.文化与社会心理学［M］.北京：知识产权出版社,2017：164.

［10］喻国明,滕文强.发力情感价值：论虚拟偶像的"破圈"机制——基于可供性视角下的情感三层次理论分析［J］.新闻与写作,2021（4）：63-67.

［11］安东尼·吉登斯.现代性与自我认同——现代晚期的自我与社会［M］.赵旭东,方文,译.北京：生活·读书·新知三联书店,1998：58.

［12］中共中央文献研究室.习近平关于社会主义文化建设论述摘编［M］.北京：中央文献出版社,2017：12,185.

［13］习近平.在同各界优秀青年代表座谈时的讲话［N］.人民日报,2013-05-05（2）.

［14］习近平.青年要自觉践行社会主义核心价值观——在北京大学师生座谈会上的讲话［N］.人民日报,2014-05-05（2）.

［15］中共中央党史和文献研究院.习近平关于网络强国论述摘编［M］.北京：中央文献出版社,2021：45.

［16］吴晶,胡浩.习近平主持召开学校思想政治理论课教师座谈会强调：用新时代中国特色社会主义思想铸魂育人贯彻党的教育方针落实立德树人根本

任务［N］.人民日报，2019-03-19（1）.

［17］储成君.榜样教育视域下虚拟偶像的理论审视［J］.思想理论教育，2022（8）：85-90.

［18］习近平.在北京大学师生座谈会上的讲话［N］.人民日报，2018-05-03（2）.

［19］习近平.在庆祝中国共产党成立95周年大会上的讲话［J］.求是，2021（8）：4-20.

［20］习近平.在纪念五四运动100周年大会上的讲话［N］.人民日报，2019-05-01（2）.

［21］习近平.在中国文联十一大、中国作协十大开幕式上的讲话［N］.人民日报，2021-12-15（2）.

［22］习近平在会见第四届全国道德模范及提名奖获得者时强调：开展学习宣传道德模范活动为实现中国梦凝聚有力道德支撑［N］.人民日报，2013-09-27（1）.

［23］习近平.在会见第一届全国文明家庭代表时的讲话［N］.人民日报，2016-12-16（2）.

［24］王贤卿，吴倩倩.虚拟偶像景观中的青年文化心态及其培育策略［J］.思想教育研究，2021（7）：100-105.

本文转载自李博然.青年虚拟偶像崇拜的生成逻辑、认同机制及其引导策略［J］.青年学报，2022（5）：78-86.

马克思交往异化思想下的网络直播交往分析*

王凯文

摘 要 人类交往历史已经随着互联网发展步入新时代，以网络直播为代表的交往模式逐渐成为人们普遍性的社会生活习惯。但是，在网络直播交往中，随着社会关系、社会活动日益复杂，产生了交往主体异化、交往手段异化和交往目的异化的情况。在历史唯物主义范畴中，马克思交往异化思想是对人类交往实践活动的科学性把握。本文以马克思交往异化思想为出发点，从交往主体、目的、手段三方面分析了网络直播交往的异化状态，认为马克思交往异化思想在网络时代背景下，仍有助于构建交往过程的公平自由秩序、加强交往个体的主体本性认识、丰富交往内容的主流正面形态，进而促进人的全面发展，实现主体间的自主平等交往目标。

关键词 马克思；交往异化；网络直播

---

* 本文为上海市教育科学研究课题"新时代网络文化育人"（项目编号：CC2021173）、同济大学中国特色社会主义理论研究中心研究成果。
作者简介　王凯文，同济大学新生院济勤学堂副院长，讲师。

近年来，随着互联网技术的快速发展和人们社交需要的增长，网络直播日渐火爆，由此产生的网络直播交往也成为一种新型的交往方式，并为社会大众带来了全新的交往体验。然而，作为新鲜事物的网络直播的发展并不是一帆风顺的，交往异化现象贯穿其中。基于互联网这一现实技术产生的网络直播交往形式仍具有历史唯物主义意蕴，以马克思交往异化思想分析网络直播交往现象仍然呈现磅礴的生命力，为改进网络直播交往提供了可靠的理论依据和现实路径，为推进社会进步提供了有效的分析思路和解决路径。

一、马克思的交往异化思想内涵

在马克思看来，交往范畴包括一切社会关系、社会形式，这一点在马克思写给帕·瓦·安年科夫的信中有所体现："为了不致丧失已经取得的成果，为了不致失掉文明的果实，人们在他们的交往方式不再适合于既得的生产力时，就不得不改变他们继承下来的一切社会形式。"[1]通过整合前人的理论及实践，有学者总结道："交往是指在一定历史条件下，现实的个人及诸如阶级、社会集团、国家等共同体之间在物质、精神上互相约束、相互作用、彼此联系、共同发展的活动及其形成的相互关系的统一。"[2]

人类的交往形式从以人的依赖为基础的交往，到随着社会生产力突飞猛进，形成以物的依赖为基础的交往，再到个人在追求物质的过程中得到极大锻炼。普遍交往将会成为现实，个人摆脱血缘、地域和物质的束缚，开始迈向人的自由全面发展，这是交往的最终目标。随着时代进步和科技发展，交往的范围变得广泛，交往的领域也发生了变化，而交往异化也随之产生。

马克思最初对异化的研究围绕在物质生产领域，他认为异化分为以下四种：劳动产品的异化、劳动本身的异化、人类的本质的异化，以及人与人之间关系的异化。其中，交往异化从本质上揭示了生产关系即人与人之间的关系。马克思的异化理论认为，异化是一种分离和疏远，原本属于人的活动的结果或者物质，在人的对象化的活动中获得了独立，并反过来成为制约人和统治人的力量。在交往异化中，交往双方不再是平等独立的个体，而是成为主客体，甚至双方皆成为客体，从核心打破了主体间的交往活动。马克思对交往异化进行了全面阐述，他认为交往异化主要体现在如下三个方面。

1. 个人所有的外化即为交往的外化

人们通过自身的劳动获得了个人所有物，获得这些所有物的人也被称为私有者，因此，人与人之间的关系变成了私有者之间的关系。人们为了满足自己的生存需要，不得不把个人的劳动所得交换给其他人，劳动产品、劳动关系和人的关系都发生了异化。交往的异化起源于私有制以及以私人所有为中介的交换。[3] 异化使得人的物变成高于人的现实存在，进而又变成了物支配和奴役人。物与物之间的交换替代了人与人之间的关系，主体性地位的缺失使人们不考虑交往价值，而只考虑交换价值。

2. 货币本身就是交往的异化

交往是人的"社会本质"，是人真正的社会形态，人原本就处于这种"相互补充"的关系之中，真正的交往存在于人格与人格之间的交往。[4] 从语言到货币，人的交往中介逐渐变化，通过货币展开的交往关系并非真正的社会关系，人不再拥有支配物的权力，这种权力被转移到了作为交换中介的货币上。货币作为人的价值的充分体现，成为衡量人的价值的标准。交往的目的也变为商品的交换，不再具备精神层次的交流和单纯的人格欣赏。人逐渐丧失了个人的本性，开始依赖货币这一交往媒介，货币成为私有制环境下真正支配人力量，继而使人与人的交往呈现异化的形态。

3. 交换本身就是交往的异化

"我们每个人都把自己的产品只看作是自己的、对象化的私利，从而把另一个人的产品看作是别人的、不以他为转移的、异己的、对象化的私利。"[5]通过交换，买卖关系逐渐形成，人自身的劳动产品既是自己支配他人的基础，也成为物对自身支配的权力。尽管当下看来，商品的交换和市场稳定和谐，但是，在交换过程中，个体经常为了获得更多私有物或利益，满足个体的需要不再满足人生产所有物的目的，侵占和掠夺其他个体的所有物反而成为目的。

进入资本主义生产方式占主导地位的阶段，人与人的交往异化体现在人对物的依赖。随着现当代社会的发展，在政治、经济、文化各个方面都随着互联网技术等科学生产力的发展而出现了现代性危机和异化现象，而其中最深层的异化仍然体现为交往异化。

二、网络直播交往的历史唯物意蕴

普通大众最初接触的"直播"，主要是指观看电视台的直播节目，该类直播依托传统电视发射信号传播信息。随着网络时代的到来，根据《互联网直播服务管理规定》中的定义，"互联网直播是指基于互联网，以视频、音频、图文等形式向公众持续发布实时信息的活动"。[6]传播主体利用互联网平台，将传播内容传递给有观看收听需求的受众，继而形成在线互动的网络直播形式。截至2020年12月末，中国网络直播用户规模达到6.17亿人，占全国网民总数的62.4%。[7]目前，已形成了电商直播、真人秀直播、游戏直播、演唱会直播、体育直播等多类别鼎立的局势，中国网络直播行业逐步发展进入多维发展、多强并行的成熟阶段。

网络直播不仅是一次技术革新,也开启了一段人类交往史。在网络直播空间,网络主播发起吸引受众参与、满足人际交往的实时互动,通过虚拟场域中个体的相互往来,实现物质、信息和精神领域的交换,形成了网络直播交往。从根本而言,网络直播交往仍属于人的实践活动,具有现实性,是人类改造自然和社会的活动。从哲学实践的视角来看,人在网络直播环境下的所有互动行为,都是广义上的网络直播交往。从历史唯物主义的视角来看,网络直播交往主要具有如下三方面的特点。

1. 网络直播交往的内容和形式,不断更迭满足发展中的人的需要

马克思指出,"由于人类自然发展的规律,一旦满足了某一范围的需要,又会游离出、创造出新的需要"[8]。随着市场变化、社会生产力的发展,人们的需要发展转变,中国网络直播行业的交往内容和主题也随之发展转变。2005年可谓直播元年,以秀场直播、观众打赏为主要运营模式。2014年以来,游戏市场异军突起,游戏直播平台高速发展。到了2016年,网络直播的内容开始以泛娱乐项目为主,人们热衷于通过直播平台随时随地记录并分享自己的生活状态,人人可以成为主播,主客体形成转化。[9]2017年后,移动直播和泛娱乐的直播+模式应运而生。2019年开始,"直播+"模式赋能传统产业,重构了传统场景,创新了商业交往模式。到了2020年,受新冠疫情影响,人们开启长时间居家生活,物理空间的隔绝使人们需要了解更多外界信息,直播领域就此燃起了新的势头,跨界直播、跨界综艺等形式层出不穷,在这些直播平台中的交往也呈现不同态势,交往的形式、内容都走向了新的起点。

2. 网络直播交往是人类交往形式的变革,实现了虚拟现实统一

马克思认为,现实的个人是人类在进行物质生产的基础上产生的个人,

是历史的创造者。建立在物质生产基础上的现实的个人交往，是马克思关于交往的内涵阐释。与传统的现实空间交往一样，人在网络直播中依然是社会关系中的个体，只是在网络直播环境下搭建了新的互动交往平台。网络直播交往需要互联网和移动终端等中介载体，看似虚拟的交往形式仍然离不开现实的物质基础，体现了其具有现实属性。在虚拟环境中开展的交往，传递的是不可触摸的虚拟信息和精神世界的思想碰撞，这正体现了网络直播交往是在现实的物质基础和虚拟的精神手段的高度统一中实现的。通过直播开启的新兴交往方式对调动受众自我展现欲望、提供便捷消费渠道和体验事件在场感具有推动作用。

3. 网络直播交往打破局限，推进市场经济发展

人们的交往范围和交往内容在移动新技术的支持下广泛扩展，现代社会消费符号化的演变，使物质交往不再局限于对使用价值的追求，更重要的是价值认同和文化积淀，这种精神交往的独立形式越发达，就越可以能动地作用于物质交往与生产。直播观看者打破时间、空间的局限，与陌生人建立一定的交往联系，自己也可以在一定条件下，成为某一平台或领域的主播。在直播的过程中，观看者一般通过发弹幕与主播构建交流，也能够以打赏表达对主播的喜欢，这也是网络主播获利、推动产业发展的直接手段。部分主播通过连麦聊天、对唱、表演的形式吸引双方粉丝观看，更有部分主播形成了"打造人设—聚集粉丝—直播带货"的流量变现模式，在以直播平台为代表的资本逻辑引导下，从精神生产和物质生产双重角度推进了市场经济发展。交往是生产力发展的动力和保障，生产力的发展也对交往起到推动作用。网络直播交往已经成为网络场域生产力发展的重要力量，进一步加深了当前社会的交往程度，使得中国社会的物质交往和精神交往更加丰富和活跃。

三、网络直播交往异化的表现

现实生活中的异化问题在网络世界进一步延伸，在网络直播环境中产生的交往异化，一方面，包含了现实交往异化转移而来的异化现象，是一种对现实异化的复写和时空的延展；另一方面，还包括在网络直播环境下产生的全新的、特有的交往异化现象。网络直播交往异化的产生，带有明确的脱离信息分享的目的，将限制人在直播交往中个人能力的发展，甚至丧失个人认同感。交流不再是自然而真实的，人与人之间原本因为交往所产生的稳定、互利的获得感降低。在网络直播交往中，人格的扭曲、功利主义和个人思想的传播屡见不鲜。在网络直播交往中，主要的交往异化表现在交往主体、交往手段和交往目的异化。

1. 交往的主体异化

（1）主播的人设禁锢

网络直播本应是一种即时的、真实的现实展现，从"延时反馈"提升为"实时反馈"的交往方式[10]。但实际情况却并非如此，通常"爆红"的网络主播都无形中打造了一个被粉丝追捧或带有舆论热点的人设。这些人设中，一些基于现实职业和背景，以打破刻板印象的形态出现，一些则完全背离现实人物，以重新解构的形式于直播平台受到关注。人的自我认知表现为一种自身的交往[11]，主播们对自我的认知出现了异化，他们逐渐放弃自己的内在尺度，转而屈从于客观现实环境的束缚。主播们为了成为被期望的角色，不惜将个人隐私的生活推至台前，粉丝的认同成为主播们打造和调整人设的重要参照指标。

在异化理论中，劳动产品变成了异己的力量，形成了不依赖生产者且与劳动对立的存在。在过去，这种对立的结果使工人在交往的过程中丧失劳动品，并在无形中被奴役和异化。在直播交往中,这种异化即对立仍然存在,原来工厂的工人即为直播间的主播,直播内容即为劳动产品,异化的主体也从"被资本家奴役的工人"变为"被人设奴役的主播"。

交往本身的最终目的是实现人的自由全面发展,而在网络直播交往中,为了稳定个人热度和收益,主播只能长期禁锢于人设,忽略了个体的全面发展。网络直播成为一种外在的、与个体对立的异己力量,人也开始为网络直播和背后的利益所控制,丧失了作为主体对自身精神、交往的控制。在人设的禁锢下,交往的主体在直播空间所扮演的角色成为个体的虚假人格,而交往主体本身逐渐迷失自我,交往异化日益明显。部分主播认为网络直播平台下的虚拟性可以遮蔽自己的法律责任,在追求人设的过程中打着法律的"擦边球",丧失自身的社会责任感,最终引发交往秩序的混乱,也将影响广泛大众的普遍交往。

(2)带货主播的商品化

在新冠疫情期间,人们由于居家隔离,脱离了现实购物场域,电商直播以充分的多元化"在场感"满足消费者方便快捷的消费需求,如雨后春笋般发展。在主播声嘶力竭的讲解和倒计时的紧张感中,电商直播构建了与受众生活场景趋于一致的狂欢式场景。消费者在恍惚间点击下单,直播场景的构建消弭了现实与虚拟的区分。私人的购物行为也变成了直播中的社群化集体行为,所谓真实的场景实则为传播技术和主播构建的虚假社交场域。

对于主播而言,有利有名的直播力量提升了其直播带货的热情,直播者带着销售和变现的目的与消费者交往,看似站在消费者的角度分析、交流、推荐,实则通过前期选货、设定脚本、综合策划爆点等行为,以具有真实感、在场化的直播行为构建新型的交往关系,在电商直播中打造以人为连接的"主播—产品—消费者"的交往模式。交易成为直播中主播与粉丝情感互动和语言交流的最终目的,归根结底仍是以产品为中介、以消费为终极目的,交往出现异化的形态。

马克思认为,"社会的物质生产力发展到一定阶段,便同它们一直在其中运动的现存生产关系发生矛盾。于是这些关系便由生产力的发展形式变成生产力的桎梏"[12]。生产力和生产关系的矛盾正是产生异化的根源,新的交往模式取代旧的交往范式,直播者和观看者通过弹幕进行交流,实际上这种交往已经成为买家与卖家的主客体关系。部分观看者选择在某一主播的直播间购物,实际上并不只是出于对产品的需求,更多的是出于对主播的喜欢和追捧,满足自身作为交往主体对客体的情感需求。而此时的主播也成为与商品捆绑的消费产品附属价值,主播个体也随之被物化,交往关系呈现"作为商品的主播—被商品支配的消费者"双客体态势,原本的交往主体双方变成了抽象的类,成为毫无主动性、被奴役的"物"。

2. 交往的手段异化

(1) 货币化的打赏模式

网络阅读刚刚兴起的时候,粉丝会为感兴趣的作者在线支付一定金额,这是最初的"打赏"行为。到了网络直播时代,观看者在直播间和主播互动交往,其中重要的手段就是"刷礼物",主播通过虚拟礼物实现平台变现,形成新的"打赏"行为。以往满足精神交往需要的支出并不是消极的,如购买音乐、欣赏演出等,这恰恰是创造精神交往的新参与者。[11]但是,主播为了迎合平台的奖励机制,适应市场的甄选机制,追求市场量化数据,想尽办法引导观看者打赏,最主要的努力却不是致力于提升自身综合才艺及自身价值。部分主播开始打起了"擦边球",挑战道德的底线,传播猎奇心理等。同质化面容和谄媚交流手段存在于各个直播间,形成"直播—打赏—分成"的数字化流水线。

在网络直播时代,观看者付出金钱是为了与主播和他人平等交往,可是由资本平台一手营造的平等交往通常只是虚假的平等。观看者为了获得与主播更进一步对话、线下见面等交往的机会,也为了在同一直播间获得其他观看者的关注,往往会投入大量的金钱,物欲充斥在直播间的每一次刷新礼物行为中。在物欲的冲击下,直播者和观看者都进行了自我物化,点赞量、礼物数据都成为扭曲人格的数字化陷阱,在虚拟的网络技术空间忘记了自己的真实需求。

马克思把货币本身看作交往异化的典型表现,货币化的打赏行为作为交往的中介,打破了人格与人格之间的纯粹交往。人变成了私有者,以打赏为交往手段的交往互动就变成了私有者之间的交换活动,直播者和观看者双方都被打赏这一货币化的交往模式奴役,人们受到直播间"物"的支配。人格之间的纯粹交往被限制和支配,直播间里的人变成了丧失自我的人,人变成了异己的存在,人与人之间物的交换反而成为最主要的交往关系,无形中将人推进了交往异化的深渊。

(2)数字技术的中介干预

网络直播平台基于观看者的浏览喜好和习惯,通过智能算法大范围地定点推送,这一举动首先改变了传统交往环境中由交流主体自行选择交往对象的交往模式。资本增值推进现代社会发展,观看者被推荐的往往是具有商业价值的头部主播。资本通过技术手段,以非理性的选择替代了大众对所需的选择,观看者因为缺少直播信息的对比,只能任由渠道推送链接反复切换。传受双方看似都在自由选择的环境下建立了交流,实则完全被动地通过技术配对,在技术介入下制造交往对象。持续观看这些符合个人喜好的直播非但没有丰富个人的精神追求,更使得观看者逐渐丧失自行选择直播交往对象的批判权和选择权。原本应该作为一方交流主体的观看者往往处于一种无意识的交往参与中,被限定在由数据和计算搭建的信息茧房中却不自知。搭建网络直播交往平台的技术手段反而成为支配观看者选择的控制力量,从根本核心造成了交往手段的异化。

在原始的交往关系中,交往只存在于人与人的关系中,而在数据计算的干预下,网络直播交往呈现出"交往个体—技术筛选—交往个体"的链接模式。在多元化、泛娱乐化的数字空间的科技外衣下,基于互联网空间的交往也逐渐呈现数字化过渡或转变。原本作为交往手段和交往媒介的技术反过来控制作为交往主体的人,数字网络技术成为重要的牟利手段,观者被置于以技术为表征的特殊市场逻辑之下。

互联网现今已几乎沦为当代资本主义的扩张工具,在看似自由的网络空间,直播技术、智能算法和移动设备控制了交往场景,这正是数字化时代下人的现实交往遭际。数字化技术构建了一个当代个体难以抽离的数字化网络交往模式,人开始被置于技术的操控下,技术剥夺了人的自由,造成了人对直播交往的沉溺。[13] 技术堆砌的网络直播交往场景让人逐渐迷失自我,侵蚀了个体的闲暇时间,占据了本该由交往个体开展交往和思考的时间空间,形塑了人的数字化生存状态。

3. 交往的目的异化

（1）忽视人的全面发展

马克思认为,一个人的发展取决于和他直接或间接进行交往的其他一切人的发展,交往是社会发展和历史现实中个人的"社会的活动"。交往的本质是一种实践活动,包含在人们所有的实践活动之中,交往的根本目的应该是人的自由全面发展、人格与人格之间的平等交流,强调在传播过程中主体之间的平等交流及单纯的分享动机。

在网络技术尚未打造虚拟世界前,人类唯一的交往空间只有现实世界。当下,可以联通世界、打破时间空间双重壁垒的网络直播,以其高度便捷性和较低准入标准而深受群众喜爱。在网络直播空间中,每个人都有权力开通直播间,在自己的舞台上全面展现自我,多才多艺、知识输出、不同阶层的交流都有助于实现人的全面发展,连麦、弹幕等双向交流方式也使网络交往更具即时性,网络直播本应成为飞跃式的交往形式。然而，越来越多的人利用网络直播并不是为了通过与更优秀的个体交流成为更好的自己，也并非为了展现全面自由发展的自我，而是逐渐暴露出社交目的肤浅化的趋势。一方面，主播受利益所驱使，为了获得资本的关注，使自身直播内容走向低俗化；另一方面，观看者关注直播只是为了满足自身浅薄的精神需求，把感官的刺激和瞬时的满足当作交往的结果，交往异化逐渐显现。

直播的现场感和互动性营造了虚假的客观环境，资本逻辑潜移默化地遮蔽了交往逻辑，交往过程屈从于资本增殖的逻辑，自由交往成为带着滤镜的美好追求，看似近在眼前，实际却相差千里。在资本逻辑的控制下，直播开始压制人的发展，降低了受众的日常精神需要的层次，长此以往将导致人们丧失对交往的真正追求。在直播的快感和人性成瘾的根本特性双重刺激下，精神虚无的现象日益明显，甚至阻碍社会进步和人的全面发展。

（2）虚拟空间的失范表达

马克思认为，交往作为人的一种存在方式，是日常社会生活中不容忽视的重要组成。网络直播交往通过声、像和互动搭建了广阔的虚拟平台，在传播过程中，交往的主体本来希望可以创造平等交流和单纯分享的动机，却在虚拟性、隐匿性和利益性的背景下发生了异化。

亚伯拉罕·马斯洛（Abraham H. Maslow）结合人的需要、人的价值和人的幸福三者统一的关系，提出人由低至高的层次需要论，在这些层次中，自我实现是最高层次的需要，只有真正实现了自我的价值，人才能感到真实的幸福。在网络直播交往中，人们凭借网络的虚拟性掩盖了自身的现实身份，实现了自由开放的同时也摆脱了现实的规范约束。直播间的主播和观看者在虚拟的符号交往中，表达了对个体自由的极限追求，却逐渐忽视了自身源自现实基础的社会责任感和法律道德约束，网络交往秩序逐渐被破坏，转变为一种近乎病态化、逃避现实、寄托于虚拟世界平等交往的模式。

在网络直播强大的吸引力作用下，人们沉溺于虚幻的虚拟交往，已经习惯于隔着网络和屏幕开展直播交往的群体，在一定程度上疏离于现实的人际交往。在直播交往中，一方面，直播者沉溺于自己打造的虚拟人设；另一方面，观看者也能摆脱现实束缚，根据个人喜好通过语言、符号、行为进行交流，虚拟的交往逐渐替代了现实的交往和沟通。人们不再追求健康、平等的交往，现实的道德标准也在虚拟交往中逐渐弱化，摆脱繁杂的现实人际关系使人们忘却了网络直播交往终究是虚拟存在的，每个人仍然需要面对现实生活、面对现实中的本我。异化的交往目的虽然短暂满足了人类的精神快感，但终究会使人迷失自我，沦为技术的奴隶，直面交往异化造成的社会不稳定因素和普遍化的道德失范行为。

四、网络直播交往的改进路径

1. 构建交往过程的公平自由秩序

社会关系的发展与生产力的发展通常会有时间差，这使得社会关系的制度化和规范化在一定程度上稍显落后。因此，随着交往的范畴和对象扩大，原有的制度和规范不再能适应当下的社会交往关系发展。马克思认为，"权利永远不能超出社会的经济结构以及由经济结构所制约的社会的文化发展"[14]。他们对现实表现自由的认识相当深刻，也从不把表现自由解释成为所欲为。在网络直播交往中人们同样需要适应当下发展的约束，社会各界应共同构建公平自由的交往秩序。

规范直播宏观环境。自由的各种形式是相互制约的，在人与人的交往中，法律具有保障社会稳定、约束人的交往的作用。面对交往中产生的冲突、矛盾和异化现象，法律可以起到一定引导作用，近年来，对于直播平台的不良内容整治和行业管理规范陆续出台。2016年12月，国家网信办颁布《互联网直播服务管理规定》，对直播平台加强弹幕管理、直播者自觉维护直播秩序、用户文明理性表达等进行了具体规定。2020年，《网络直播行为营销规范》《关于加强网络秀场直播和电商直播管理的通知》《互联网直播影响信息内容服务管理规定（征求意见稿）》等政策文件相继颁布，要求主播坚持社会主义核心价值观，遵守社会公德，不得采取任何形式进行流量等数据造假。这将有助于淘汰无序从业者，为资本平台敲响警钟，避免其走向功利主义的极端。

广泛树立法规意识。在做好客观环境的强制约束后，引导交往主体对法律政策的认知迫在眉睫，提高个人对法律法规条目、限制的知晓度，并提升个人依托法律法规形成的监督意识。主播服务机构应当与网络直播营销平台积极合作，落实合作协议与平台规则，对签约主播的内容发布进行事前规范、事中审核、违规行为事后及时处置，共同营造风清气正的网络直播营销活动内容生态。提升用户的主体自律，及时举报不良内容和不良直播现象，从宏观政策到微观实践，发挥个体的主观能动性，全面立体打造良好的网络直播交往生态环境，杜绝不文明、不友好、不利于交往长期发展的各类直播内容。政府部门、资本平台和用户合力解决泛娱乐平台规范问题，保障交往可以在清朗的直播空间中有序开展。

2. 加强交往个体的主体本性认识

马克思认为，回归交往的本质应该是主体间的关系恢复正常，人在交往中的主体性得到充分发挥，不受资本的控制，回归社会联系，使人与人脱离物质交换的关系[15]。在交往中，人与人之间充分肯定彼此的个体价值，不应过度纠结于经济效益，避免被物化为客体。

摆脱被物质客体化。人在使用网络直播的过程中沉迷其中，为互联网技术所操控，失去主体位置，作为互联网的创造者，人需要自觉树立个人的主体意识。

人具有改造世界的实践力，互联网技术、打赏等行为对人的物化控制只是短暂的，对被物化为客体的交往关系进行批判迫在眉睫。需要重新厘清网络直播交往与个人需求，以人类共有价值导向消除在网络直播范畴内由资本造成的剥削和物化，不被技术和资本奴役，坚持技术和人的和谐发展。激发网络直播交往主体的能动性，提升直播平台文化品位，引导用户理性打赏和有序精神交往。

强化个人网络认知。尽管网络直播带来在场真实感，但归根结底直播间只是网络虚拟空间，主播和观看者都需要对这一客观事实有明确的认知。了解互联网的特点，辨析网络与现实的差距，对参与直播的双方交往具有重要意义。加强对主播的教育培训及管理，增强网络空间行为与现实个体角色的同一性，提升签约主播的综合素质。引导观看者正确看待网络环境下的互动交往，跳出网络虚拟空间直面现实世界。重塑对网络直播交往的预期，抵制对现实世界的逃避，真诚、理性地交流和分享，清醒认识到网络直播空间也是由现实的人构造而成的，实现现实交往和虚拟交往的整合。交往双方需要提升个体网络使用素养，主播应摆正价值观，转变低俗取悦的观念，观看者应理性对待，形成良好的欣赏水平，实现高层次的精神交往需求。

3. 丰富交往内容的主流正面形态

在特定的社会历史条件下，交往才得以实现，社会生活背景决定了交往的内容，对推进交往过程具有重要的引领和指导作用。在网络直播这一新型交往空间中，交往内容作为精神交往的重要体现，更需要紧跟交往平台的快速发展节奏，保证交往的顺利开展。

促进个人的全面发展。不管是作为一份职业还是一份兴趣，具有把关人特性的直播者需要提升个人的公众意识和内在涵养，全力创造积极健康的网络文化内容，使网络直播空间效力于丰富大众精神世界。马克思认为，人的自我实现是扬弃了人的依赖关系和物的依赖关系的自我实现方式，而代之以个人发展和社会发展一致的自我实现方式[16]。直播平台需要打破为了经济利益而异化自我的交往行为，引导直播者挖掘个体的内在本质，在直播内容上深耕细作，满足人的精神交往需要。作为观看者，在互动过程中提升自我认知，与直播者共同提高直播内容的价值性和科学性。交往双方需要把握自由行为的限度，明确个体自由发展的前提，即自由具有相对性和具体性，在符合法律法规和有利于社会进步的背景下，实现个体的自由交往与全面发展。

塑造正面的主流形象。每个人既是他自己，也是社会一切关系的体现者，他的精神交往活动都带有社会性质[11]。作为精神交往的重要渠道，普遍存在于社会联系中的直播平台需要致力于推荐符合社会和谐发展需要的主播形象，传递正面、积极的精神交往作品，将直播交往的开放性和虚拟性有效结合，使直播交往内容走向生态化。直播者应充分考量个体角色认定，发掘个体正面、积极的形象及内涵，传播有助于精神交往的信息，最大程度发挥网络平台的科技效用，消除社会信任危机和社交形象低俗的弊端，推进交往健康有序发展。组织机构需要全面巡查监督网络直播平台的内容生态和个体形象，对违规平台限期整改，共同打造风清气朗的网络直播交往空间。每个主体都有责任和义务维护网络直播交往空间健康、良性发展，让技术和资本让位于原本的交往，让健康有序的交往继续促进社会的稳定发展。

参考文献

[1] 中共中央马克思恩格斯列宁斯大林著作编译局.马克思恩格斯选集（第四卷）[M].北京：人民出版社，2012.

[2] 范宝舟.论马克思交往理论及其当代意义[M].北京：社会科学文献出版

社，2005.

[3] 韩立新.《穆勒评注》中的交往异化：马克思的转折点——马克思《詹姆斯·穆勒〈政治经济学原理〉一书摘要》研究［J］.现代哲学，2007（5）：1-15.

[4] 中共中央马克思恩格斯列宁斯大林著作编译局.马克思恩格斯全集（第一卷）［M］.北京：人民出版社，2012.

[5] 中共中央马克思恩格斯列宁斯大林著作编译局.马克思.马克思1844年经济学哲学手稿［M］.北京：人民出版社，2000.

[6] 中共中央网络安全和信息化委员会办公室.互联网直播服务管理规定［EB/OL］.（2016-11-04）［2023-05-16］http://www.cac.gov.cn/2016-11/04/c_1119847629.htm.

[7] 中国互联网络信息中心.第47次《中国互联网络发展状况统计报告》［EB/OL］.（2021-02-03）［2023-05-16］http://cnnic.cn/gywm/xwzx/rdxw/20172017_7084/202102/t20210203_71364.htm.

[8] 中共中央马克思恩格斯列宁斯大林著作编译局.马克思恩格斯全集（第四十七卷）［M］.北京：人民出版社，1949.

[9] 陈经超，吴倩.变革与回归：中国网络直播平台发展历程探析［M］//蒋原伦，张柠.媒介批评（第七辑）.桂林：广西师范大学出版社，2017.

[10] 葛方圆.网络直播的受众心理及传播力分析［M］//蒋原伦，张柠.媒介批评（第七辑）.桂林：广西师范大学出版社，2017.

[11] 陈力丹.精神交往论——马克思恩格斯的传播观［M］.北京：中国人民大学出版社，2016.

[12] 中共中央马克思恩格斯列宁斯大林著作编译局.马克思恩格斯全集（第二卷）［M］.北京：人民出版社，1995.

［13］汪怀君，张传颖.数字资本主义的数字劳动异化及其扬弃［J］.宁夏党校学报，2021，23（3）：48-56.

［14］中共中央马克思恩格斯列宁斯大林著作编译局.马克思恩格斯全集（第十九卷）［M］.北京：人民出版社，1975.

［15］中共中央马克思恩格斯列宁斯大林著作编译局.马克思恩格斯全集（第四卷）［M］.北京：人民出版社，2002.

［16］姜爱华.马克思交往理论研究［M］.北京：知识产权出版社，2009.

本文转载自王凯文.马克思交往异化思想下的网络直播交往分析［J］.媒介批评，2021（2）：137-151.

高校网络意识形态话语权建构研究[*]

刘 涛

摘 要 高校网络意识形态话语权是高校在网络空间里传播主流意识形态的一种权力和能力。在信息时代，构建高校网络意识形态话语权是一项极其重要的任务。当下高校面临着西方国家的网络话语霸权和渗透、多元多样多变的社会思潮对大学生思想产生冲击和高校网络意识形态建设工作相对滞后等几方面因素的挑战。高校可以从建立相应的人才队伍、建设网络意识形态主阵地和创新意识形态话语体系等入手来构建高校网络意识形态话语权。

关键词 高校；网络意识形态；话语权

党的十九大报告明确提出："牢牢掌握意识形态工作领导权。意识形态决定文化前进方向和发展道路。必须推进马克思主义中国化时代化大众化，建设具有强大凝聚力和引领力的社会主义意识形态，使全体人民在理想信念、价值理念、道德观念上紧紧团结在一起。"高校承担着立德树人根本使命，培养社会主义建

---

* 本文为上海市哲学社会科学规划一般项目"新时代社会主义核心价值观海外传播的影响研究"（项目编号：2019BKS004）的阶段性研究成果。
作者简介 刘涛，同济大学人文学院党委副书记，助理研究员。

设者和接班人，构建高校网络意识形态话语权意义重大。

一、构建高校网络意识形态话语权的意义

从根本上看，意识形态源于实践，是一种观念性的社会存在。马克思在《〈政治经济学批判〉序言》中阐述道："人们在自己生活的社会生产中发生一定的、必然的、不以他们的意志为转移的关系，即同他们的物质生产力的一定发展阶段相适合的生产关系。这些生产关系的总和构成社会的经济结构，即有法律的和政治的上层建筑竖立其上并有一定社会意识形式与之相适应的现实基础。"[1]意识形态体现的是占据统治地位的阶级的政治思想和思想体系，还涵盖着维护社会整体秩序的文化、道德、习俗及审美等领域的精神生产。话语则是时代的声音，呈现出的是当时的社会关系和价值观，有着"权力"的意蕴。意识形态的主导地位和领导权正是通过意识形态话语实现出来的，意识形态话语权凸显的是意识形态话语的导向力、解释力和感召力。高校网络意识形态话语权指的是高校在网络空间里传播主流意识形态的一种权力和能力。

在信息时代，构建高校网络意识形态话语权是一项极其重要的任务。一方面，高校是实行高等教育的最重要场所，不仅要传授文化知识、培养各种专业技能和进行科研创新，还是思想交流、实行意识形态教育的重要阵地，其意识形态工作的效果对高校乃至国家的发展有着很大的影响，而网络空间意识形态建设也是意识形态工作的重要组成部分，网络意识形态话语权构建不可或缺。另一方面，网络空间是与现实有着截然不同特点的场域，原有的工作方法不足以应对新的挑战。网络空间不是法外之地，也不是舆论特区，而成了意识形态话语权争夺的新的主战场。习近平总书记指出："每一个国家在信息领域的主权权益都不应

受到侵犯，互联网技术再发展也不能侵犯他国的信息主权。"[2]也就是说，网络空间话语权的确立就是一种对信息主权的捍卫。总体来说，网络的出现深刻地改变了人们的生活、学习方式，其及时性、互动性以及去中心化等特点让信息流动特别迅捷和广泛，话语的传播与人们之间的交流也有着全新的特点。如何应对这种新形势，是个值得研究的问题。

二、构建高校网络意识形态话语权面临的挑战

1. 西方国家的网络话语霸权和渗透

西方国家凭借其先发的信息技术优势，处于技术链的高处，制定了相关的行业规则。整个网络空间中，英语信息占据着统治地位，非英语国家和民族的信息和表达常常被淹没在茫茫的英文信息海洋中。西方发达国家依托先进的技术，裹着文化的外衣，通过网络载体，向发展中国家大规模输出其政治制度和价值观。整个网络世界呈现出的是一种国际信息的单向输出，本质上是西方发达国家网络话语霸权和对其他国家的意识形态渗透。虽然我国的网络文化建设取得了长足的进步，但网络话语"西强我弱"的局面依然存在。以美国为首的西方国家不断利用网络歪曲我国的制度和政策，放大我们在建设中国特色社会主义事业道路上遇到的问题和矛盾，有意误导大学生的理性判断和价值取向，试图影响他们的理想信念，对我们构成极大的网络威胁。

2. 多元多样多变的社会思潮对大学生思想产生冲击

我国网民规模不断扩大，互联网普及率不断提高，绝大多数网民会使用手机上网。智能手机、iPad等上网终端是当下大学生群体中多数人的标配，他们

已不局限于通过书本、课堂等传统渠道获取知识，而是越来越多地通过网络获取知识资源和各种信息。每天一打开手机，各种信息扑面而来，不少大学生常常在微博、微信、豆瓣、知乎、哔哩哔哩等网络媒体上流连忘返，在享受网络带来的红利和便利的同时，也面临着沉迷网络和思想观念受到冲击的危险。有些大学生在课堂上无心听课，忍不住开小差网上冲浪，严重影响专业知识的学习和社会主义核心价值观的培养。网上的信息良莠不齐，既有很多好的学习资源，也有西方意识形态输出、网络谣言、极端主义的诱导煽动、低俗暴力内容等各种有害信息，使得大学生在海量的信息面前难以辨别、防御。网络即时性、匿名性和扩散性等特点，极大地突破了时间、现实和空间的限制，各种思想和观念在网络上交流和碰撞，多元多样多变的社会思潮不断向大学生群体涌来，不仅对大学生的价值判断产生很多负面影响，还会大大削弱大学生的价值认同。

3. 高校网络意识形态建设工作相对滞后

当下有些高校互联网思维相对滞后，还固守着传统意识形态建设思维模式，并用原有的工作方式和手段来建设网络意识形态，往往得不到预期的效果，导致高校网络意识形态建设工作跟不上当前的形势。网络作为信息时代的标志和基石，有其自身的特点和规律，对此高校必须要更新思维和创新工作方法，用习近平新时代中国特色社会主义思想铸魂育人，学会用网络手段创新开展教育，避免抽象说教、照本宣科。有些高校网络意识形态管理机制不健全，没有对网络进行实时监测，不能在第一时间掌握舆论动态，往往会错失舆情始发期的话语权掌控和观念引导，难以防止舆情事件走向深水区，也不利于及时帮助学生认清事情真相和摆脱网络不良信息的控制和误导。相关工作滞后是高校网络意识形态话语权建构所要解决的一个现实问题。

三、构建高校网络意识形态话语权的对策分析

1. 建立一支适应信息时代意识形态建设的人才队伍

要构建高校网络意识形态话语权,人才是关键。习近平总书记明确指出:"网络空间的竞争,归根结底是人才竞争。建设网络强国,没有一支优秀的人才队伍,没有人才创造力迸发、活力涌流,是难以成功的。"[3]构建高校网络意识形态话语权离不开一支素质过硬,能适应信息时代的人才队伍。信息革命带来的是全新的网络信息和话语交流场域,其舆论生态、话语传播都发生了深刻的变化,这给高校网络意识形态话语权构建带来了全新的挑战和机遇,高校需要打造高质量和专业化的团队以应对这种形势。首先,意识形态工作者要具备深厚的马克思主义理论素养和坚定的理想信念。将马克思主义理论内化于心,并将其与工作紧密结合在一起,以马克思主义思想的魅力来感染学生,做中国特色社会主义核心价值观的引领者。其次,团队需要分工协作,形成协同效应。既要有理论深厚的马克思主义思想传授者,也要有精通语言学和话语传播的专家,还要有通晓互联网发展趋势和全媒体技术手段的专业人士。要进行团队培训和团队建设,这样可以让团队成员在各司其职的基础上互相取长补短,默契配合,以全方位的协同方式做好网络意识形态的建设工作。最后,队伍需要不断注入新鲜血液,尤其要注意吸收优秀辅导员加入。这是因为辅导员与大学生接触紧密,熟悉大学生学习、生活和心理实际,与大学生有共同话题,容易产生共情,掌握学生话语体系,其思想政治教育引领容易产生事半功倍的良好效果。

2. 建设网络意识形态主阵地

打造网络意识形态宣传平台,坚守网络意识形态主阵地是构建网络意识形

态话语权的应有之义。互联网已成为意识形态交锋和舆论斗争的主战场，高校必须在网络空间占领主阵地，发出自己的声音，否则就会失去主动权，从而难以对大学生形成有效的思想政治教育和社会主义核心价值观引导。高校需要做好网络意识形态主阵地建设。首先，高校要积极打造新媒体宣传平台，主动做好新技术的开发和应用，不断提高自身的用网治网水平。新媒体技术在如今的时代日新月异，不断涌现出各种传播新手段和社交新软件，深刻改变了人们的信息交流和生活方式。网络直播的崛起，风靡全国，这对易于尝试和接受新事物的大学生们有着莫大的吸引力。网络直播内容涵盖直播秀、游戏、体育及生活的各个方面，进入门槛低，只要有4G网络和简易的智能终端，便能通过很便捷的操作来进行，而观众也只需要一个简易设备就可以和主播实时互动，这也导致有的主播为了吸引眼球、抓住观众和提升自己的粉丝数量，刻意猎奇、提供低俗的表演或内容等，这会对大学生的感官和精神世界产生冲击，导致其价值导向产生偏移。高校不能对整个网络直播行业兴起的格局视而不见，需要积极面对。原有的让学生去网络平台观看慕课，或让学生在传统网络平台上回复话题等手段已远远不够了，高校完全可以在网络空间开展形式多样、积极向上的网络直播活动，如可以请马克思主义理论研究专家、勇于奉献的青年志愿者、励志的企业家和优秀大学生来网络直播间做接地气的直播，既可以正本清源又能传播正能量。其次，高校要将思想政治教育与网络意识形态话语权构建工作结合起来，线上线下共同努力。思想政治教育是高校意识形态工作中不可或缺的重要内容，高校思想政治教育队伍长期工作在意识形态教育第一线，有着深厚的理论素养、丰富的实践经验，也了解大学生的思想动态和群体特点。高校网络意识形态话语权建设离不开高校思想政治教育队伍特别是辅导员的参与，要将线下的思想政治教育与线上的意识形态教育结合起来，形成良性互动和相互补充，让大学生对马克思主义思想真正做到入脑、入心和入行。最后，高校要探索建设高水平的舆情实时监测和预警系统。

网络信息流动速度极快，一个很不起眼的新闻经过他人或组织的背后推动和发酵就有可能最终演变为一个上热搜的舆情事件。高校需要积极采用高科技成果开展思想政治教育。一方面，要运用相应的系统密切关注网络上信息的流动和社会新闻热点的演绎，对于有可能对大学生产生不良影响的负面舆论和观点，要及时正确引导；另一方面，要完善与网络相关的规章制度，规范大学生网络行为，引导大学生依法上网，守法发表意见，以积极向上的态度参与网络生活。同时，也需要系统能够及时发现大学生的真实诉求和思想困惑，在第一时间做出反应，给学生以切实的回应和细心的呵护。高水平的舆情实时监测和预警系统的作用是巨大的，能开展网络信息监测和网络舆论掌控，以便及时和主动地反应，为大学生营造风清气正的网络环境。

3. 进行高校网络意识形态话语体系创新

构建高校网络意识形态话语权，就必须顺应时代，进行高校网络意识形态话语体系创新。一是要处理好各种话语之间的关系，做好话语间的相互转换。总的来说，一个国家和民族的意识形态话语体系中有三种话语：政治话语、学术话语和生活话语。政治话语指党和国家政策、文件等官方正式的政治性言语表达，在话语体系中处于主导地位，显示政治方向和核心价值导向。学术话语是学术研究工作者运用一定的学术范式进行的言语表达，既可以为政治话语提供一种阐释和支撑，也可以为生活话语带来一种提升，高校思想政治教育话语也属于学术话语的一部分。生活话语指人们日常生活中的各种言语表达，为政治话语和学术话语提供实践养分，由于网络已成为现代人的一种生活方式，因此网络话语被包括在生活话语之中。在实际运用中，高校网络话语很容易照搬政治话语和学术话语，显得抽象、生硬和晦涩，对大学生起不到应有的教育效果。因此，高校思想政治教育者，特别是辅导员要针对大学生的年龄特征和个性需要，做好话语转换，把政治话语、学术话语转化为生活话语,让网络意识形态话语入脑、入心、入行。二是要提供高质量话语内容,做好话题设置。高校需要加强对马克思主义理论的深入研究和科学阐释,坚持马克思主义在意识形态领域的指导地位,让网络意识形态话语内容生动起来,体现出时代性。习近平总书记曾就文艺工作提出:"要适应形势发展,抓好网络文艺创作生产,加强正面引导力度。"[4]高校网络意识形态话语内容也要扎根时代,体现出原创性,多出新时代思想政治教育好作品和好内容,以此来提升话语的穿透力和说服力,让大学生们的心灵得到真正的滋养。三是要创新话语表达。网络就像一个万花筒,各种话语表达层出不穷,这既体现了每个参与个体的创造性,同时也潜移默化地改变他们的思想和行为特征。高校网络意识形态话语需要根据互联网特点改变传统的话语表达方式,尤其要考虑大学生这一受众群体。高校网络话语内容必须要尊重大学生群体,熟悉大学生的思想状态和心理特点,精准供给,用大学生听得懂、喜欢听的方式表述。要做好这种话语创新,就要深入大学生群体中,倾听他们的心声。高校网络话语也要向大学生"取经",积极吸收他们的智慧创造,才能实现既有深度又有温度的表达,让大学生从心理上感到亲切,从思想上深刻领会和接受。

信息时代已经到来,并将会继续深入发展和不断延伸,网络作为人们生活不可或缺的一部分也会不断发展下去。高校网络意识形态话语只有顺应时代,不断创新,确立话语权和领导权,才能守牢网络空间的思想主阵地,才能为大学生的成长成才和健康生活做好引导和保驾护航。

参考文献

[1] 中共中央马克思恩格斯列宁斯大林著作编译局.马克思恩格斯选集(第二卷)[M].北京:人民出版社,2012:2.

［2］中共中央文献研究室.习近平关于社会主义社会建设论述摘编［M］.北京：中央文献出版社，2017：175.

［3］习近平.在网络安全和信息化工作座谈会上的讲话［M］.北京：人民出版社，2016：23.

［4］习近平.在文艺工作座谈会上的讲话［M］.北京：人民出版社，2015：1.

本文转载自刘涛.高校网络意识形态话语权建构研究［J］.高校辅导员，2022（3）：52-55.

移动互联时代高校网络评论员队伍培育与作用发挥机制研究

章 浩 刘 波 顾旭锋

摘 要 文章对国内外高校网络评论员相关工作进行了分析，并选择调研对象、设计调研内容，以访谈的方式对某高校网络评论员队伍建设和日常工作情况进行调研，了解其管理中存在的问题和困难。根据调研结果，文章基于网络化管理理论，提出适用于当前网络评论员队伍培育的路径。结合实际需求完成舆情监控平台的选型，基于此舆情监控平台，构建移动互联时代某高校网络评论员队伍日常舆论管理与作用发挥机制，并在工作中进行实践，提高了高校网络舆情工作的水平。

关键词 移动互联；网络评论员；舆情监控；队伍培育；工作机制

---

* 本文为同济大学中国特色社会主义理论研究中心项目的研究成果。
 作者简介 章浩，同济大学马克思主义学院综合办公室副主任，讲师。
 刘波，上海中医药大学信息化办公室主任。
 顾旭锋，同济大学党委宣传部副部长。

一、引　言

　　随着互联网技术的快速发展和各类移动终端的迅速普及，以知乎、微信、QQ、微博、抖音、快手等为代表的网络交流平台迅速成为网民们日常工作交流、生活分享、观点碰撞的重要场地。"95 后""00 后"为主的大学生作为网民的重要组成部分，其学习能力强，接受新鲜事物的能力普遍较高。同时，个性张扬、倡导独立的人格特质使他们不拘泥于倾听外界的声音，更多的是本着参与社会管理进步、维护自身权益、倡导公平正义、行使公民权利等目的在网络平台频繁发声。与此同时，"高校""大学生"等词汇越来越频繁地出现在网络舆论中，极易迅速引起更广泛的关注，在不法分子的推波助澜下，网民们往往按照自身思维惯性去给此类事件下结论，从而演变成网络舆情，一发不可收拾，在此过程中，大学生也成为高校网络舆情的传播者与助推者。

　　高等院校承担着人才培养的重要使命，除了传授学生专业知识外，还要对学生的思想、行为及价值观进行引导，使其确立正确的人生观和价值观，为祖国发展培养有用之才。当前舆论平台日益多样，在舆论发生时，高校网络评论员无法第一时间发现舆情并进行控制与引导。长此以往，高校网络评论员的作用空间越来越小，甚至流于形式。本文借助信息化手段，对某高校网络评论员队伍情况做了调研，以期为高校网络评论员队伍培育和运行机制提供理论指引和实践参考。

二、相关理论及名词介绍

1. 网络评论员

　　网络评论员在国外通常被称为"网评员""五毛党"等，是指评论员在网上发一贴就能赚到五毛钱[1]。在我国部分高校或者政府机关部门，网络评论员则被称作"网络红客"，指兼职或者专职在某些社交平台上发布积极、正面言论的群体。

2. 网格化理论

网格化管理思想是随着数字化治理理论和网络化治理理论在全球兴起而产生的，其基本思想是借助计算机网格化管理的基本思想，将需要管理的对象按照规则或标准划分成若干个网格单元，再利用现代信息化技术和网格单元的相互协调，使得各网格单元之间可以进行高效的信息交换，组织包含的所有信息可共享，从而达到整合各组织资源、提高工作效率的目的[2]。它最早被用于电力行业，之后被运用于社会治理、交通管理、企业管理等方面，大大提高了管理效率。

3. 同心云平台

同心云是某高校官方移动平台，是师生信息与服务的综合入口，也是智慧校园的重要组成部分。同心云是在充分调研国内外高校信息化建设成果及信息化行业发展方向的基础上，结合该校顶层发展规划及师生信息化服务需求，基于云计算和大数据技术，迎合"互联网+""移动互联"等理念，建成的符合高校"智慧云校园"要求的核心载体。它提供了校内云首页、校园微博和轻应用等功能，师生可在平台上讨论校园中的衣食住行，针对学校业务管理、学习生活服务提出意见与建议。

三、某高校网络评论员队伍运行机制调研

为了全面了解网络评论员队伍建设现状，充分了解该高校网络评论员队伍建

设和日常管理中存在的问题及产生的原因,研究团队以某高校为例,采用对象访谈法,与该高校一线网络工作及管理人员交流,通过访谈结果,综合分析该高校网络评论员队伍建设现状。

1. 访谈对象选择分析

首先,要选择访谈对象。访谈对象的选择对于问题调研是否深入至关重要。本课题组在讨论分析后,选择宣传部、学生处、信息办、部分院系作为调研部门。职能部门选择2～3人进行访谈;选择院系时需注意学科门类、职务职级和所管学生年级等因素,按照该高校学科门类,需覆盖工学、理学、文学、医学、管理学等不同学科门类;职级方面需选择主管学生工作书记、学工办主任和专职辅导员;采访的学生网络评论员年级包括大一至大四,保证样本全面覆盖。

2. 访谈内容设计

通过查阅相关文献,经过团队人员分析,确定访谈内容。如表1所示,主要包括六个维度。

表1 网络评论员队伍运行调研内容

序号	基本指标	具体内容
1	访谈对象基本情况	性别
		年龄
		部门(院系)
		从事网络评论工作年限
2	队伍建设现状	是否有网络评论员或类似工作队伍
		网络评论员队伍人数及构成
		网络评论员队伍创办时间

续表

序号	基本指标	具体内容
3	队伍日常管理	网络评论员任职周期，换届周期
		网络评论员选聘及换届方式
		网络评论员成长情况
		网络评论开展平台及参与情况
		网络评论员工作的主要困难有哪些，在哪些方面需要支持
		是否具有完备的舆论、舆情应对机制
4	工作保障机制	是否针对网络评论员设立制度
		网络评论员工作是否有资金支持，资金规模如何
		是否针对队伍进行定期培训，培训频率如何
		网络评论员工作考核方式是否达到预期效果
5	典型案例分析	典型案例分析
6	成功经验分享	成功经验分享

3. 访谈结果整理与分析

本次访谈对象共计36人，其中教师21人、学生15人。对访谈结果整理分析后可知：各部门或院系均有设置网络评论员或类似工作人员；网络评论员一般由专职管理人员（或专职辅导员）和学生团队组成；大多数部门没有针对网络评论员队伍制定管理制度；大多部门没有专门的资金支持；网络评论工作一般以一线教师传达或者要求为主，对学生考核较少；校内网络评论员工作以微信、同心云为主，部分部门的工作覆盖微博、QQ、抖音、哔哩哔哩等。通过分析，笔者发现高校网络评论员队伍建设工作取得了一定的成绩。但从队伍培育角度来看，还存在一些问题：二级单位官微一般会有1~2名一线教师带领学生负责维护，高校网络评论员队伍整体数量不足；负责教师均具有硕士或博士学位，但其专业领域大多非新闻传播等专业方向，专业化水平有待提高；当前队伍培育主要以经验传承为主，新进人员未接受系统性培训，队伍培育力度不够；管理者往往同时承担其他众多工作，网络评论员管理不够完善；学校部分平台网络舆论工作大多还依赖人工巡检的方式监控，信息化程度较低，当舆情出现时，往往不能及时发现，导致后期疲于应付。

四、舆情监控平台选型分析

互联网时代，高校网络舆论极易被外界关注到，从而引发社会广泛关注，引起网络舆情。本文对访谈结果进行分析后认为，除了网络评论员队伍建设外，还需要借助网络舆情监控平台进行舆情监控与处理。

1. 舆情监控平台概述

舆情监控平台大多是利用搜索引擎技术、数据挖掘技术、文本分类技术等，通过对网页、社交平台的内容进行数据采集、敏感词过滤、聚类分析、主题检测、专题聚焦、统计展示，实现用户监督网络舆情的需要。按照用户要求，在某一周期内对某个特定话题的全网数据进行整合，形成舆情简报、分析报告等，为决策者提供舆情快报，从而做出舆论引导。

2. 平台选型与功能介绍

大数据时代，国内外企业提供了众多的舆情监控系统。经过多次调研、试用与论证，结合公司规模、后期运维等因素，选取林可舆情监控系统作为本研究的支撑平台。它具有强大的数据挖掘功能，为网络舆情监测提供底层保障；多媒体全网监测可支持网站、论坛、微信、微博、第三方App等载体的监测，通过接口快速抽取微博数据；7×24小时全天候不间断监测，及时发现网络舆情，全面掌握网络舆情动态；对采集到的数据进行多维度分析，分析其是否负面、热点、传播路径、爆发趋势等；自动分类和情感判断可将自然语言处理技术应用于舆情监控，实现对舆情的精准分类和情感分析；基于舆情数据分析快速生成图文报告，分等级发给不同网络评论员查阅及处理。

3. 舆情监控平台运行机制分析

舆情监控平台运行机制如图1所示。首先选取数据源，本文选择将网站、论坛、贴吧、微博、微信和同心云作为数据源头。舆情监控平台提供数据采集、信息处理、舆情服务和舆情应用模块，在进行数据采集时，网站、论坛、贴吧、微信等平台可以采取全网爬虫方式获取数据，微博和同心云平台可以采用系统提供的数据接口抽取数据。信息处理阶段主要利用文本分类、智能分词、自动摘要、信息排重和聚类分析等技术对采集到的数据进行处理，并存入数据库。当用户在舆情监控管理后台操作时，直接调用信息处理功能，如关键词已入库，则可直接从数据库中进行数据提取与分析。舆情分析结果以舆情概览、舆情简报的形式展示给主管领导或网络评论员。另外，用户可使用舆情监控、舆情预警和关键词管理等功能，在后台配置某些关键词或语句，并设置触发机制；舆情监控平台可对数据源进行24小时监测，当数据源出现关键词句时，触发管理机制，监控平台

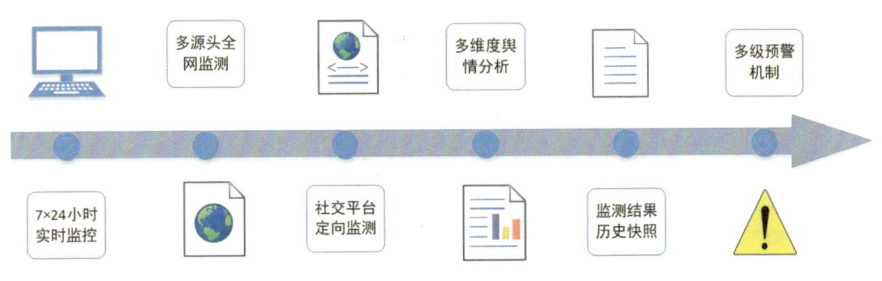

图1 舆情监控系统概览

可通过短信、微信或者邮件方式自动通知相关人员及时处理，从而实现舆论针对性预警并及时处理。

五、高校网络评论员队伍培育与作用发挥机制构建

互联网时代，网络已成为大学生日常学习和思想交流的重要场所之一，这为基于网络开展思政工作提供了基础。

1. 高校网络评论员队伍建设与培育路径研究

高校网络评论员队伍是高校思政教育队伍的重要组成部分，其工作重要且必需。新时期，需要学校各部门、院系、学生等团结起来，形成合力，同时网络评论员也需要不断提升自身素养，争取在评论工作中做出成绩，发挥队伍的影响力和创造力。要实现此目标，首先，应该加强顶层设计，为高校网络评论员队伍建设与发展提供科学规划。各主管部门应该通过制度为网络评论员队伍建设提供资金支持和人员保障，引导优秀的师生参与舆论工作。其次，提高队伍准入机制，完善考核体系，建立网格化管理模式，提升协作意识。对于培养对象选拔，应着重考察其思想觉悟、身体素质、学习能力和网络素养等方面因素，加强后期技能培训与经验交流，借助网格化方法，以院系为单位开展工作，建立完善的考核机制，提高工作积极性。再次，加强舆情监测平台的建设，利用信息化手段处理网络舆论。移动互联时代，要建设好基础信息化平台，把人从常规工作中解放出来，并利用数据分析为管理决策提供支持。最后，以习近平新时代中国特色社会主义思想为指导，以实践为基础，理论与实践相结合探索新路径。思想是一种软实力，它是各项工作开展的出发点，网络评论员在工作中需要自觉遵守并付诸实践。但国内外形势不断变化，新技术层出不穷，在实践基础上，加强理论研究，

不断优化和完善队伍建设与培育路径。

2. 高校网络评论员作用发挥机制构建

高校网络评论员队伍如何发挥作用，是高校管理者关注的重点。通过实践，建立相关工作制度和运行机制，可以为高校网络评论员作用的发挥提供重要保障。通过管理机制的不断优化，提升网络舆论工作效果。

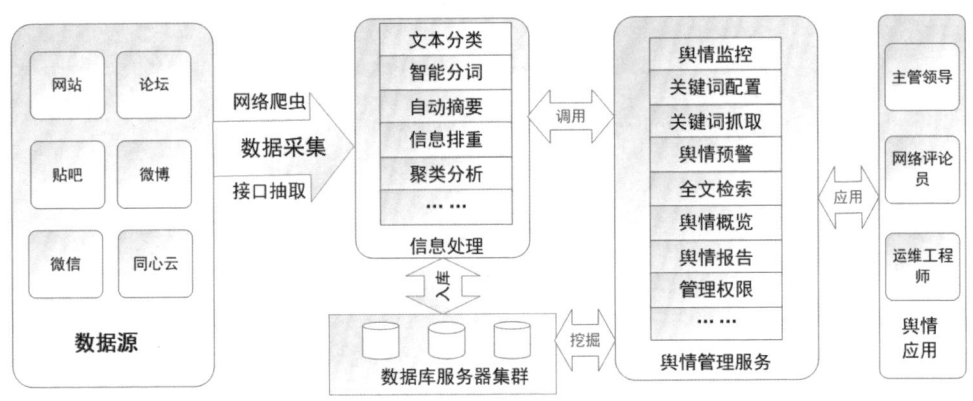

图 2　舆情管理与监控平台功能架构图

如图2所示，当互联网用户在主流社交平台，如微信、论坛、贴吧、微博和同心云平台微博大厅上发布言论时，如果网络评论员正在值守，那么可直接处理，如果无人值守，可借助舆情管理与监控平台对平台数据进行实时采集，监测其中的敏感数据。主流社交平台的数据经过舆情管理与监控平台处理后，可通过邮件、短信、微信和平台管理后台等平台通知网络评论员，网络评论员对其舆论进行分析、讨论并决定如何处理。其间，可通过信息化手段快速定位发布者个人信息，从而进行跟踪和网络监控。而网络评论员的工作日志信息可通过舆情管理与监控平台导出，从而作为网络评论员工作考评依据，本文选取网络评论员日常培训参与情况、舆论处理工作量、舆论响应及时性和舆论处理有效性等指标作为考评指标。

值得注意的是，在制定响应机制时，可事先根据高校网络舆论和舆情的内容，对其进行分类。本文大致分为4个层级，具体为政治民族类舆论、网络热点类舆论、校园管理类舆论和突发事件类舆论。根据舆情的影响范围，将其分为3个等级：一为重大不良影响类舆情，已在校内外社交平台广泛快速传播，产生了不良影响；二为较大影响类舆情，在校内某些师生团体内流传；三为一般影响类舆论，由个人或某个小团体产生的，还未开始传播。当网络舆论发生时，可根据舆情产生的等级与层次快速通知网络评论人员和主管领导，加快舆情传达的响应时间，及时讨论相关应急对策，避免舆情朝着不可控的方向发展。

六、总结与展望

本文对某高校网络评论员队伍建设情况进行调研和分析后，借助信息化手段，基于网格化理论组建一支由师生组成的网络评论员队伍，并对这支队伍的管理与培育提出建设性意见，在日常工作机制上也有一定的创新。此外，舆情监控平台的使用，从整体上提高了网块的管理与协调水平，加强了信息传播及健康的网格"并联"。同时，数据的采集与工作日志记录使得各项工作进展一目了然，也加强了对各网块工作的指导与监督，避免网块间的"短板"和不平衡因素导致整体工作效率降低。利用信息化手段，将有助于高校网络舆情的准确掌握和良性引导，推进高校网络评论员管理服务水平的整体提高。

高新技术的快速发展正不断推动着人类生活方式的变革。不同时期，各类社交、新闻类App层出不穷，并迅速获得推广使用。高校网络评论员作为一支新型的职业化网络思政队伍，适应不同时期网络环境是其工作的必然选择。只有继续加大人、财、物的投入，持续进行系统性培育，不断学习新的信息技术与监测手段，强化网络评论员实践操作，才能为高校网络舆论工作提供动力和产能。

参考文献

［1］MIKE ELGAN. How China's, 50 cent army' Could Wreck Web 2.0［EB/OL］.(2009-01-08)［2023-05-16］https://www.datamation.com/trends/how-chinas-50-cent-army-could-wreck-web-2-0/.

［2］郑士源，许辉，王浣尘.网格及网格化管理综述［J］.系统工程，2005（3）：11-15.

本文转载自章浩、刘波、顾旭锋.移动互联时代高校网络评论员队伍培育与作用发挥机制研究［J］.中国教育信息化，2020（17）：15-18.

第二章

律　动

同济大学嘉定校区冬日

"爱国力行、共抗疫情"同济大学师生在网络平台"手书中国"告白祖国*

聂阳阳　莫文闻　顾旭峰

面对突如其来的新冠疫情，全国上下深入学习贯彻习近平总书记重要指示精神。习近平总书记指出，在党中央坚强领导和各方面大力支持下，在湖北人民特别是武汉人民积极参与配合下，经过艰苦卓绝的努力，湖北保卫战、武汉保卫战取得决定性成果，全国疫情防控阻击战取得重大战略成果。为进一步激发同济大学全校师生爱党爱国爱社会主义的巨大热情，深入推进爱国主义教育，凝聚众志成城、同舟共济的强大正能量，推动社会主义核心价值观落细落小落实，按照教育部工作部署，2020年初，同济大学开展了"共抗疫情、爱国力行"手书中国主题网络文化作品征集活动。活动开始后，短短两个月内，就有上千名师生参与，共收集作品数千件，其中书法300多件，绘画及海报作品200多组，微视频、动漫、微电影40余个，原创歌曲、声音作品24个，表情包、小程序、H5等新媒体创意作品19个，以及大量网文、诗歌、散文和摄影作品，在同济大学官方主页、微博、微信、抖音、快手、哔哩哔哩等各类平台上获得了2 000万次以上的

---

* 该篇文章荣获第四届"全国高校网络教育优秀作品推选展示活动"一等奖。

图1 各大主流媒体聚焦同济大学"手书中国"活动

阅读量,获得文汇网、上观新闻、上海人民广播电台等平台的关注,以及微言教育、上海发布、上海教育等官方平台的转发。

一、做好全面发动,打造优质原创

同济大学由党委宣传部牵头,学研工部、教师工作部、工会、团委等各个部门协同配合,号召全校师生发挥学科和专业优势,用自己的视角、语言、体验,

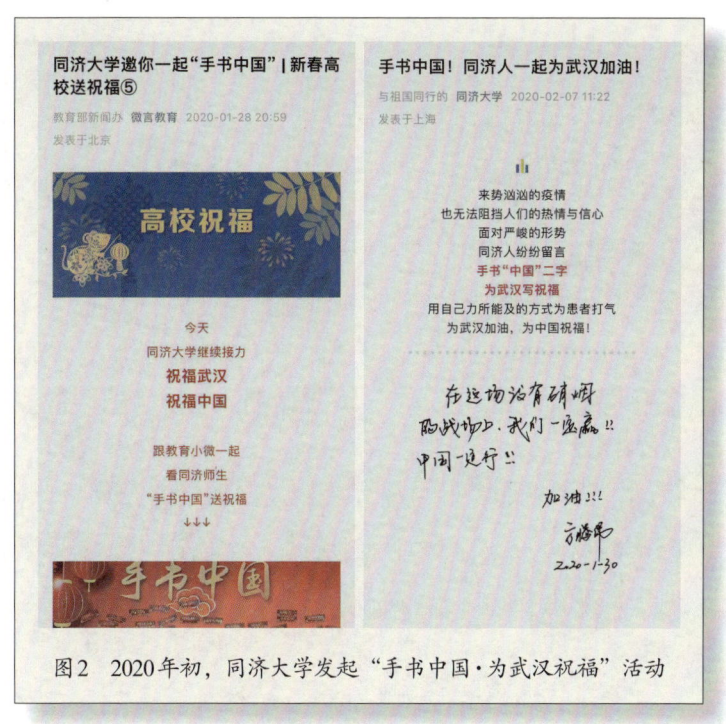

图2 2020年初,同济大学发起"手书中国·为武汉祝福"活动

用"手书中国"的方式,以"共抗疫情、爱国力行"为主题,以"中国"为关键词,积极创作网络文化产品。围绕抗疫防疫这一重点,通过"读"抗击疫情优秀报道、爱国主义名篇佳作(如建筑与城市规划学院本科生第四党支部利用支部的"靠谱有声书"平台),向支部党员发出"疫情防控,我在行动"的倡议,向广大民众传播防"疫"战中的正能量。"写"抗击疫情主题网络文章、书法作品,同济学子拿起手中的笔,通过书信、"三行情诗"等方式,书写对祖国的深爱与报国热忱。"拍"反映抗击疫情中富有感染力的图片、短视频、微电影,"画"令人感动的、直击心灵的瞬间,解锁疫情背后的暖心故事,表达对抗疫前线的牵挂,传递真切的共情与关怀。"创"普及疫情防控知识、参与网络抗击疫情斗争的小游戏和小程序,"唱"讴歌先进典型、传递爱国情怀的校园原创歌曲,让正能量更充沛,让爱国主义主旋律更高扬。

图3 同济大学学子结合专业制作"手书中国"作品

二、坚持价值引领,牢记报国使命

同济大学依托官方主页、微博、微信、抖音、快手、哔哩哔哩等各类线上平台,同步发起"手书中国,武汉加油"倡议,呼吁师生和网友写下"中国加油,武汉加油"等关键字告白祖国。倡议发出后,短短十几天内,后台就收到了300多幅写有"中国加油,武汉加油"的作品照片。这些作品,有的出自同济大学附属幼儿园和中小学学生之手,有的是大学生写下的或娟秀或刚劲的毛笔字、钢笔字,有的是师生制作的印章、陶艺制品和3D打印作品,还有的是校友、在海外的交换生所写的"武汉加油"。"手书中国"相关话题阅读量达到500万次,这些作品还被整合成微信、微博推文和短视频发布，用最接近青年的方式，引领青年深刻感受中国共产党的坚强领导及中国国家制度和国家治理体系"坚持全国一盘棋，调动各方面积极性集中力量办大事"的优势，真诚抒发对中国特色社会主义道路、理论、制度、文化的思想认同、情感认同和理论认同。

三、创新互动形式，培育时代新人

"手书中国"系列作品用丰富多彩的方式大力弘扬新时代爱国主义精神，生动讲述驰援武汉抗击疫情的同济大学附属医院医务人员发扬"逆行者"精神，坚守一线、不怕牺牲、救死扶伤、无私奉献的英雄故事；专家教授勇挑重担、聚焦科技攻关、求真务实、扎实工作的励志故事；党员干部身先士卒、不畏艰险、冲锋在前、全力守好"责任田"、护好"一校人"的担当故事；专业教师、一线辅导员不忘师者初心、守土有责，停课不停教、同心聚力前行的育人故事；莘莘学子从我做起、加强自律、为社区服务、为群众分忧的青春故事。充分体现全国上下和同济人在抗击疫情中的担当作为，生动彰显中国特色社会主义制度的优势，坚定中国特色社会主义道路自信、理论自信、制度自信、文化自信，让爱国主义成为新时代校园最强音。

部分链接：

1. 手绘漫画 | 同济学子用画笔为中国加油！
2. 手书中国！同济人一起为武汉加油！
3. 防疫抗疫，手书祝福！同医人一起为武汉加油，为中国祈福！
4. 同济生科人"手书中国"为抗击疫情助力

脉动 律动 跃动
同济大学网络育人文化案例集

5. 画笔为戈,同舟共济 | 待到山花烂漫时,大江南北终得胜!

6. 抗击疫情,同济邀你这样做!

全媒体时代的同济大学网络育人建设实践*

顾旭峰　聂阳阳　莫文闻

全媒体时代，信息无处不在、无所不及、无人不用。习近平总书记指出，"谁赢得了互联网，谁就赢得青年""必须紧跟时代，大胆运用新技术、新机制、新模式，加快融合发展步伐，实现宣传效果的最大化和最优化"。近年来，同济大学以积极的姿态应对传媒环境的巨大变革，从不同层面主动求新求变，以满足千人千面的师生需求和瞬息万变的网络时代，同时坚持以不变应万变，坚持立德树人的根本任务不变，尊重网络传播的规律不变，形成网内网外的育人合力，全面加强网络育人工作的针对性和实效性。

一、主题和思路

同济大学聚焦高校网络思想政治工作中的短板和薄弱环节，加强网络文化内涵建设，精心策划网络品牌活动，充分挖掘和统筹线上线下育人资源和育人力量，围绕如何在新技术环境下、新媒体语境下、短视频浪潮中加强师生网络素养

---

* 该篇文章荣获第四届"全国高校网络教育优秀作品推选展示活动"二等奖。

教育等问题，把握主流意识、贴近受众群体、扩大传播渠道、突出价值引领，全面探索内容建设、传播途径和传播方式创新，切实提高工作亲和力和针对性，服务全员全过程全方位育人格局。

同济大学官方微信公众号和官方微博账号于2015年开通，截至2022年"两微"平台粉丝已有近70万人，微信公众号发布1 500余条推送，微博账号发布1万余条信息，"两微"累计阅读量逾两亿次。学校还在央视频、澎湃新闻、上观新闻等各类新媒体平台上开设了账户，全方位展示同济形象，讲好同济故事。同济大学官方新媒体获得2017年度教育政务新媒体优秀奖，原创新媒体作品2018年、2019年连续获得"全国高校网络宣传思想教育优秀作品推选展示活动"微作品一等奖，平台和作品影响力居全国前列。

二、实施方法和过程

学校实行内部资源整合与共享，创新注重采取全媒体报道模式，在互联网时代以积极姿态和主动精神聚焦，通过完善媒体融合，更新推送策略；坚持"内容为王"，打造优质原创；创新互动形式，通过提升用户黏度等手段使网络育人工作产生更广泛的社会影响。

1. 坚持"内容为王"，打造优质原创

不论在什么时代，内容永远是媒体传播的出发点和归宿。"内容为王"需要定位准确，追崇独创，必须坚持用户至上。对于学校而言，最大的用户是在校生、教师、校友、考生、家长及相关社会人士，等等。2019年以来，学校坚持"内容为王"，努力打造优质的网络视听作品，营造既有深度又有温度的校园氛围。不仅有献礼中华人民共和国成立70周年、弘扬社会主义核心价值观的系

列推送，还有"校园风光四季篇""校园生活表情包""樱花雨中的快闪""吃在同济篇"系列推送，也有"战无不胜的同济之师""同济好男儿：用青春守望世界和平""高温下战斗的同济人"系列推送及原创歌曲，等等，通过各个媒体平台以图片、声音、软文、歌曲、动画等多种形式全方位展示同济精神。

为献礼中华人民共和国成立70周年，新媒体团队制作了"同济人，致敬共和国""我和共和国在一起的第×天"等一套可视化定制推送，把中华人民共和国成立70周年以来的重要成就和同济大学70年来为祖国所作贡献结合在一起，以祖孙三代同济人的视角，讲述了一代代同济人为建设祖国付出的努力，并选择在国庆节这个特别的、有仪式感的日子发布，更加激起全校师生的爱国情怀。

图1　同济大学新媒体H5作品

2. 创新互动形式，提升用户黏度

加强创新型的互动，不仅有利于提高受众的参与度和对官微的认可，也有利于增加校园媒体的权威性和影响力。同济大学新媒体平台巧妙利用招生季、毕业季、寒暑假、节日等热点时期，推出丰富多彩的互动活动，以线上留言点赞、微博故事分享、直播弹幕等新颖活泼的互动形式，让师生最关心的话题直接得到反馈，将双向传播做到极致，深受大众喜爱。

2019年9月，同济大学官方微博在线上、线下同步发起"手书中国"活动，呼吁学生和网友在中华人民共和国成立70周年之际，写下"中国"二字告白祖国。活动开始后的20天内，同济大学官方微博和微信公众号后台收到了500多张写有"中国"二字的作品照片。这些作品，有的出自同济大学幼儿

图2 化学科学与工程学院学子用行动向祖国告白

图3 同济大学附属实验中小学学生手书"中国"二字向祖国告白

园的小朋友之手,稚嫩的笔迹写下的"中国"两个字周围,画着简笔画版的气球、信封、礼物,还有生日蛋糕;有的是同济大学学生写下的或娟秀或刚劲的毛笔字、钢笔字;也有人把祖国的名字刻在印章上、做成陶艺制品和3D打印作品。截至2019年12月31日,"手书中国"相关微博话题阅读量已经达150万次,许多校友、在海外的毕业生也发来了自己写的"中国"。将这些作品整合成微信、微博推文和视频发布,用最接近青年的方式,引领青年思想、传播青年声音。

3. 完善媒体融合,更新推送策略

学校将新媒体平台与报纸、电台、网站等媒体深度融合,借助自身特殊的语言表达积极向上的价值观,以文字、图片、视频、音频等多种形式融合发布,并加强其互动功能,如定期推出人物视频专访、数据大揭秘、动画图解等品牌内

图4 2022年毕业季,上海外滩大屏"点亮同济"

容,从而提高内容信息的吸引力,让官方校园阵地更加"接地气"。尝试采用在微信朋友圈定点投放公益广告、在校园电影前增加贴片广告等方式,扩大宣传范围,在校内外获得一致好评和认可。

将学校历史、重要文件、热门事件活动等制作成动画、小程序、小游戏等形式是同济大学新媒体平台的一个重要突破,以精练的文字、丰富的视觉效果、有趣的用户体验全方位展示同济风采。数据揭秘和图文详解也是将死板的数字和枯燥的文字生动化的最好展现,学校官方微信公众号从2015年起开始制作具有同济特色的数据图文大放送,如研究生新生数据大放送、本科新生数据大揭秘、一张图读懂党代会报告等,尤其是在开学季、毕业季及重要大会的时间节点推送,让广大师生更直观地了解学校的大事件。

图5 丰富多样的同济大学新媒体作品

三、经验和总结

1. 提升"铸魂"高度，用精心制作培养人

要将革命文化、中华传统文化、社会主义先进文化融入网络育人工作，推

动优秀网络文化作品创新制作和传播渠道拓展。网络育人的文化产品，必须符合网络传播规律，才能得到受众共鸣，发挥出宣传教育于无声处的作用。根据不同时间节点推出相对应的作品，即使是同一内容和主题，也会主动满足各个渠道的不同特点，在时长、音画效果等方面进行调整，满足不同平台受众的需要。

图6　多元化的同济大学网络文化作品

2. 加强"固本"力度，用网络教育锻炼人

同济大学整体设计和系统规划网络文明教育，通过组织实施网络安全教育主题周活动、制作专题网络教育警示片、发放《网络安全素养教育手册》等形式，引导师生增强网络安全意识，提升师生网络素养教育。依托"网络教育名师培育支持计划""校园好网民培养选树计划"，动员引导广大教师，特别是学术大师、教学名师、优秀导师、辅导员、班主任重视网络文明、参与网络育人，建设了一支政治强、业务精、作风硬的网络工作队伍。

第二章 / 律　动

图7　同济大学网络安全教育作品

作品附件：

1. 央视点赞！@全球同济人，"手书中国"来啦！

2. 这就是！同济人眼中的初心和使命！

3. 为新中国庆生！70年，每一幕都是同济人最感动的瞬间！

4. 最浪漫的同济只为等待你！

5. 最小14岁，最大26岁！4377名同济本科新生要入学啦！

6. 再见同济，我走啦！

把主旋律的宣传做成有意思的产品
——"中国教育发布"同济大学号获教育部新媒体 2020 年高校教育号冠军经验分享*

喻 娟　莫文闻　盛 柏

2020年9月,教育部政务新媒体新成员"中国教育发布"上线,同济大学首批入驻。在学校党委宣传部的高度重视和精心指导下,学校融媒体中心"中

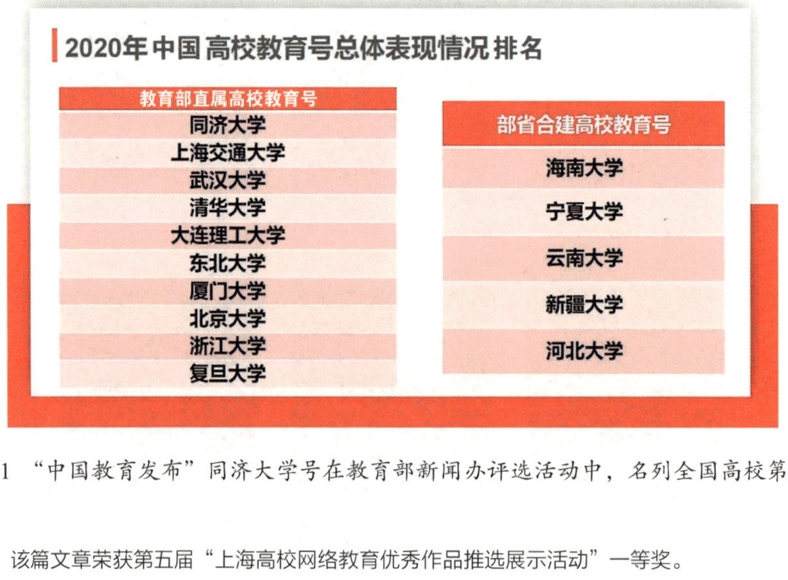

图1　"中国教育发布"同济大学号在教育部新闻办评选活动中,名列全国高校第一

* 该篇文章荣获第五届"上海高校网络教育优秀作品推选展示活动"一等奖。

国教育发布"同济大学号运营团队着力做好优质内容供给，把主旋律的宣传做成了有意思的产品，提升了新闻舆论的传播力、引导力、影响力、公信力。2020年12月，"中国教育发布"同济大学号获教育部新媒体2020年高校教育号冠军。

一、加强运营队伍建设，组建策划、文案、视觉、编辑4个核心部门

在学校党委宣传部领导的支持下，以学校融媒体中心"中国教育发布"同济大学号运营教师为团队负责人，配齐配强学生队伍，组建一支信仰坚定、作风务实、能拍会写、网络媒介素养高的运营团队。运营团队分为策划部、文案部、视觉部、编辑部4个核心部门，由人文学院、设计创意学院、马克思主义学院、艺术与传媒学院等跨学科学生组成，分别负责主题宣传活动的策划、文案

图2 《献礼建党100周年 | 同济学子将镜头聚焦"我和我的祖国"，20张摄影作品呈现信仰之美》推文

撰写、短视频和图片的制作及融媒矩阵资源的搜集和编辑工作等。运营过程中，通过参加全媒体能力培训、实地参观、开展团队建设、评优等方式，加强团队能力建设，提升工作积极性。通过努力建设，"中国教育发布"平台育人功能彰显，团队全媒体工作思维与技能得到锻炼，协作能力、跨领域合作能力得到提升。

二、建立长效运营机制，形成"7天×15小时"发布制度

图3 《郑时龄院士与同济新生共话"工程美学"，激发新生跨学科领域感知美、鉴赏美和创造美的学习热情》推文

团队每周定期召开工作例会，策划选题、沟通素材。在重要主题和活动的宣传报道中，建立统筹分配、优势互补、互相协作的工作机制。如在中国教育后勤协会举办的"美好'食'光校园系列活动主题作品征集活动"中，团队以项目制方式参与，文案部和视觉部协作设计作品参赛。为适应客户端平台的运营规律，团队探索形成了"7天×15小时"发布制度，即一周每天8时至23时的发布工作机制。将一天分为早、午、晚三个时间段，由编辑部同学轮流值班。每个时间段，在岗编辑和团队负责教师、团队成员充分沟通，经团队负责教师审核后，将涵盖图文与视频的多媒体新闻发布到"中国教育发布"平台。

三、做好同济特色的优质内容供给，注重整合优化校院二级资源和媒体资源

截至2021年2月28日，"中国教育发布"同济大学号共发布文章741篇、视频167条、图片394张。100余篇消息得到"中国教育发布"推荐栏目首页推荐、

大学栏目置顶推荐，2020年国庆节献给祖国的"三行情诗"海报等被"微言教育"微信公众号平台选登。注重客户端平台的原创性。重要主题宣传有声音，如纪念中国人民志愿军抗美援朝出国作战70周年，同济号及时在客户端发布《抗美援朝70周年！同济英雄：白衣战士来自黄浦江边》和《致敬！同济大学"扫地僧"竟是抗美援朝英雄》多媒体新闻，其中，《致敬！同济大学"扫地僧"竟是抗美援朝英雄》短视频被客户端平台首页推荐。注重利用资源矩阵化优势。客户端平台优质内容主要源于每日学校官网主页、198个二级单位官方微信公众号优质内容和各媒体平台对同济大学的多媒体报道。注重精准化传播和内容生产。团队创新内容表达，丰富呈现形式，在素材筛选、标题句和短视频方面下功夫，着力把主旋律的宣传做成有意思的产品。注重吸纳各二级单位通讯员力量。客户端平台上多条短视频由通讯员现场拍摄，在平台新鲜出炉，并得到了客户端平台首页推荐，如《奋力拼搏的样子，真美！同济赛艇队今晨追着嘉定校区第一道霞光晨训》《5年18场，近3万人观演 同济校园版歌剧〈江姐〉再度唱响校园》等。

图4 《做体育精神、奋斗精神的传承者！看同济学子在体育锻炼中激扬青春》推文

"中国教育发布"同济大学号的运营工作得到了教育部新闻中心、同济大学和兄弟高校师生的高度认可。同济大学融媒生态进一步丰富和优化，多条客户端平台同济号首发内容在学校官方微信公众号、学校官网主页上发布，多条客户端平台同济号内容被学校师生在微信朋友圈转发，多名二级单位通讯员有意识地主动向客户端平台同济号提供素材。

附:"中国教育发布"同济大学号视频二维码

1. 同济大学副校长吴志强院士用6块水桶板,讲清楚"世界上最好的脑子都爱去哪"
2. 致敬!同济大学"扫地僧"竟是抗美援朝英雄
3. 奋力拼搏的样子,真美!同济赛艇队今晨追着嘉定校区第一道霞光晨训

在云端创新"四史"学习教育
——同济大学融媒体中心移动直播品牌"听Ta说"*

聂阳阳　运　迪　张桁嘉

同济大学融媒体中心(以下简称中心)坚持以落实立德树人为根本任务,加强组织领导,注重协调联动,突出载体创新,打造了原创移动直播品牌"听Ta

图1　同济大学联合中共一大、二大、四大纪念馆举办"'启航'——中国共产党早期在上海史迹展"

* 该篇文章荣获第五届"上海高校网络教育优秀作品推选展示活动"三等奖。

说",以学思践悟习近平新时代中国特色社会主义思想为主线,立足长三角的丰富红色资源,创新"四史"学习教育载体,通过优秀的专业教师沉浸式体验式讲解,让师生于云端"亲临"各类场馆和场景探究红色故事的来龙去脉,体验感悟红色故事背后蕴藏的革命传统和时代精神,引导广大师生知史爱党、知史爱国、厚植教育报国情怀,努力成长为担当民族复兴大任的时代新人。目前"听Ta说"已开讲20余场,共计三百万人次通过各直播平台在线收看。

一、整合多方资源,校馆共建推进"四史"学习教育更有广度

中心与沪上红色场馆联合设计策划形式多样、青年人喜闻乐见的学习方式,把"四史"学习教育贯穿迎接中国共产党成立100周年系列主题活动的始终,共同打造全媒体时代的网络育人新模式。首讲"回到起点"在中共一大会址纪念馆开播。中共一大会址纪念馆副馆长(主持工作)徐明、2020年度全国辅导员年度

图2 "听Ta说""四史"学习教育系列讲座海报

人物张桁嘉、马克思主义学院专业教师分别从不同的视角讲述中国共产党走过的光辉历程,重温共产党人的初心使命。"听Ta说"还结合各重要时间节点,先后在新渔阳里团中央旧址纪念馆、中共二大会址纪念馆、中共四大纪念馆等处,邀请场馆领导和相关专家进行直播讲解,还邀请遵义会议纪念馆、井冈山大学的相关专家为师生们在线讲解,每场讲座都吸引了十余万人次在"云端"观看互动。

图3 "听Ta说"系列主题直播海报

二、加强全媒体覆盖,个性定制推进"四史"学习教育更有深度

面对突如其来的新冠疫情,中心将网络平台和红色资源充分结合,提倡"趁现在,大开眼界",把常规的校园文化活动和空间转移到网络世界,将20余场

"红色能量"学习直播在同济大学官方哔哩哔哩、抖音、快手、微博账号和人民日报客户端、新华网、央视频等各大校内外平台全平台推送，覆盖学生、教师、校友和家长等不同人群，激励年轻人共抗疫情、爱国力行，努力在网络空间弘扬中华优秀传统文化、革命文化、社会主义先进文化，进一步激发观看者爱党爱国爱社会主义的巨大热情，凝聚众志成城、同舟共济的强大正能量。

图4 "听Ta说"沉浸式直播现场

三、完善沉浸式体验，创新互动推进"四史"学习教育更有温度

"讲得真好""好像身临其境，太棒了""我们要不负青春韶华""志存高远，担负起时代使命"等弹幕在直播屏幕上源源不断闪现。在线上，师生跟随移动镜

头在线参观,聆听讲述,近距离地感受直播场景中的一件件珍贵的展品和史料;在线下,校内外听众持续关注,不仅收看、点赞,还可以实时提出很多互动问题,师生主播也会一一反馈,超越时空限制,实现线上线下的交互式学习。用青年群体更容易接受的方式和手段,切实提升"四史"学习教育实效,引导师生更好地感悟信仰之力、理想之光、使命之艰、担当之要,让初心薪火相传,把使命永担在肩,进一步厚植对马克思主义的信仰,坚定对中国特色社会主义的信念。

微信公众号链接:

1. 同济大学联合中共一大、二大、四大纪念馆举办"启航——中国共产党早期在上海史迹展"

2. 听Ta说!来同济直播间一起"回到原点"!

3. 直击上海书展!同济拍了拍你,我们在这里等你!

新冠疫情下的"猫头鹰Tape信箱"
——同济大学新生院辅导员10万字深夜回信陪伴学生成长[*]

李 博 李自强

2022年3月至6月初，严峻的新冠疫情防控形势迫使上海各高校进行了封闭管理。在封闭管理期间，学生极易遇到心理上的压力、学习中的疑问、生活中的困难、思想上的焦虑等。这些情绪、心理、思想问题积累到一定程度，可能会演变成思想政治认识问题。同济大学新生院辅导员李博等借助"Tape信箱"搭建师生沟通的"云桥梁"，撰写了310多封、共计10余万字一对一暖心回信，把解决学生的思想问题和实际问题结合起来，被同学们称为"疫情中的一道光"。该举措不仅在学校广大师生间受到了好评，而且引起部分兄弟院校辅导员的关注和"取经"。"Tape信箱"工作实践是贯彻习近平总书记关于高校思政"因事而化、因时而进、因势而新"的指示的生动体现，为探索新时代网络思政、打造思政特色品牌积累了宝贵经验。

---

[*] 该篇文章荣获第六届"全国高校网络教育优秀作品推选展示活动"二等奖。

第二章 / 律　动

一、问题的提出及"Tape信箱"的特点

1. 新冠疫情期间学生面临的困难及师生传统交流方式的局限

新冠疫情期间，学校封闭管理使学生的学习、生活节奏被打乱，也给学生的心理、生理带来了一定压力。2022年3月9日至6月1日，在长达84天的封闭管理期内，同济大学的学生经历了疫情防控的一系列坎坷起伏，面临诸多问题，如生活物资暂时短缺、网课学习效率不佳、长期封闭下的宿舍矛盾等。再加上突发的疫情新闻、紧急的校园通知带来的恐惧感，不断引发复杂情绪的叠加传导，导致疫情封闭管理期也成为学生负面情绪爆发期、心理问题凸显期、各类矛盾集中期。当这些情绪、心理、思想问题积累到一定程度时，甚至会演变成思想政治认识问题，包括对党政各级组织疫情期间的执政能力和社会治理能力的信任问题。

在疫情封闭的情况下，许多常规的学生工作、师生交流被打断。疫情防控最紧张的时候，学生被封闭在宿舍内，师生面对面的谈心谈话等工作也无法开展。

2. "Tape信箱"及其特点

面对疫情防控下同学们学习生活新情况、心理问题新特征，同济大学新生院辅导员李博等创新思政工作思路和方法，结合网络平台开通"Tape信箱"，以网络回信的方式拓宽师生"一对一"交流路径，以满足疫情防控状态下对学生教育、管理、服务的需要。

"Tape信箱"即智能手机上的"Tape"应用软件，这是"00后"大学生常用的一种软件。该信箱采取单向匿名的方式：对于提问者来说是匿名的，对于回答者来说是实名的。用在师生交流中，则该信箱对于学生来说是匿名的，具有保护隐私、消除学生写信顾虑的作用；而老师实名制的回答则增强了回复的公信力，

并让更多学生都能看到对应老师的回复。另外，用学生熟悉的软件平台、熟悉的话语方式解答学生的问题，有利于切实帮助学生解决现实问题，拉近师生距离、走进学生内心，使学生感受到来自老师的关注、关怀和关心。

二、"猫头鹰Tape信箱"实施方法和过程

1. "Tape信箱"的开通与"猫头鹰"名称的由来

基于新冠疫情期间同学们的需求，新生院辅导员李博率先尝试开通"Tape信箱"，并以"猫头鹰"命名。如此命名，一是因为辅导员都是在深夜回复学生来信（白天还有繁杂的疫情防控工作）；二是该名称源于黑格尔"密涅瓦的猫头鹰在黄昏起飞"这一哲学典故，这里的猫头鹰意味着反思、智慧和理性；三是在疫情之前，李博就建设了线下的"猫头鹰咨询角"，每天傍晚在咨询角和学生交流。李博开通"Tape信箱"后，其他辅导员也陆续开通了网络信箱。

2. 基于"Tape信箱"学生一对一的回信交流

"Tape信箱"开通后收到学生的各种来信，主题涉及生活难题、学业逆境、心理困惑、风趣问候等。辅导员通过来信了解学生所思所想所感所悟，给予学生精准化、个性化指导。另外，各辅导员老师及时汇总、报告在"Tape信箱"中遇到的各种特殊情况、突发问题、紧急事宜，通过解决困扰学生切身利益的现实问题，把新冠疫情对学生情绪、心理的负面干扰降到最低，保障学生身心健康。

当来信积累到一定数量时，辅导员对问题进行分类，针对不同的问题采用不同的回信策略。对具有共性的问题，在回复之后辅导员用截图的方式将问题

和回复发布在朋友圈（匿名，不涉及学生隐私），以提高"辅导"的广域性、有效性；针对特殊性问题，如留学、心理、考研、就业等，给予针对性、具体化建议。

3. 不断扩大"回信智囊团"规模

"Tape信箱"的坚持运转使得师生之间的互动频次不断增加，学生来信涉及问题的覆盖面也越来越广，且越来越有深度。由于时常遇到一些专业问题和较为棘手的问题，辅导员也感觉回答的难度增高。因此，辅导员还邀请了学校心理咨询中心、就业指导中心、马克思主义学院、关工委等部门的老师，以及校友作为智囊团帮忙解答问题。智囊团的出现调动了"全员育人"的力量，使得回信质量进一步提升、工作的影响力持续性增大。

4. 鼓励收到回信、被关怀的学生关怀其他人

教育是一个灵魂唤醒另一个灵魂，而被唤醒的灵魂也能够感染身边更多的人，使教育效果以指数级的方式实现。在"Tape信箱"开通一段时间后，辅导员也鼓励收到回信的学生关爱身边的同学。到后来，有些学生给信箱写信并不是为了寻求帮助，而是提供一些疫情期间调整身心的小攻略、鼓励低潮中的同学，或是分享一个疫情期间室内健身方式等。

三、"猫头鹰Tape信箱"的主要成效

1. "Tape信箱"成为新冠疫情期间大学生的解压阀、百宝箱、加油站

新冠疫情期间，学生面临巨大的心理和情绪压力，需要一个调气阀、出气筒、加油站，而辅导员的回信恰恰起到了安抚、关爱、鼓励学生的作用。两个

多月里,"猫头鹰Tape信箱"共计310多封、10万余字的暖心回信,被学生称为"疫情中的一道光"。学生情绪问题、心理问题是疫情防控期间思想政治工作面临的"硬骨头",在"Tape信箱"提问中占据了较大比重,而且这些情感、情绪问题会影响学生对学校的管理、学业发展、专业分流、生涯规划、情感和人际关系等方面的看法和认识。通过"Tape信箱"的及时联系、交流、解答,学生学会从更高层面、更广视角、更远视域理解当下问题,不再使思维困顿于某一角落,心境一下子开朗起来。

2. "Tape信箱"唤醒了"微时代"学生对深度交流的渴望

"微时代"带来人与人交流的便利,但移动互联网交流的碎片化(如"只言片语"式的微信交流、QQ聊天)有时流于肤浅、缺乏深度、不能持久,使人与人之间难以建立深度联系,最终反而加深人们的孤独感。

新冠疫情期间,"猫头鹰Tape信箱"的开设,激发了学生对深度交流的渴望。很多学生也认认真真地给辅导员老师写了1 000字甚至2000字的信件,剖析自己学习生活中遇到的问题、回顾自己成长中的心路历程、阐述自己对未来生涯的规划。一封封信件背后是学生的一次次信任、一次次期许。

3. "Tape信箱"促进了师生双向沟通,教学相长

"Tape信箱"作为桥梁和纽带,引发了师生之间心灵的共话、共情。而辅导员在帮助学生解决问题的过程中,不仅收获了学生的感激,共享着学生成长的快乐,也多次感动于学生的理想、追求,感动于他们逆境中的坚持、乐观,感动于他们助人为乐、积极奉献的大爱,这一双向奔赴,是对教学相长的完美诠释。

4. 形成优质"外溢"效应，提升了育人效果

通过"Tape 信箱"与学生建立"云联系"，使思想政治工作更加贴近学生、贴近现实、贴近时代，切实帮助学生解决实际困难。而且，将对问题的回答实时展现给所有打开"Tape 信箱"的互联网用户，实质上达到了"宣讲会""班会""家长会"的作用，不仅极大程度上避免了对同一问题的多次回答，而且保障了信息的公开化、透明化、实时化。

四、"猫头鹰Tape信箱"主要经验

1. 网络思政工作从做好"一对一思想工作"开始

新媒体时代的网络思想政治工作，有时候会出现把"阅读量超过10万次"等当作评价指标的情况。而网络思政能在多大程度上打动学生、深入学生的内心，有时候则会被忽视。而"Tape 信箱"从"一对一的思想工作"开始，解决了学生的困惑和困难，激发了学生的共鸣，不少回信内容都在学生之间传播，形成了良好的沟通环境和工作氛围。到最后反而起到了"一对多"的效果。

2. 解决思想问题和解决现实问题相结合

思想问题和现实问题不是割裂的，现实问题解决得不恰当、不及时，容易引起思想方面的偏激情绪和片面认知，而思想问题反馈、延伸至现实中，也容易造成诸多不良后果。新冠疫情期间，学生遇到了许多现实问题，辅导员也通过"Tape 信箱"帮同学们解决了一些现实问题。因此，要把解决思想问题和现实问题相结合，重视解决思想问题和现实问题之间的互促效应，着力打出思政教育工作的"组合拳"。

3. 思政工作者要善于借助文字的穿透力和陪伴感

新冠疫情期间,学生封闭在宿舍,师生之间见面不便。虽然学校实施了"辅导员驻楼""社区化管理",但辅导员驻守的楼宇往往并不是自己学生所在的宿舍楼。而"Tape 信箱"的回复却让学生觉得辅导员一直在他们身边,感受到关爱和温暖。"Tape 信箱"的回复之所以能让学生感到温暖,是因为文字表达本身有特殊的穿透力、陪伴感。辅导员要善用文字的这种力量。

4. 集约化"全员育人"的有益尝试

辅导员在回信的同时,还邀请了学校心理咨询中心、就业指导中心、马克思主义学院、关工委的老师,以及校友来帮忙解答问题。这是全员思想政治工作的方式之一:多学科多方面事务专家协助学生思想政治工作一线人员采用"内容是多对一、形式是一对一"的学生思想政治工作模式。全员思政工作将"各路神仙"的资源汇总整合、系统集成,不是各自为战式、散兵游勇式、农业方式、自发式、"一袋马铃薯"式、事倍功半式的粗放全员思政工作,而是集约化的。

五、下一步加强和改进的计划

1. 从"突发事件思政工作"向"日常思政工作"的转变

新冠疫情期间,辅导员开通"Tape 信箱"属于应对"突发事件"的举措,但是来信中学生的提问不限于疫情,其内容涉及面广且具体,包括学校管理、学业发展、专业分流、生涯规划、情感和人际关系等。疫情中的"Tape 工作法"极大提升了思政教育工作的效率、效果,并形成了一套比较完整的工作流程,达到了良好的"品牌效应",因此非常有必要把这个工作纳入常态化、日常化。而在"突发事件思政"和"日常思政"两个场景中,学生的关注点还是有不同之处的。因此要不断更新工作方式,以适应从"突发事件思政"到"日常思政"的转向。

2. 继续发挥全员育人力量在回信中的作用

"Tape工作法"发挥了全员育人的作用,接下来要进一步壮大"回信智囊团"的力量,当面对学生来信提出的问题时,可以集合更多更专业的力量来回答,形成育人"合力"。

3. 从实践到理论,把"Tape信箱"工作经验上升为科研成果

目前,"Tape工作法"虽然在同济大学新生院取得了较好的育人效果,但"Tape工作法"依然处于早期发展阶段,有待对相关工作进行更加科学的梳理、总结。同时,作为重要的工作创新,"Tape工作法"表现出了广阔的研究前景、研究价值,计划形成一系列具有特色的模式和成果。

附："猫头鹰Tape信箱"相关截图

图1 "猫头鹰Tape信箱"学生来信

第二章 / 律 动

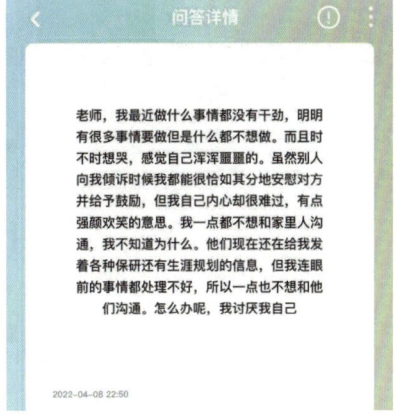
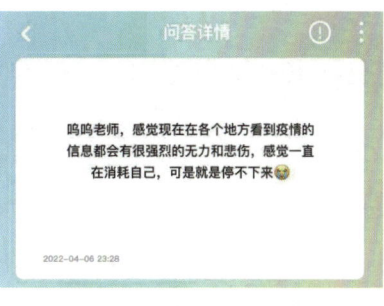

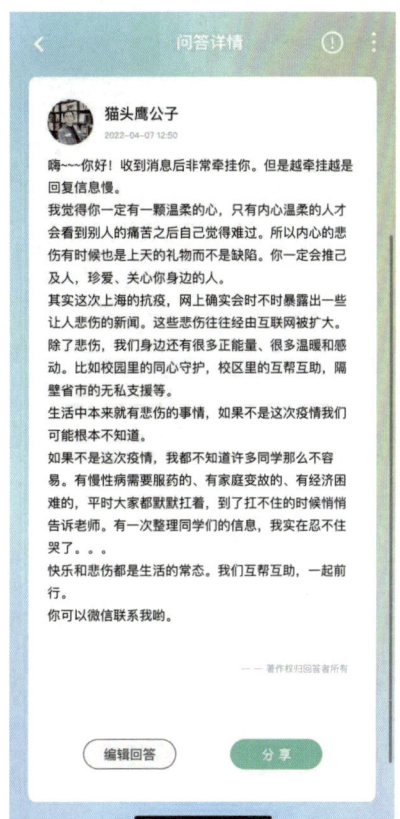

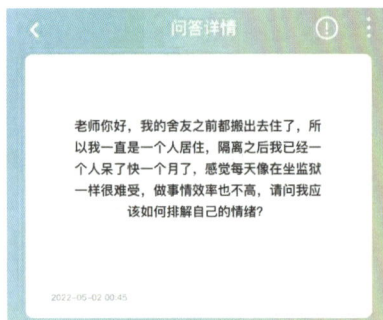
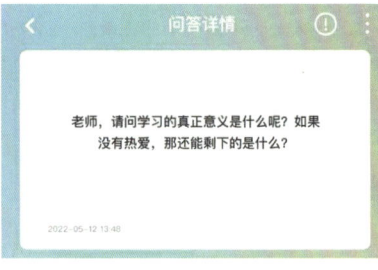

第二章 / 律　动

[左侧截图 - 问答详情]

猫头鹰老师您好，我是一个衡水毕业的学生，想和您请教一些关于大学生活上的问题。我是一个很没有自制力的人，高中疫情的时候就因为不自律，在家网课学习就一节课都没有听，导致成绩一落千丈。现在到了大学，离开了衡水模式的束缚加上自己不自律，导致自己上课也不听讲课下作业也不做，上个学期靠考试周恶补勉强让考试通过，绩点一塌糊涂。下学期也就是这个学期开始上网课，我更加管不住自己了……每天过着毫无规律的生活，常常晚上玩手机熬夜……我知道我自己很差劲，可就是管不住自己……以前的老师也经常和我说脑子蛮聪明就是不自律导致了我各种方面的失败……现在自己也没有明确的目标，也不知道自己要做什么，感觉未来就是毕业然后找份工作普普通通地活下去……从初中到高中，我一直在衡水的管控下机械的前进，来到大学发现自己没有了目标，也不知道自己目标是什么，为了找个好工作？找到好工作然后呢……这么活下去感觉没有什么意义，来来回回都是为了活着而活着……没有目标，不自律，我知道自己很差劲也想改变，但是实在力不从心……现在就算考研也没目标，那研究生以后呢……到头来还是为了活着而活着……

这么晚说了这么多……心里也好受了一些，我知道自己很差劲，还请老师不要见笑谢谢猫头鹰老师的信箱，也祝老师每天开心，也在上海的疫情中保护好自己

[右侧截图 - 问答详情]

猫头鹰公子
2022-05-22 21:32

同学你好！欢迎你的来信。收到信后也非常牵挂你。如果可以的话，会尽我们最大的力量来支持你。

凡事起于微末、发于华枝，相信你写这封信是很想改变自己的状况。只要自己不放弃，抓住各种有利的条件，一定能达成你的目标。

在拥抱新生活的时候要和过去说再见。不可否认，衡水的经历对你影响很大，但你现在处在大学的环境里，有选择自己学习方式、生活方式的自由。所以你要和衡水的一切说再见了，如果过分强调衡水经历，实际上是在暗示自己可以放纵。

在之前对学生的回信中，我提到了一个"一天一个俯卧撑"的说法。就是刚开始锻炼的时候，不能给自己制定"一天100个俯卧撑"的计划，这样可能从第一天就完不成；而是要制定一天一个俯卧撑的计划，这样每天都能超额完成。你现在也需要制定一个个小目标，然后逐步实现，逐步改变自己的惰性。

文字的匿名交流有很大的局限性，希望你可以用微信或者电话联系我（各班的班主任、辅导员、班长等都有我的联系方式）。疫情结束可以当面交流，也希望你在这一段疫情的时间里，主动寻找热心好学的同学与你交朋友，榜样的力量是无穷的。

同济是一片火热和自由的土地，好多从高中严酷环境里过来的人都带着大大小小的伤来到这里（包括我自己也有类似的经历），但最后都在这片土地上得到了身心的舒展和治愈。希望你越来越好！

图2 "猫头鹰Tape信箱"学生来信及辅导员回复

新生网络育人体系构建的探索与实践

陈 晴 方雅静

一、项目主题与思路

随着我国高等教育教学和人才培养模式的发展，学科之间渗透融合，专业界限趋于淡化，部分高校开始实践新生入学先进行通识教育及综合培养，再根据兴趣和双向选择原则实施专业分流的人才培养模式。同济大学于2019年正式成立新生院，学院设8大学堂，学生经过在新生院一年的学习后分流至专业学院。2022年学校成立国豪书院，招收一批青年学生，分别进入工科试验班（国豪精英班）、医学试验班（国豪精英班）和"强基计划"，打造"2+1+X"本研贯通人才培养体系。

习近平总书记指出，"做好高校思想政治工作，要因事而化、因时而进、因势而新"。在"大类招生，分流培养"的模式下，高等教育的思政育人模式因势调整，同济大学新生院紧抓青年学生的成长需求，充分利用互联网的思政前沿阵地，对该模式下新生网络育人体系的构建进行探索与实践。

二、实施方法与过程

1. 深耕队伍建设，形成育人共同体

建立优秀的育人队伍是开展网络育人的基础。同济大学新生院队伍建制完备，打造了一支由校院领导、新生导师、专兼职辅导员、班主任、教务员和学长学姐组构成的育人队伍。校院领导深入一线，为学生成长保驾护航；新生导师治

加入师生交流QQ群

新生院各学堂及国豪书院均建立了师生交流QQ群，请新生加入自己专业（类）所在的师生交流QQ群，获取具体分班信息及迎新报到相关信息，参加相关暑期线上主题活动等

新生院	师生 QQ 群	招生专业（类）
同心学堂	[illegible]	经济管理试验班 动画 广播电视编导 音乐表演 表演 马克思主义理论 运动训练
同德学堂	[illegible]	工科试验班（智能化制造与先进材料类） 机械类（中外合作办学） 民族预科班
同舟学堂	[illegible]	工科试验班（土木与环境类） 港口航道与海岸工程
同和学堂	[illegible]	理科试验班 应用化学 化学工程与工艺 地球物理学 数学与应用数学（数学拔尖学生培养） 应用物理学（物理学拔尖学生培养）
济人学堂	[illegible]	医学试验班 临床医学（5+3一体化） 护理学 康复物理治疗
济世学堂	[illegible]	人文科学试验班 社会科学试验班
济勤学堂	[illegible]	工科试验班（信息类） 计算机科学与技术（计算机科学拔尖学生培养）
济美学堂	[illegible]	工科试验班（建筑规划景观与设计类） 工科试验班（智能交通与车辆类） 技术科学试验班（智能交通与车辆类） 设计学类

同济大学新生院网站：https://xsy.tongji.edu.cn/
微信公众号：同济大学新生院

书院	师生 QQ 群	招生专业（类）
国豪书院	[illegible]	数学与应用数学（强基计划） 应用物理学（强基计划） 工程力学（强基计划） 应用化学（强基计划） 生物技术（强基计划） 工科试验班（国豪精英班） 医学试验班（国豪精英班）

图1　同济大学新生院建立师生交流QQ群

图片来源：同济大学2022级本科新生报到须知。

第二章 / 律 动

学严谨，是新生成才路上的引路人；专兼职辅导员导之有道，是新生的贴心人；班主任及时掌握本班学生的思想动态；学工—教务有效联动，实现信息实时共享；学长学姐通过讲述亲身经历，发挥榜样示范作用，帮助新生树立学涯目标、认知大学生活。利用微信群、QQ群、腾讯会议等新媒体平台，关注学生日常交流热点话题，畅通不同人群和层级的沟通机制，确保健康积极的网络环境。

2. 建好网络平台，构建信息传播网

建立学院和学堂（书院）多级网络育人平台，以信息化建设和公众号运营为抓手，拓宽网络育人通道，构建云端共享空间，营造云端育人文化，凝聚形成新生院新媒体联盟。搭建由新生院公众号、学堂（书院）公众号（"济小勤""同和济世""新生院济美学堂""同德学堂""同心济人""同舟学堂""同济新生院同德学堂""同济大学国豪书院"）、班级公众号、社团公众号组成的公众号矩阵，打造新闻报道、通知公告、活动资讯、榜样典型等组成的信息传递矩阵；持续建

图2 同济大学新生院及各学堂（书院）新媒体平台

设"iTongji-S"五育信息平台，实现学院形象塑造、学生自主学习、成长轨迹记录等一站式服务；拓展和维护新生院网站、哔哩哔哩等新媒体平台，顺应网络育人信息传递及时性和互动性的特点。

3. 主动前置工作，实现过渡零障碍

关注新生"入学前"阶段，建立覆盖所有新生的信息网络，组建纵横交织的信息梯队。随录取通知书告知每个准新生各学堂（书院）的QQ群号。辅导员和学长担当"网络发言人"，为新生打造实时网络交流平台，打通线上一对一咨询通道。学院和各学堂（书院）公众号发布具有指导和服务性质的信息，如迎新注意事项、学堂（书院）情况介绍、辅导员简介等。制作"新生养成教育"系列慕课，从入党启蒙、校史校情、榜样示范、安全教育、校园生活五大维度切入，包含19小节的短视频和PPT，帮助新生了解并熟悉大学生活。各学堂（书院）开展

图3 新生养成教育慕课课程

图片来源：同济大学新生院官方网站。

线上"云家访",宣讲国家和学校的资助政策,了解学生实际困难,有针对性地开展关心关爱工作。

4. 抓好关键阶段,入学初期打基础

新生入学初期,是解决新生适应性问题的"攻坚期"。同济大学新生院及各学堂(书院)通过举办全覆盖的线上、线下新生主题活动,促进新生尽快融入大学,如云端开讲"新生第一课"、开展线上"新生训练营"、举办感恩教育征文活动等。各学堂(书院)分别举办见面会,开展包括新生适应、情绪管理等新生成长专题讲座。结合专业特点举办特色活动,如济勤学堂通过结合专题大课、主题班会和讲座等形式,推进学生平稳过渡,适应新生活;

图4 新生院举办多场学习分享会

济美学堂举办"大师讲坛",帮助学生提升专业和行业认知;同德学堂与学校就业指导中心深度联动,开展新生生涯教育,举办以"新生适应引导"为主题的生涯读书会。

5. 促进全面发展,全程育人不松懈

以"iTongji-S"五育信息管理平台为依托,落实"德育为先、智育为本、体育为基、美育为重、劳育为要"的五育培养体系,促进学生全面发展。深入推动新生入党启蒙教育和入党申请人的培养,将优秀学生分享会、专题党课、主题党日等活动贯穿在大一学年的培养中,充分发挥公众号特色专栏的作用,推出党史学习教育专题片和一批深受学生喜爱的融媒体理论宣传产品,使入党启蒙和接续培养常态化、长效化。深入挖掘专业学院的优势育人元素,强化与专业学院的合作联系,举办"走近艺术与传媒学院""对话外国语学院""宪法宣传周""走进设计,一同玩创意""线上逛专业"等与学院紧密结合的活动,为新生的主修专业确认和进入后续学习阶段作好准备。

图 5 "iTongji-S"学生第二课堂活动发布平台

三、主要成效与经验

作为高校人才培养的初始环节，新生教育承担着教育转轨、专业学习、价值塑造等多项任务。经过三年探索，同济大学新生院在新生网络育人体系构建方面收获如下三大成效。

1. 学生认可度直观可见

学院开展"我的大一生活"作品征集活动。2021年，先后共收到学生的各类投稿作品400余件，作品中包含记录大一生活难忘时刻的珍贵照片、新冠疫情期间学生自行创作的向英雄致敬的海报和视频、学生记录青春的原创歌曲及学习课程笔记和思考等。同年，同济大学新生院在云端举行"恰是少年风华"2021年启航典礼，师生共同录制《致二零二零同济新人的一封信》《五育并举育新青年》等短片，联合各专业学院共同拍摄专题短片《握紧育人接力棒，青春筑梦再启航》，关注人数超过5 000人，最高人气值达到58.8万。

2. 学生思想引领收获实效

学生积极向团组织、党组织靠拢。新生院2020级满18岁团员中，约63.67%递交了入党申请书，多个学堂（书院）与专业大类学生递交入党申请书的比例超过70%。2021级满18岁团员递交入党申请书的比例达到74.32%。2021年新生院共向党组织推荐优秀共青团员708名，发展共青团员48人。新生院第七党支部入党启蒙教育系列行动立项，入选校级"对标争先"建设项目重点项目。

3. 学生五育培养成效显著

学生在德智体美劳方面得到全面培养和提升。2020级学生第一学期平均绩点超过2019级学生同期水平，65%学生绩点在4.0以上，较2019级学生增长8.14%。超过半数的2020级学生德智体美劳"五育"培养方案获得满分，80.1%学生分数在90分以上；90.6%的学生体能测试优秀；学生宿舍卫生检查优秀比例为99.74%。超过45%的学生参加各类体育赛事，超过30%的学生参与文艺晚会筹备工作。2021年获得全国及省部级以上奖项的新生约150人次，获得校级学科竞赛、创新竞赛及文体类奖项的新生达800人次。

数学科学学院融媒体中心建设工作案例

彭 婧

一、项目主题和思路

随着互联网技术的发展融合，传统媒体式微、新兴媒体迅速扩张，现代媒体格局发生转变，各种媒介及其要素结合、汇聚甚至融合的融媒体时代已然到来。高校思政工作的主体特点、场域媒介也在发生剧烈变化，如何充分发挥融媒体优势，提升高校思政工作的针对性、时效性、有效性，是高校思政工作者持续探索的问题。

同济大学数学科学学院率先在校内成立了院级"融媒体中心"，以"智慧融聚、平台融合、需求融通、价值熔炼"为顶层设计，推动"全员媒体、全息媒体、全程媒体、全效媒体"的构建，进一步激活网络育人细胞，扩散网络育人的涟漪，辐射范围更广的受益人群，逐步建造起学院网络思政育人的"中央厨房"，形成了特色的工作案例。

二、实施方法与过程

1. 智慧融聚,打造"全员媒体"的育人团队

融媒体中心工作体系首先要突破育人主体的限制。同济大学数学科学学院抓住"人人都有麦克风,人人都是传播者"的时代特点,在融媒体中心工作机制上打破团队隔阂、建立合作,充分激活不同育人细胞。

(1) 破冰联动,建立一心多环网络

在党支部、团支部、班集体、本研学生会、学生社团、项目制团队、学院教务条线、科研条线设置宣传专员,形成"融媒体中心—网络宣传员—各班团组织"的工作网络。宣传专员与"核心团队"密切协作,联通不同组织团队,发挥不同团队优势,实现育人主体的智慧融聚。

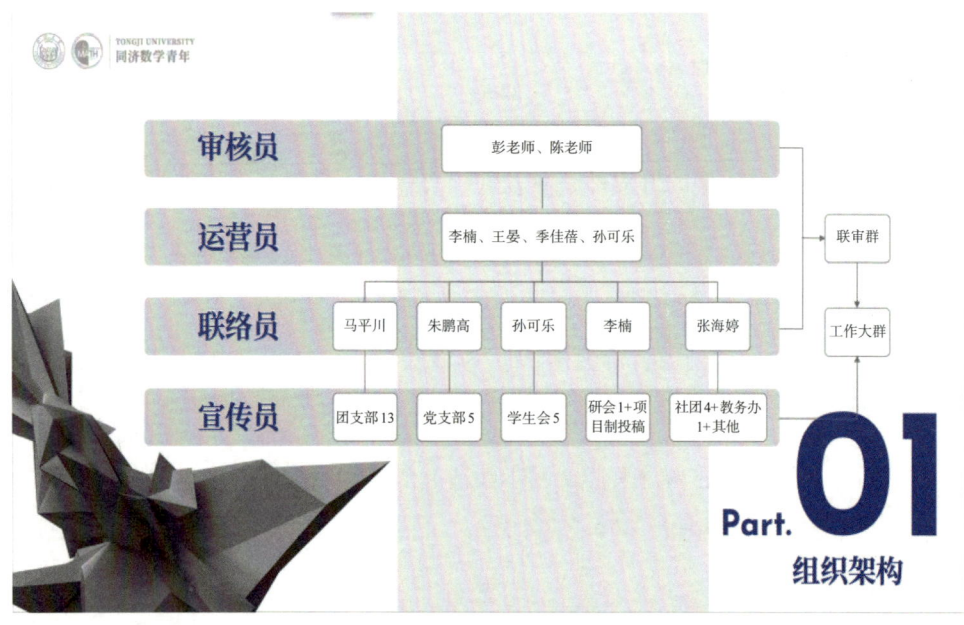

图 1　融媒体中心工作网络

（2）赋权赋能，激活工作团队活力

融媒体中心根据网络思政工作顶层设计，每月发布关键词，由不同团队进行内容众创投稿，在发挥团队优势的基础上，充分给予工作团队自主权；定期开展主题培训，内容涵盖新闻采编、内容包装、视频拍摄等多个主题，全面提升工作团队的"传播力"。

（3）建章立制，规范中心工作机制

设置规范、高效的投稿、审核、编排机制，编制《融媒体中心工作手册》，制定融媒体中心主题视觉。一方面，降低网络众创工作的参与门槛；另一方面，严格的审核程序能够确保网育内容准确有效，严守意识形态责任田。

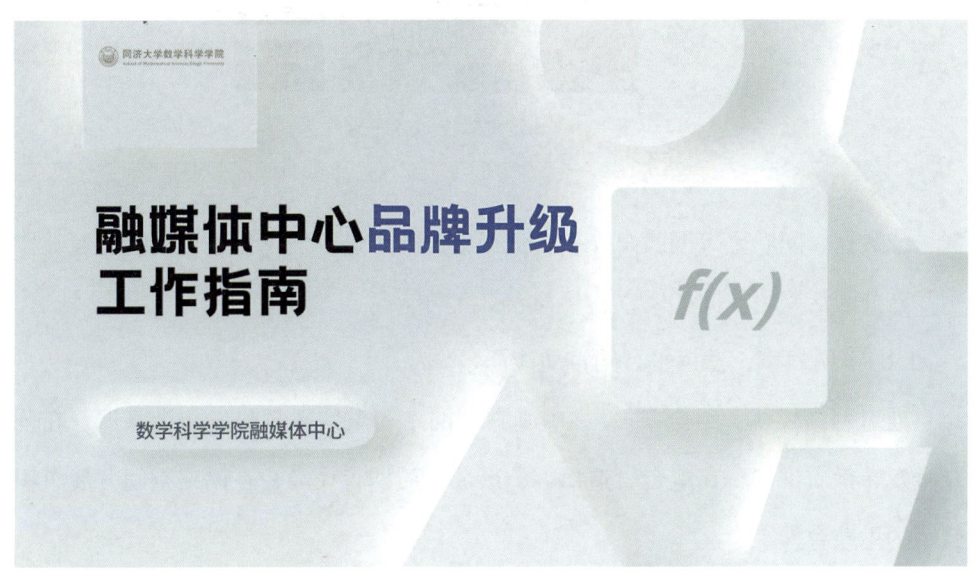

图2　融媒体中心品牌升级工作指南

2. 平台融合，激活"全息媒体"的育人功能

全媒体平台的载体融合是融媒体中心融合的关键。融媒体中心将学院运作的官方宣传网站、"同济数学青年"微信公众号、哔哩哔哩网站、多个人气微信社

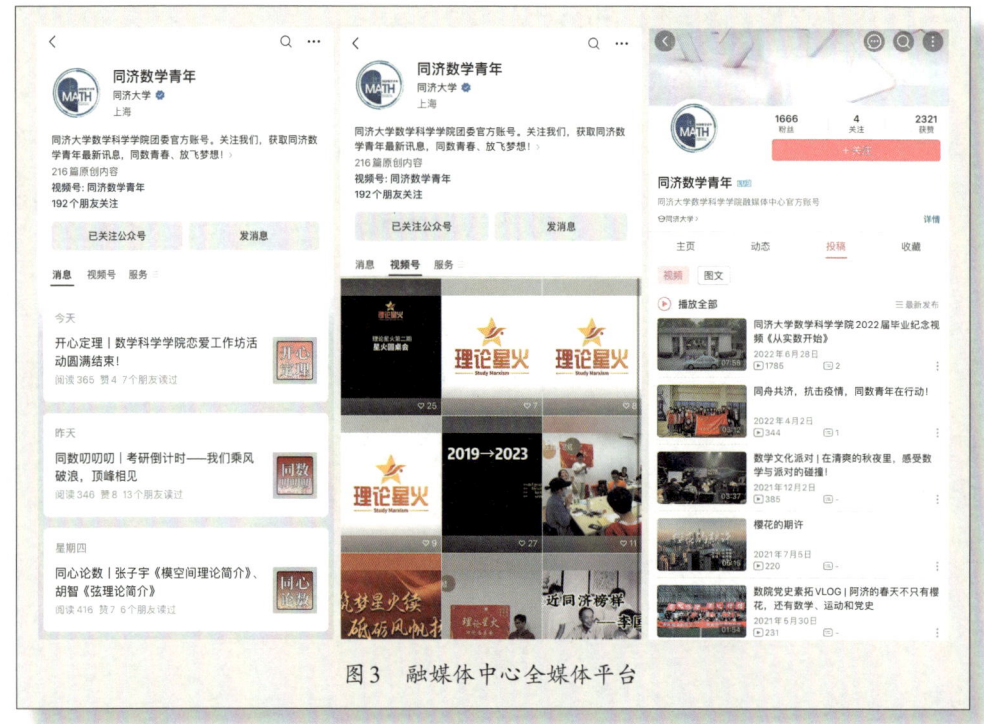

图3　融媒体中心全媒体平台

群、金数据、问卷星等网络媒介平台进行整合式推进，发挥各平台的优势互补作用，充分激活网络空间的网宣、参与、交互功能。

（1）鲜明发声，发挥平台网宣功能

通过网络媒体"组合拳"，在哔哩哔哩网站和微信视频号发布微党课、在公众号发布优质推文、在电台打造播客，形成优质网育作品，在网络空间开展旗帜鲜明的思政育人工作。

（2）降低门槛，发挥平台参与功能

充分发挥网络平台"易参与"的特点，利用微信群、小程序、网页等平台，灵活应用网络工具，通过"微调研""微阅读""微打卡""线上直播与互动"等方式让思政工作贴近网络、贴近时代、贴近学生，易上手、易实现、易见效。

（3）设置情景，发挥平台交互功能

创设网络新场景，如线上主题班会、群内意向调研、线上简历指导，使点对点、点对群、定时、定向的沟通成为思政育人的常态和重要渠道。同时，设置虚实空间同频共振的活动场景，如线下论坛线上分享、线上招募线下活动、线上调研线下分析、线上预约线下咨询等，充分发挥互联网交互功能，激活用户黏性。

3. 需求融通，构筑"全程媒体"的育人链条

融媒体中心的持续运营，离不开相应需求的内容供给。在"三全育人"的背景下，融媒体中心的工作场景需要聚焦不同阶段的学生需求，根据不同时段（年级）的学习目标和学生个体发展需求，运用全媒体手段设置融通需求的产品，构筑全过程育人链条。以学业发展为例，同数融媒体中心聚焦不同阶段的需求设置工作目标，开发适宜的网络作品，为学生学业发展保驾护航。

（1）大类招生的新生首要需求是兴趣激发

融媒体中心发起"万物皆数"系列活动，累计推出了"专业大咖说""专业文化线上共读会""数看今朝线上文化展""诗潮澎 π""数商测试""数学灯谜""趣说数学"等多个文化育人活动，通过微信公众号、哔哩哔哩网站等多个平台将数学文化、数学史、数学家及数学精神进行有效的全媒体传播。

（2）低年级学生的需求是学业支持

融媒体中心构建网络微课平台"数学云端"，组织学霸团围绕公共数学辅导打造高等数学、线性代数、概率论"微课堂"，创建了"一题，撬动数学"品牌栏目上线哔哩哔哩网站，一学期内凭借90段微课程吸引了11 000余名粉丝，获得了20万次以上的播放量；建立共学社群，组织朋辈导师网络答疑，并组织编写专业学习扩充包、工具包，定期整理发布。

(3) 高年级学生的需求是职业发展

融媒体中心借助网络知识共享空间，建设"同数理想"共创手册，通过保研、留学、考研、就业四大板块，以线下学长学姐分享会、线上经验记录的形式，留存职业发展相关信息，同时，开源共创的形式可以持续吸纳毕业生宝贵经验，形成可传承、可共创的知识分享手册。

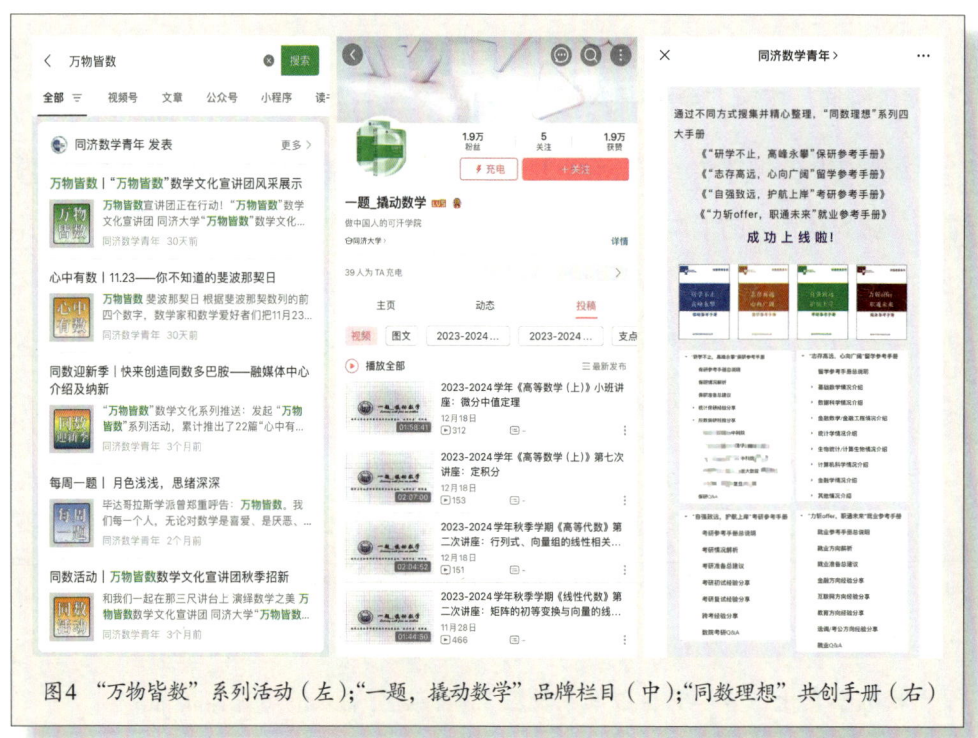

图 4 "万物皆数"系列活动（左）;"一题，撬动数学"品牌栏目（中）;"同数理想"共创手册（右）

4. 价值熔炼，提升"全效媒体"的育人成果

打造优质品牌，发挥育人成效，融媒体中心的优势在于可以将多个育人产品进行价值熔炼。同济大学数学科学学院融媒体中心通过对网络育人的顶层设计、对育人项目的精选优推，产出了一批能量正、质量优、实效好、影响广的网络课程、文化作品、"网红"主播、优质网文，全面提升网络思政工作的育人成效。

第二章 / 律　动

　　"党员TALK"作为数学科学学院重点打造的智慧党建项目，已连续举办5年（共8季），近50名优秀党员师生及入党积极分子在"线上""屏前"亮身份、亮事迹、亮承诺，以生动的讲述、真挚的情感，释放信仰的力量，录制了近20期党建微课，用互联网思维打造学生身边的党员"网红"，通过多平台、全媒体广泛传播。"党员TALK"项目已成为校级党建工作的知名品牌，形成了《点亮星火——"党员TALK"师生演讲实录》，并已出版发行。

图5　"党员TALK"活动现场（左）；《点亮星火——"党员TALK"师生演讲实录》发布仪式（右）

　　"数学文化剧短视频"作为学院持续打造的专业文化作品，已连续举办8年（共4届），由不同支部学生梳理数学历史、编写剧本，自编自导自演，以赛促学，引导同学们了解数学历史、传承学科文化、讲述数学精神，共创作了18个优秀的原创数学文化剧，包括《樊映川》《费马大定理》等优秀剧目，形成了优秀短剧视频。

图6　"剧映古今　数写华章"数写文化剧展演

三、主要成效和经验

经过四年建设,同济大学数学科学学院融媒体中心已形成稳定的工作机制,拥有微信公众号、哔哩哔哩视频号、"数学圈子"系列社群、同数电台等融媒体矩阵,编制了《同济大学数学科学学院融媒体中心工作手册》、形成系列培训课程,每年服务全校师生上万人次,获评同济大学第一批"三全育人"试点学院,形成"党员TALK""数学外卖""万物皆数"等系列工作品牌。

1. 平台共享

融媒体中心的成功运营,依靠统一发声、统一运营的平台。共享的平台能汇聚不同团队的创意,既考虑不同群体的特点,又发挥不同群体的潜力,将网育工作与学院传统工作相结合,从各群体需求出发,升级创意。

2. 内容共创

内容共创即强调内容的互动性与参与性,充分考虑受众的需求,以半开放式、参与性较强的内容为主,号召不同学生团队、群体参与内容生产。构建全民参与的工作模式,以较低门槛的参与方式调动学院全体师生,设置多种角色,如参与内容共创的创作者、进行推送转发的传播者、参与线上活动的参与者等。

3. 品牌共建

在融媒体中心的统筹推动下,网育项目能够有效地共建品牌。前期做好顶层设计、中期进行有效推进、后期进行迭代复盘,由融媒体中心统一推动、统一执行,集中力量办大事,充分推动融媒体中心的品牌建设。

网络安全与媒介素养教育实践案例

刘 博

一、项目主题和思路

随着社会环境和网络空间的发展变化，网络安全、网络空间治理不断出现新的挑战。高校网络信息和思政工作部门破解新时期新挑战，全面提升国家网络安全与师生网络素养成为工作重点。

同济大学法学院坚持在学校网络安全和信息化领导小组办公室的领导下，联合校内各职能部门和相关学院开展网络安全与媒介素养教育。积极整合资源，创新工作模式，以提升师生网络媒介素养为出发点，多管齐下开展系列活动，主动引领网络文化，阶段性效果显著，逐步建立常态化发展机制，为营造健康、和谐、文明的校园网络文化环境，建设风清气正的校园网络空间，给出一份高校师生网络素养提升的"同济攻略"。

二、实施方法与过程

同济大学网络安全与媒介素养教育实践以问题为导向，针对高等院校网络空间意识形态、网络文化建设管理及网络思政工作中普遍存在的管理机制乱、文化引领难、专家力量弱等问题，以"联动多个部门，营造全校氛围，打造系列活动，推出课程菜单，建立三支队伍"为主要脉络，积极破解难题，主动建设引领，开展全过程、无死角的网络育人实践，力争创设促进师生网络素养提升的持续机制。

1. 立足主动建设，构建国家网络安全宣传教育大格局

结合当前互联网发展的特点，兼顾网络安全的技术特征和网络思政工作的育人导向，充分调动学生处、信息办、电子与信息工程学院、法学院等职能部门和基层学院的专业力量，确保网络素养暨网络安全主题教育实践的思政方向正确、技术条件有保障、专业对口。由基层单位宣传工作负责人、素质过硬的师生代表组成网络评论员队伍，由此形成一个校院两级网络素养教育工作"大系统"。同时，学校进一步细化师生网络素养提升工作分工，明确高校网络安全与新媒体网络素养的主要任务，包括完善网络信息服务，提升全校网络实施安全等级、学生网络思想政治教育和教职工网络素养教育、大学生媒介素养教育等内容，确保工作无死角，全面有保障。

2. 强化协同联动，构建国家网络安全宣传教育资源库

（1）与上海教育系统网络文化发展研究中心紧密配合，共享教育资源

第一时间将国家网络安全宣传周"网络安全微视频展映"、上海地区《网络安全宣传手册》《网络防疫进行时》系列短片、同济大学《网络安全宣传手册》等电子版和纸质学习资源发送至各学院、新生学生社区和同济教职工小区，以线上宣传为重点，线上线下相结合，实现全国、上海市及学校网络安全宣教资源的整合。

第二章 / 律　动

图1　同济大学国家网络安全宣传周主题教育活动（上）；网络安全微视频展映系列短片（中）；国家网络安全宣传周上海地区《网络防疫进行时》系列短片（下）

（2）整合学校、学院、党支部及班团组织资源，深化协同育人

为确保网络思政工作的育人导向和效果，依托基层学院和学生骨干团队积极开展系列活动，共同构建网络安全宣传教育格局。在学校层面，依托学校融媒体中心，整合校园网、官微、大屏幕等平台，侧重融媒体时代传播主体、受众、内容、媒介、效果等方面的变化，以动画形式制作防范垃圾邮件、恶意程序等多条

图2 同济大学2022年网络安全主题宣传活动

图3 学院学生党支部、团支部学习《网络安全宣传手册》及宣传教育视频

宣传片,通过校园电子屏、宿舍楼道电视等渠道播放,将网络安全的理念传送至学校各个角落,扩大教育的覆盖面和受益面。在学院层面、党支部层面和班团组织层面,开展形式多样、内容丰富的活动,充分调动师生的积极性、主动和创造性,激发师生共同参与的内生动力,增强网络安全意识和防护技能,营造清朗的网络环境。

(3)凸显同济大学网络育人名师作用,强化示范引领

启动实施"同济大学网络育人名师培育计划",分别在相关学科领域的专家学者、基层辅导员教师及职能部门业务骨干中进行遴选、聘任与考核。在培育和工作期间,网络育人名师充分发挥示范、引领、辐射、带动作用,以教育课程、专题报告、主题讲座等多种形式深入开展网络安全教育,已初步建立了常态化宣教机制,设计形成了系列课程。

图4 同济大学网络素养暨网络安全主题教育系列课程

3. 强化常态管理，构建国家网络安全宣传长效机制

（1）开展网络安全公开课

组织师生通过新华网、央视频、腾讯新闻、哔哩哔哩、快手、新浪微博、中国大学生在线等平台在线观看由祝鑫老师等讲授的"聚力青春 守护安全"网络公开课；同时也提醒师生关注中国大学生在线的网络安全专栏，通过慕课进一步掌握各类媒介的特点和使用方法，加深对《网络安全法》及其配套法规的理解，正确地使用、生产和传播媒介产品。按照学校统一的教学安排，"形势与政策"课程将面向全体新生开展涵盖国家网络安全的国家安全主题的讲授。

（2）强化网络安全素养培训

为提升师生网络安全素养和主题教育实践的效果，由各基层单位宣传工作负责人、素质过硬的师生代表组成网络评论员队伍，同时由学校微博、微信公众号、二级学院运营的独立网站等媒介选拔一批政治素养过硬的通讯员、宣传员进行专项培训。在培训体系中，以"国家网络安全宣传周活动"为契机，开展网络安全主题教育，以提升广大师生的网络安全意识和防护技能，进一步提升师生维护国家网络安全的自觉性和主动性，同时推进建立常态化宣传教育的长效机制。

（3）编印《同济大学网络安全知识手册》，组建《网络安全法》志愿服务队

为提升师生网络安全知识水平和媒介素养，根据网络舆情频发、网络犯罪问题突出的情况，选取经典案例，将网络道德、网络诚信、网络法律法规与相关案例结合，编印《同济大学学生网络安全知识手册》，并将其放置在学生社区、图书馆、教学楼等公共场所供师生取阅。同时，组建《网络安全法》志愿服务队，发挥青年学子的力量，深入新生社区与学校教职工小区，为大一新生和社区居民发放手册、解答相关问题，宣传普及网络安全相关知识。

第二章 / 律　动

图5　同济大学2022年国家网络安全宣传周宣传折页

（4）组织网络安全知识竞赛

为更进一步扩大网络安全宣传的受众范围，围绕网络安全相关法律法规、个人日常数据隐私保护与防范网络电信诈骗陷阱精心设置了100道题，组织线上知

图6 同济大学2022年网络安全线上知识竞赛

识竞赛。目前已累计覆盖千余人次，受到广大师生好评。

（5）制作网络安全宣传周边文化产品

为营造浓厚的校园氛围，选取习近平总书记对网络安全的重要论述，组织设计同济大学学生网络安全系列书签等文创，在学生社区、图书馆、教学楼等公共场所向师生发放。

三、主要成效和经验

1. 以需求为出发点，精准定位高校师生实际

同济大学网络安全与媒介素养教育实践以高校师生日常的网络安全问题和高校网络素养行为为导向，在编印《同济大学网络安全知识手册》、制作动画微视

图7 同济大学学生网络安全系列书签、帆布袋、卡套等

频、设计网络安全周系列海报时,均自校园取材,并为校园网络安全服务,将宣传引领细化和落脚到高校师生的日常生活,引发师生共鸣。

2. 以融媒体为渠道,做到网络安全教育无死角

遵循融媒体时代信息传播的特点和规律,着力提高主题教育有效发声的能力,对师生日常工作、学习和生活中接触和使用的各类媒体渠道进行"排兵布

阵"，以手册、海报、折页、视频、微信推送、微博主题、网页报道、网络直播等不同形式，做到网络安全和素养主题教育入脑入心。

3. 以教育为根本，提升全校师生网络安全意识

注重教育内容的针对性和实效性，邀请网络安全实务部门专家、网络安全与媒介素养方面的教师，针对师生在校园生活中经常遇到的网络安全风险，推出网络安全与媒介素养系列课程，切实提升全校师生网络安全意识。

运用"党建+"模式培树智慧党建品牌

邓宇洁

一、项目主题和思路

党的十九大以来,以习近平同志为核心的党中央高度重视和加强党的建设。"党的基层组织是党在社会基层组织中的战斗堡垒,是党的全部工作和战斗力的基础。"习近平总书记明确提出,"办好我国高等教育,必须坚持党的领导,牢牢掌握党对高校工作的领导权,使高校成为坚持党的领导的坚强阵地。要加强高校党的基层组织建设,创新体制机制,改进工作方式,提高党的基层组织做思想政治工作能力。"

教育部《关于进一步加强和改进研究生思想政治教育的若干意见》中指出:"研究生教育是高等教育人才培养的最高层次,是我国社会主义现代化建设拔尖创新人才培养的重要渠道。总体上看,广大研究生的思想政治状况是积极、健康、向上的。但是,在一些研究生身上仍不同程度地存在着理想信念模糊、集体观念淡薄、学术道德失范、知行不够统一等问题。特别是研究生面临学业、就业、经济、婚恋等实际困难及压力,在成长发展过程中需要对其进一步加强教育引导。"

学生党员是学生中的"排头兵",在学生群体中发挥着"旗帜"作用。高校研究生党支部作为高校党的基层组织中的重要组成部分,是党在高校与青年学生密切联系的桥梁和纽带。"党支部要担负好直接教育党员、管理党员、监督党员和组织群众、宣传群众、凝聚群众、服务群众的职责,引导广大党员发挥先锋模范作用。"习近平总书记在党的十九大报告中强调党支部的职责,也是首次在党的全国代表大会报告中明确界定党支部的职责任务。

以同济大学土木工程学院一研究生党支部为例,开展研究生党支部建设实践,运用"党建+"模式培树智慧党建品牌,搭建线上线下教育平台,推介线上线下服务模式,让高校研究生党支部在基层工作中"唱主角",发挥党建引领作用,助力青年学子成长成才。

二、实施方法与过程

土木工程学院该研究生党支部的成员均来自同一专业、同一行政硕士班、同一团支部。党支部对标"七个有力"建设要求,力抓理论思想建设,在科研学术中稳步前进、争当先锋,将"学习强国"平台作为有力载体,着力建设学习型党支部,对标教育党员有力;不断完善管理模式,创新组织生活方法,对标管理党员有力;时刻掌握党员思想动态,加强党员的党性、党风、党纪教育,对标监督党员有力;新冠疫情发生以来,党支部工作有条不紊,合理周到,成效显著,对标组织师生有力;立足专业特点,打造党建特色,坚持对标模范,着力挖掘师生、校友的先进事迹,倡导争先垂范的良好氛围,对标宣传师生有力;凝聚班级力量,筑牢战斗堡垒,党支部坚持党建引领团建,联合所在团支部开展系列品牌活动,对标凝聚师生有力;密切联系班团,了解群众难题,践行服务精神,对标服务师生有力。

1. "党建+理论教育",强信念筑堡垒

注重将思想引领和党性修养有机地融入理论学习,建设学习型党支部。党支部开展了一系列支部书记讲党课、时政专题研讨、实地参观调研、红色观影学习、兄弟支部交流活动,方式多样、模式丰富,引领支部成员听党话、跟党走,切实增强理论武装的有效性。党支部将"学习强国"平台作为有力载体,创立"分组打卡,积分排序"制度,从任务到习惯,支部党员用实际行动完成质的蜕变,"学习强国"成为党员们比学赶超的加油站,切实推动理论学习走深走心走实。

图1 党支部开展理论教育活动

2. "党建+学科专业",悟科学增认知

着力加强整合名师、校友资源,走近大国工程,帮助青年党员体悟科学精神,提升专业认知。党支部对学院五位参与港珠澳大桥科研攻关的教师进行线上专访,并将采访音频稿件整理成"港珠澳大桥教师专访"专辑,通过党支部"党建+"微信公众平台发布,阅读量超过7 000次,活动影响力显著提升。党

图2 "港珠澳大桥教师专访"专辑

支部采访多位优秀校友，校友们分享成长历程、参与大国工程的奋斗历程，以及解读当前专业形势，让青年党员更加明确前行方向、提升对自身所学专业的认同度。

图3　支部党员寻访优秀校友

3. "党建＋科研学风"，重引领做模范

党建引领团建，为青年党员提供分享自我、相互学习的平台，提高其思想道德水平，增强其学术科研能力。党支部联合所在团支部共同打造"星辰长征讲坛"品牌活动，邀请青年教师、优秀学长学姐提供科研方法与学术规范方面的指导，支部优秀党员分享科研学习、竞赛获奖方面的经验体悟，同时挖掘支部党员

图 4 "星辰长征讲坛"品牌活动

的闪光点,讲述他们在抗击疫情、志愿服务、参军入伍、支教扶贫及投身家乡建设等方面的奋斗故事,弘扬爱国精神,坚持实学实干、脚踏实地的作风。

4. "党建+日常点滴",享生活塑美好

鼓励支部成员分享日常生活,提升党支部向心力。党支部联合青年党员所在团支部共举办四期"隧道豆瓣"线上视频分享会,每期十余名成员分享新冠疫情期间居家生活中的点点滴滴,从高雅艺术到科研贴士,从好片观赏到美景怡情,从美食制作到运动健身,内容丰富多彩,为居家生活增添美好与期待。党支部开展元宵节线上灯谜大赛,青年党员共度美好佳节;开展抗击新冠疫情线上知识竞答比赛,提高疫情防控意识。一系列活动凸显党支部在研究生培养中的引领作用。

图5 "隧道豆瓣"分享会

图 6　抗疫知识竞答比赛

5."党建+服务传承",践初心行使命

党支部致力于完善"有困难找支部、有问题找党员"的帮扶制度,力争为群众办实事、解难题,践行初心使命。党支部常态化开展"我为师生办实事"实践活动,关注群众的急难愁盼问题,解决群众遇到的困难、打破群众遇到的瓶颈,征集意见、专题研讨、分析总结、走访反馈、真抓实干;新冠疫情期间,党支部联合班级心理委员定制心理健康活动套餐,帮助班级群众排解"宅"家期间的孤独与焦虑,保持健康、积极、阳光的心态;党支部积极响应学校号召,动员支部党员踊跃报名参与垃圾分类宣传轮值督导,为文明校园建设贡献力量;为班级配备应急医药箱,以备大家的不时之需。

图7 "我为师生办实事"意见征集

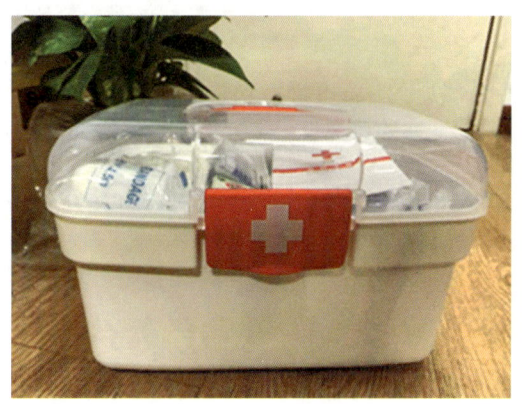

图8 应急医药箱

三、主要成效和经验

1. 整合育人资源，让党建品牌"立起来"

将在职教师、科研专家、杰出校友、卓越学长、优秀朋辈等育人力量引入党支部，充分发挥各方力量的独特优势，凝聚成育人合力，推动"党建+"项目与学生需求接轨，赋能精准思政工作，让党的思想以喜闻乐见的形式与学生相伴同行。

2. 加强能力锻造，让党建作用"强起来"

在"一个项目，全员参与"组织模式的引领下，充分调动支部党员和积极分子的参与度，使大家能够围绕各自分工充分发挥创造力和想象力，不断提高学生的综合素质和个人能力，在较好地完成支部活动和项目建设的同时，极大地提升党支部的凝聚力、战斗力和创造力。

3. 凸显育人导向，让党建成效"实起来"

党支部和党员在"对标争先"建设、党团共建、学风建设等方面发挥了重要的引领作用，在全体支部成员的共同努力下，党支部建设成效斐然，斩获众多集体荣誉和个人荣誉。以一学年为例，获评校级十佳党建项目、校级五四红旗团支部标兵、学院特色党支部，党支部内，五人分别获评校级优秀学生和优秀学生干部、五人获得校级奖学金、支部书记获评校级"优秀共产党员"和年终述职"优秀支部书记"等，同时党支部和党支部书记多次参与学校学院组织的经验分享会和宣传视频拍摄，促进朋辈交流和支部互帮互助。

"互联网+"背景下的高校餐饮服务育人

冯思宇　丁丽娟

一、项目主题和思路

近年来,互联网及大数据等科学技术飞速发展,"互联网+"的触角已经延伸至各个行业,对社会的发展及生态带来了比较大的影响。在"互联网+"背景之下,高校餐饮的服务模式需要顺势而为,结合服务特点,创新服务方式,提高服务的活力,使高校餐饮服务可以更健康地发展。

二、实施方法与过程

1. 构建高校餐饮服务"互联网+"信息公开平台

餐饮服务质量直接关系到学校广大师生的切身利益。信息公开是高校就餐保障的重要举措,也是餐饮服务的重要组成部分。餐饮服务的信息公开,不仅有效保障了师生对学校餐饮工作的知情权,使师生能够积极参与对食堂工作的监督,而且还能为后续餐饮工作的开展提供有价值的建议和意见,提高师生的"主人翁意识",提升餐饮服务质量。

图 1　新菜宣传

积极构建餐饮信息公开平台"同伙管"微信公众号,公开餐饮工作中的各项信息,对学生形成思想指引,让学生在潜移默化中形成节能和创新的意识。同时,积极建立相应的反馈机制,通过师生与监督部门的沟通,食堂管理部门能够更加了解师生的需求,从而在工作中不断改进,提高服务工作水平。

"哇哦,××食堂又有好吃的了!"这是"同伙管"微信公众号每次发布新品宣传文章后,评论区内出现最多的话语。"同伙管"微信公众号自上线以来,第一时间发布食堂日常新菜。通过该方式,师生能够便捷且高效地获取餐饮的信息数据,实现高效的信息沟通与交流。"我们想要自己的西餐""我是陕西人,想吃肉夹馍""食堂能否供应凉皮"……2021年国庆节前夕,同伙管微信公众号推出"学生用餐征集"活动,共回收9 131份问卷,正文下方评论达上万条。通过此方法,食堂管理部门有效拉近了其与学生之间的距离,也对学生的需求有了更加深刻的认识,从而为餐饮服务育人工作的开展提供有力的依据,最终提高餐饮服务质量和效率,实现精细化管理,提高后勤育人水平。

自2014年设立以来,"同伙管"微信公众号共计发送各类宣传文章700余篇,单篇平均阅读量从800次增加至13 000次。在师生与食堂进行沟通和对食堂进行评价的过程中,学生增强了对公共事件的参与意识,以及独立性和责任感,高校餐饮服务育人功能得以实现。

2. 构建高校餐饮服务"互联网+"宣传教育平台

每学期重要节日通过"同伙管"微信公众号,组织学生在食堂参加各类传统美食手作活动。将其中蕴含的文化观念、价值观念、生活观念及行为准则潜移默化地传输给学生,为学生营造良好的校园文化氛围,最终实现餐饮育人的作用。

图2　传统美食(清明节青团)手作活动

在日常宣传过程中,发布各类食品安全防治宣传资料,让学生在手机上就能学到知识。这种方式更加贴近学生的生活,学生也乐于接受,可以在学生中形成广泛的传播,从而将后勤育人工作真正落到实处。

3. 构建高校餐饮服务"互联网+"劳动教育平台

培养学生的实践应用技能是高校育人的重要内容,通过专业实践可以锻炼学生的专业技能,通过劳动实践能够培养学生的职业技能和职业道德。积极调用高校餐饮服务资源,为学生提供丰富的实践途径。依托"互联网+"技术定期发布劳动实践岗位,并展示学生的实践成果,让学生在实践活动中更好地了解社会,体验劳动的艰辛,培养学生热爱劳动的品格,锻炼学生的独立管理能力。

组织食品包装设计大赛,为学生提供创新研发平台,将餐饮服务工作中的项

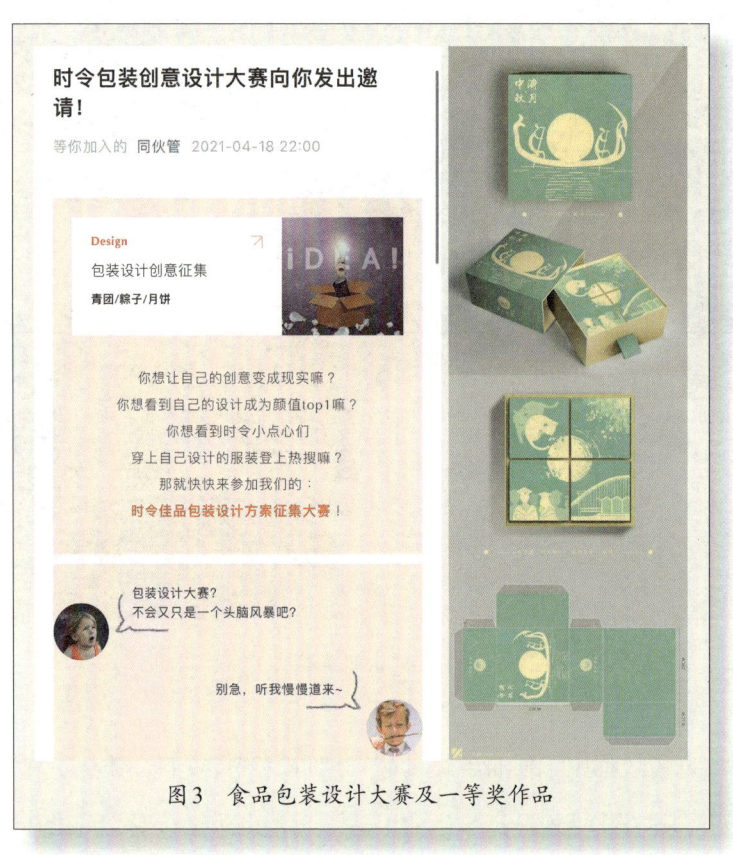

图3 食品包装设计大赛及一等奖作品

目交给学生开发，既能够让学生有实践锻炼的平台，培养学生的创新能力和实践操作能力，又能够提升餐饮工作效率，让学生体验知识成果转化的成就感，从而促进学生更好地投入学习。餐饮管理部门可以根据餐饮工作的特点为学生提供不同的劳动内容，让学生在实践中不断地提升自己的职业能力和创新能力，进而实现餐饮的劳动育人功能。

三、主要成效和经验

"互联网+"背景下，高校师生的行为模式与校园生活发生着快速变化，师生员工对美好校园生活的无限期待与慢速发展的传统餐饮管理服务模式的矛盾加剧。与之相应，餐饮管理服务模式处于转变、创新与改革的重要时期。通过"互联网+"技术赋能，实现校内数据和信息的共享，让师生在互联网平台上的活动交流增加，校内整体生活质量得到提升。

高等院校的人才培养目标是为社会发展培养高素质的综合型人才。因此，在日常教育教学工作中，不仅要注重对学生知识和技能的培养，更要重视对学生的素质教育。劳动育人是高校全员育人的重要环节，以"互联网+"技术为依托建立起信息沟通和宣传教育平台，使间接的育人功能转变为直接的育人功能，通过开展各种活动，让学生积极主动地参与，在潜移默化中接受思想教育。同时，"互联网+"背景下的餐饮劳动教育平台，拓展了劳动育人工作的途径，为促进高校实现全员育人、全过程育人的目标奠定了良好的基础。

"互联网+"是建立在互联网基础之上的，将实际工作和日常生活深度融合的具体呈现，"互联网+"餐饮管理服务模式的创新对于高校后勤改革具有十分深刻的影响。进行餐饮服务工作的统筹和管理，可以真正提升服务效率和质量，降低工作所付出的成本，提升整体管理质量及服务水准。

医学生职业精神培育新路径探索

曾 盈 曹丹仪

一、项目主题和思路

习近平总书记曾说:"没有全民健康,就没有全面小康。"医学教育承担着为维护人民健康培养人才的重要使命,新医科的定位从原来的小学科、大民生转变成大国计、大民生、大学科、大专业。同济大学医学院贯彻立德树人根本任务和建设"健康中国"的美好愿景,深化"三全育人"改革,以"新医科卓越创新人才培养计划"为指导,利用互联网和新媒体技术,线上线下相结合探索医学生职业精神培养的新路径,促进医学生科学精神和人文精神的融合,强化医学生职业生涯规划理念,帮助构建未来和谐医患关系,实现医学教育所承担的为维护人民健康培养人才的重要使命。

二、实施方法与过程

学院基于学生工作经验梳理了不同年级医学生存在的痛点问题,总结了医学生发展的五大阶段和各阶段重点,在此基础上,结合学生探索自我和探索工作世

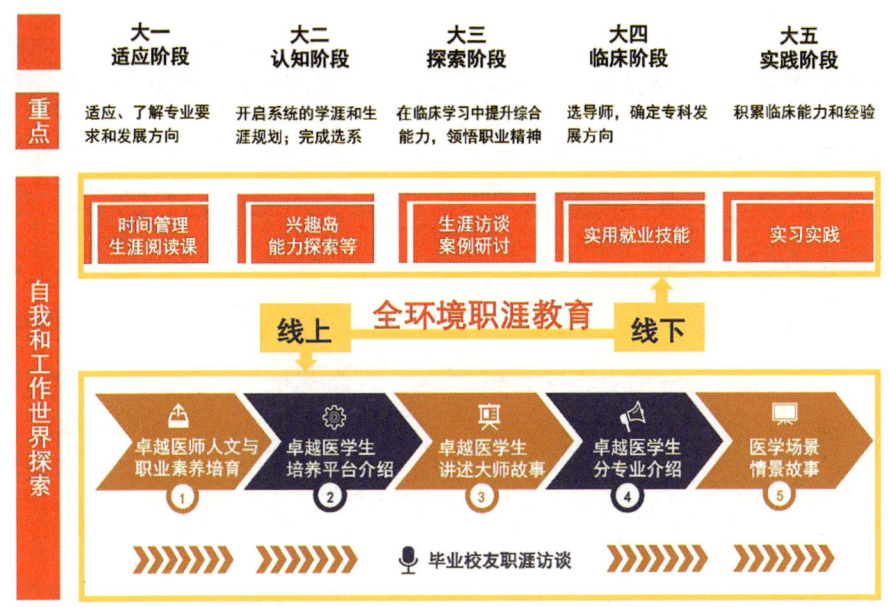

图 1　线上线下全环境的医学生职涯教育

界的需求，从专业能力和人文素养两方面着手，形成线上线下全环境的医学生职涯教育新模式。

1. 联动附属医院，以全员育人赋能医学生职涯规划

同济大学医学院基于卓越医学生职涯发展工作室，以学生工作队伍为核心，充分整合同济大学和附属医院资源，聚焦不同阶段学生的痛点问题，策划完成了一系列优质视频内容和线上线下活动，涵盖专业及细分专业解析、临床医学院介绍等。邀请医学院和附属医院的学科带头人、教授参与视频录制或直播，请他们以专业视角分享各医学学科的特点和发展，并分享自身经历，以过来人的身份对医学生提出建议和希望，拉近优秀学者与学生的距离；同时，也邀请高年级的研究生从学生视角讲述从事专业学习的历程和感悟，前辈和朋辈力量双结合帮助医学生树立正确的专业认识，形成适合自己的职涯规划，尽早地树立未来发展的理

想目标。

此外，工作室邀请已经毕业数年、在各自岗位上已有一定建树的同医校友参与访谈，回忆在同济脚踏实地的求学岁月、在各自领域和岗位上追求卓越的奋斗历程。在2022年5月，同济大学建校115周年、医学院重建22周年之际，在学院微信公众号特别推出"同心济世"校友专访系列。医学生参与访谈提纲的设计，并担任访问员，采访了22位同医校友。校友专访旨在帮助医学生了解职业道路的成长途径，更好地了解国家和社会对于医学专业人才的知识及素养的需求标准；理解医生这个职业的价值和意义，正确认识医患关系，成为一名有温度的医生。

图2 "同心济世"校友专访系列推送

2. 以学生为中心，实现新媒体传播矩阵全覆盖

同济大学医学院根据医学生每个阶段发展重点策划的系列视频，从内容创作的源头就紧紧贴合当代医学生的实际需求，学生团队从脚本、拍摄到后期全程参与其中，从学生自己的视角出发，以学生喜闻乐见的形式最终呈现。系列视频投放于学院官方微信公众号、视频号、哔哩哔哩、抖音、快手等多个青年学生群体活跃的新媒体平台，形成传播矩阵，最大化覆盖医学生群体。

2020年起，受新冠疫情影响，工作室品牌活动"卓越医学生职涯发展冬夏令营"适时地转为线上举办，采用交互性强的哔哩哔哩直播形式。每一场直播活动介绍一所临床医学院，由负责主管教学的副院长牵头，邀请重点学科的科室主任担任嘉宾，在线上面对面地实时与学生交流，帮助低年级医学生更早了解医院和科室运作机制。直播活动的主要受众为同济大学医学生，同时邀请上海其他医学院校在校学生，辐射全国对同济大学附属医院感兴趣的医学生。

图3　系列微课视频和冬夏令营直播活动

3. 榜样精神引领，医学人文精神助力卓越医学生养成

同济大学医学院注重医学人文精神的培养和塑造，在打造线上内容时春风化雨般地融入医学人文精神和职业精神。"卓越医学生养成之循迹大师精神"系列视频讲述了同济医学大师们的生平故事，如治疗李庄当地痹病、参与血吸虫病防治、加入抗美援朝志愿医疗手术队等，体现同济医学人勇担时代责任，切实回应国家社会需求，用医学技术为国家人民作贡献，其内核是同济人"同舟共济"的精神，是同济人"与祖国同行，以科教济世"的优良传统。这些蕴含着同济底色的故事将引领同济医学生树立正确的从医观，明确从医初心和白衣使命。"卓越医学生养成之医院那些事儿""卓越医学生养成之医学路上的情与法"两个系列视频则聚焦医疗场景中可能发生的各类情况及正确的应对方式，帮助医学生提前了解医疗环境，做好相应的准备，为未来建构良好医患关系打下基础。在其他系列视频中，被访者和主讲人专业、细致、平和的讲述也在无形中传递着医学科学精神和职业精神。

2020年新冠疫情暴发后，学院寻访抗疫一线的同医党员校友，高度凝练校

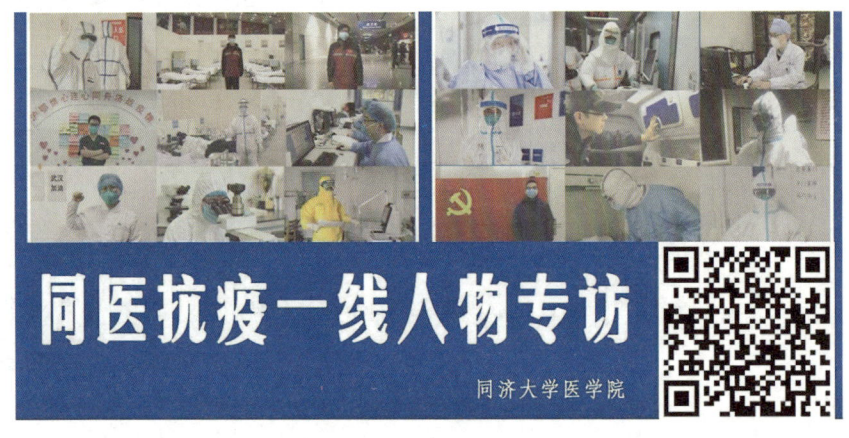

图4 "同医抗疫一线人物专访"系列推送

友故事背后的精神内涵，图文并茂地生动展示，形成"同医抗疫一线人物专访"系列推送；邀请援鄂医护人员作"同医援鄂事迹线上报告"，通过分享互动呈现一线医护人员的工作生活图景，展现其"但有所命，无有不从"的党性修养，以及"人民至上、生命至上"的使命担当。

三、主要成效和经验

1. 初心为舵，实干为帆

同济大学医学院始终围绕立德树人，积极构建"三全育人"工作体系，培育拔尖卓越医学人才，为健康中国作出新贡献，切实肩负起培养德智体美劳全面发展的社会主义建设者和接班人的神圣使命。结合在日常工作中形成的经验，不断思考提升人才培养的针对性和实效性。

自2018年起，经过数年建设，学院已经形成7大系列52个视频，多平台累计观看量突破74万次；各系列推送文章102篇，浏览量累计达19万次；已举办6次冬夏令营直播活动，累计参与数达1.6万次。学院将系列视频的观看链接转为

图5　医学院网络育人建设成效

二维码，排版制作了"医学生的职涯发展周历本"，发放给本科新生，帮助他们第一时间了解相关信息。

2. 贴近学生，精准服务

卓越医学生职涯发展工作室获批上海高校学生职业（生涯）发展教育工作室（示范点），始终致力于以学生需求为导向，贯彻立德树人根本任务，系统推进医学生职业生涯教育。工作室注重内容形式的年轻化和"接地气"，推动网络育人工作的创新与进步。每一个系列的视频、每一场直播，都会提前收集学生的疑问和兴趣，邀请学生参与其中，用学生的视角制作学生需要的内容。

学生观看系列视频或直播后表示，自己对学医这条道路有了更为深入的认识，对未来的道路有了更为明确的目标，也将调整自己的学习态度和节奏，为未来的职业道路做好积极准备。

3. 资源融合，凝心聚力

系列视频和直播活动的服务对象是在读的医学生，医学生群体的职涯特点不同于其他专业，基于此，工作室的团队还涵盖了解医学学科特点、医学生成长规律的医学院和附属医院的学科带头人、教授、一线教师及校友，连同学生工作队伍、生涯指导专家、宣传工作人员、学生团队，共同开展内容的创作。大家心往一处想、劲往一处使，调动一切能调动的资源，画出最大同心圆，希望给予学生关于未来职业的正面引导，使医学生在人文情怀的陶冶中，受到职业精神培育的熏陶。

打造新媒体矩阵网络育人新格局

王京晶

一、项目主题和思路

"人在哪儿,宣传思想工作的重点就在哪儿",习近平总书记在全国高校思想政治工作会议上指出,"做好高校思想政治工作要因事而化、因时而进、因势而新""要运用新媒体新技术使工作活起来,推动思想政治工作传统优势同信息技术高度融合,增强时代感和吸引力"。面对新时代下青年群体的新特点,本项目紧扣网络育人这一主线,贯彻落实党建引领,助力思政教育强劲引擎,以鲜活创新的融媒体形式筑牢网络育人阵地,全面铺开"三全一五育"筑心计划,通过德智体美劳"五育"并举筑育"五心",引导师生"红心铸魂、潜心治学、雄心立志、信心成才、匠心践行",构建有时代热度、思想高度、情感温度的网络育人新格局。

二、实施方法与过程

1. **红心铸魂,守好网络育人主方向**

全平台协同组织专项活动,抓住"改革开放40周年""五四精神传承有我""中华人民共和国成立70周年""中国共产党成立100周年""喜迎党的二十大"等重大时间节点等举办系列主题教育活动，开展"与党旗合影""带着国旗去比赛""我与团旗同在""每节一期"中华传统文化节日宣传海报等红色主题微信推送，增强主流文化的感染力。

图1　翼驰车队"带着国旗去比赛"

图2　TUsmart青年团员在德国赛场

图3　汽车学院组织学生集中观看党的二十大开幕

依托学院党建"立心铸魂、夯基强垒、笃行致远"三大工程建设平台，持续推进具有学科特色的"同车行"网络思政教育平台建设。提高站位重点学，网络同步直播开展"同车行"党委特邀报告；突出核心全面学，线上直播"同车行"政治理论学习35期，深入解读系统学，开展"同车行"线上理论学习。

图4 "同车行"政治理论学习

2. 科教融合，建强网络育人主阵地

与学科紧密结合，联动"第二课堂"，助力学科育人功能发挥。把学科中的红色资源作为生动教材，组织开展"迎接建党百年，追寻伟大足迹"系列活动。推出10期"百年光辉历程：筑梦·百年周刊"在线学习内容。打造8期民族汽车文化微党课、1个汽车文化教育小程序、1套中国民族汽车文化课程包。举办"同车行"大讲堂，线上直播逾60期，开展"同车行"学术沙龙微直播、线上学业微课、线上创新竞赛辅导等。定期分享师生优秀论文，发布学术论坛信息。参与"2022年广汽本田安全中国行·第三届道路安全创新大赛""2021壳牌中国节能大赛"，完成中国大学生方程式赛车2021年度线上项目答辩。推出"停课不停学　解锁线上学习新姿势"等内容。

图 5 网络育人主阵地

分角度深化网络专题教育活动，围绕传统文化、爱国主义、爱校荣校等内容，打造出如"安全心中记，诚信伴我行"汽车学院诚信教育线上小知识竞赛、班服设计大赛、"五四精神·青春有我"主题H5,《汽车学院官方宣传片》《嘉三路回忆贩卖商店》《创新基地·燃情汽车》微视频等网络文化精品。同济大学翼驰车队、电车队每年在哔哩哔哩平台开展线上新车发布会，瞬时观看量超1万次。

3. 先锋引领，激发网络育人潜动能

有效推进师德师风、学术学风建设，充分挖掘学院先进人物的精神能源，发

挥示范引领作用,做好"卓越奖""我心目中的好导师""学术先锋""学术之星""卓越汽车人"等评选工作,专题推送展现先进典型事迹;举办"奋斗强国·我接力"党员说、"我在同济汽车的日子"、优秀学长创新项目经验分享会、寒假实践项目风采展示等线上青年分享活动,发挥榜样作用。

新冠疫情期间积极开展典型选树,开展食堂、楼宇、核酸志愿者访谈全纪录,分享志愿者们的心路历程,展现汽车学院师生投身抗疫志愿服务的勇敢与担当。发起汽车青年倡议书,创建学院疫情互助文档等,为学生排忧解难。推出"宅家·战疫|全民宅家做运动""共同抗'疫',我爱跑步进行时"等线上互动内容,为抗疫注入积极正能量。

三、主要成效和经验

1. 凝聚一条主线,健全网络工作机制

学院构建"核心+骨干+基础"的三级育人主体,学院以教学名师、优秀导师为主体,以具备传媒、政治学专业知识背景的青年辅导员为骨干,以学生队伍为基础,设置网络宣传员2名、网络评论员15名、网络志愿者83名,建成汽车学院融媒体中心。实施网络育人队伍教育培养计划,引入网络专家、理论课教师资源,协助做好重大活动和热点问题的舆论引导和权威解读;每年立项1~2个网络思想政治理论研究课题,参与"习近平网络安全观视域下的高校网络空间治理研究""高校青年团员社交媒体使用与意见表达调查分析"等课题研究。

2. 打造两个平台,提升网络教育质量

(1)搭建"同车行"文化活动平台。实施学院网络宣传品牌化建设,开展以党建为主体的"同车行"专题理论学习微课堂35期,以科研为主干的"同车行"

大讲堂61期，以学生科创为主线的"同车行"线上科创沙龙14期和以"文化分享"为主旨的"同车行"线上月报10余期，分领域、分层次、分类型地开展网上思想价值引领和文化涵育工作。

（2）构筑汽车新媒体矩阵平台，实现以学院官方微信为中心，辐射11个学生组织微信媒体平台的同心圆结构，将网络育人延伸至学生信息获取、活动参与等网络全空间、全领域。

3. 聚焦三大载体，创新网络育人路径

（1）强化网站功能，构建积极向上的学院网络文化。学院网络辅导员、网络安全员在教育管理工作中积极引导，对网站进行交互界面设计和信息展示逻辑进行更新，开设党建专栏、"不忘初心、牢记使命"主题教育专栏、心理健康板块，帮助青年学生解决思想上的疑惑，为青年学生指明正确的前进方向。

（2）利用微信媒体，搭建校院联动桥梁。汽车学院着力打造校内网络育人平台品牌。紧密结合学校实际，弘扬校园网络文化主旋律，提高校园网络文化产品的服务和供给能力。在校级微信平台开展"112周年校庆""五四运动100周年""中华人民共和国成立70周年""澳门回归祖国20周年"等专题报道，新媒体稿件被校内外平台转发累计次数达上百次。

（3）联动电视网络媒体，拓宽网络育人渠道。代表同济大学参与全国大学生党史知识竞答大会，汽车学子登上央视舞台；学院科技创新基地党支部联合大连理工大学、清华大学等六所高校党支部开展跨时空党史联学活动；唐上钦同学参与江苏省广播电视总台"跨时空党员对话"系列报道。

第三章

跃动

同济大学沪西校区春日

征途漫漫,同济人坚定理想信念

(党的建设)

如何将党建元素提炼成优秀的网络文化作品?同济大学紧抓重大时间节点,依托舞台剧、师生合唱、场景党课等主题教育活动,打造优质网课、动态H5页面、微电影、直播等网络文化作品。

这些作品从主题教育中走来,有的邀请师生成为金牌主播,师生研学、领学、讲学,打造沉浸式场景微党课;有的是校园师生文艺作品,大师剧、校史剧、师生合唱,从线下到线上,形成优质红色文化作品;有的是线上线下协同活动,"手书中国"、场景团课、红色故事会,从线下活动到线上作品,增强主题教育的参与感、传播力;有的是生动故事,18岁的入党申请书、同济人的党员故事,从一个人到一群人,共同讲述同济人坚定理想信念的故事……

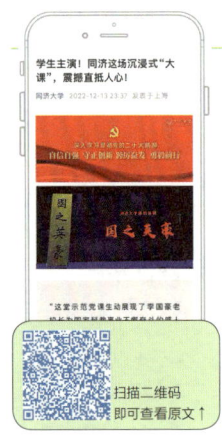

一、学生主演！
同济这场沉浸式"大课"，震撼直抵人心

在全校师生深入学习宣传贯彻党的二十大精神之际，作为上海市教卫工作党委第四季"伟大工程"示范党课，由同济大学教师自编自导、同济学子及校友出演的大型原创大师剧《国之英豪》在同济大学四平路校区大礼堂再度上演。这堂专题党课，艺术再现了李国豪老校长的爱国情怀和奋斗精神，生动反映了老一辈科学家对党和人民事业的执着与付出。

二、2万人沉浸式体验！
学生化身金牌"主播"，发出时代最强音

巍巍宝塔山，滚滚延河水。2022年11月10日，同济大学原创移动直播品牌"听Ta说"开讲，同济大学2名大一新生当起主播，带领观众走入正在同济大学衷和楼展出的"延安精神永放光芒"主题展，进行沉浸式、体验式宣讲。两万多人通过同济大学官方新媒体平台，跟随主播，"云上"观展并留言点赞致敬，该活动一经推出，就受到《光明日报》、中国新闻网、《青年报》等主流媒体报道。

三、唱响新时代的青春之歌

在中国共产主义青年团成立100周年之际，同济大学回望百年征程，一代又一代同济青年满怀对祖国和人民的赤诚之爱，传承光荣传统，紧紧凝聚在党的旗帜下，把青春融入党和人民事业，爱国奋斗、砥砺奋进，以骄人业绩谱写了壮丽动人的青春乐章。

四、重磅发布！
同济师生深情唱响《领航》，奋进新时代

为庆祝中国共产党成立100周年，2022年新春佳节，同济大学学生合唱团在校园里唱响歌曲《领航》，他们以昂扬的歌声，抒发同济人"感党恩，听党话，跟党走"的炽热爱党爱国情怀和奋进新征程的豪情壮志。

五、奋进报国！
同济人唱响时代最强音

在庆祝建党百年之际，教育部微信平台"微言教育"推出大中小学"唱支山歌给党听"系列活动，同济师生们在红色旋律里赓续精神血脉，在嘹亮歌声中展望美好未来。唱支山歌给党听，他们用歌声礼赞百年，让青春奋进向前。

六、新华社点赞！
马克思主义学院"理论+"宣讲团

  2021年6月，新华社集中报道了各地正在如火如荼开展的党史学习教育情况，同济大学马克思主义学院"理论+"宣讲团作为青年学生理论宣讲的代表，展示了青年学生在党史学习教育中的积极作为和良好风貌。

七、未之献礼 |
演绎百年征程　重温峥嵘岁月

  同济大学土木工程学院师生深情演绎庆祝建党百年情景式故事会，回望党的百年光辉历程，抒发砥砺奋进新征程的豪情壮志。该活动一经推出，受到青春上海、《东方教育时报》、中国日报网、同济大学官网等媒体报道。

八、给"00后"讲讲共产党 |
清澈的爱，只为中国

  学党史，跟党走！为激励师生以更加昂扬的姿态迎接建党百年，同济师生跨越百年时空，在一堂特殊的思政课上"神还原"《觉醒年代》，开展一场特殊的青春"对话"，鼓励当代青年从红色经典中获得奋勇前行的力量。

九、青春之声！
同济这次直播"宝藏"真不少

同济大学开辟了"对话历史·致敬青春"之"听Ta说"系列直播，通过20余场直播，让同济师生来担任主播，在云端与大家分享红色经典故事，重温那段薪火相传的岁月，感悟初心和使命。

十、@大接龙 |
同济青年在担当中历练，在尽责中成长

2020年3月15日，中共中央总书记、国家主席、中央军委主席习近平给北京大学援鄂医疗队全体"90后"党员回信，向他们和奋斗在新冠疫情防控各条战线上的广大青年致以诚挚的问候。同济大学接力青春，将总书记的重要回信精神转化为实际行动，同济青年用说、唱、写、画等形式，全力展现青年的力量，让青春在党和人民最需要的地方绽放绚丽之花！

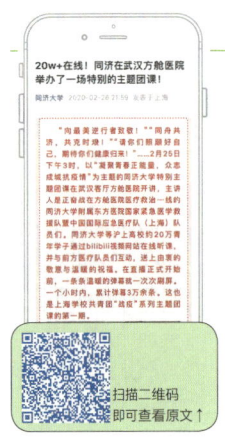

十一、20w+在线！
同济在武汉方舱医院举办了一场特别的主题团课

2020年，突如其来的新冠疫情大考面前，一场以"凝聚青春正能量，众志成城抗疫情"为主题的同济大学特别主题团课在武汉客厅方舱医院开讲，主讲人是正奋战在方舱医院医疗救治一线的同济大学附属东方医院国家紧急医学救援队暨中国国际应急医疗队（上海）的队员们。沪上各高校约20万名青年学子通过哔哩哔哩网站在线听课，并与前方医疗队员们互动，送上由衷的敬意与温暖的祝福。

十二、33321125！
这是同济人的告白密码

"祖国，我爱你，看你上下五千年的轨迹，汇聚中华大地的传奇，我把济人济世传递，脚踏实地同行与你……"为庆祝中华人民共和国成立70周年，同济学子花式告白祖国，自编自唱歌曲《祖国我爱你》，唱响青春报国的时代强音！

十三、这就是同济人眼中的初心和使命

为中国人民谋幸福，为中华民族谋复兴，是中国共产党人的初心和使命，是激励一代代中国共产党人前赴后继、英勇奋斗的根本动力。听，一代又一代的同济人，在平凡的岗位中见证和理解，什么是共产党员的初心。他们甘于奉献、履职尽责、同舟共济，用实际行动讲述好同济人的使命和担当。

十四、央视点赞！
@全球同济人，"手书中国"来啦

一字一世界，一笔写人生，横竖撇捺是故事，平平仄仄话中国！同济大学线上线下同步开展了"手书中国 青春告白"主题活动，通过不同形式向祖国送上祝福。央视新闻频道密切关注，在《朝闻天下》《新闻直播间》等栏目播出。

十五、六月第一棒！今天，同济登场

2019年，一场主题为"青春为祖国歌唱"的网络拉歌活动，在祖国的大江南北开展。同济接下六月的第一棒，应战拉歌，激情开唱，广大师生用自己的方式礼赞祖国、礼赞新时代。

十六、与共和国共奋进！同济人这样爱国奋斗

在中华人民共和国70年的风雨征程中，有这样一群同济人，爱国奋斗、建功立业、甘于奉献、争创一流，他们用无私奉献和艰苦创业诠释伟大的劳模精神，践行同济天下的情怀，致敬劳模，致敬这个伟大的时代。

十七、我把青春献给党

一份入党申请书，一份特殊的18岁生日礼物，一个近2分钟的故事短片，讲述了同济学子志愿加入中国共产党的初心故事，他们用实际选择诠释了一个重要的时代课题——今天，大学生为何入党，他们将用尽全力践行"请党放心，强国有我"这份誓言。

十八、"从石库门到天安门"校园版同济首演,这堂生动的艺术党课厉害了

"从石库门到天安门"校园版在同济的首演,既是一台精彩纷呈、充满正能量的艺术展示,更可被视作一次艺术家与高校师生,尤其是青年人之间的思想交流。

星辰大海，同济人强化责任担当

（人才培养）

聚焦人才培养，展现同济人风貌。同济大学着力培养担当民族复兴大任、引领未来的社会栋梁与专业精英。将镜头对准学生，挖掘在学风营建、科研攻坚、服务社会中涌现出来的先进典型，越来越多带有同济印记、彰显师生风采的作品遍地开花，学校学霸系列报道《1951→2022！"长大后，我就成了你！"》《同济励志青年，全网刷屏点赞》《太强了！33门课程笔记曝光！看同济学霸的逆袭之路》等，被全网刷屏转载；用笔触记录改革，挖掘学校在人才培养中的切实举动，《"难事儿"不难！这群同济人好暖心》《7000+个选择！从同济，出发》等报道中，学校人才培养思路、举措跃然纸上。优秀的网络文化作品背后，是同济人才培养的育人理念和切实推动人才培养成效的扎实举措，将同济人奔赴星辰大海，强化责任担当的故事完整呈现。

一、7000+ 个选择！
从同济，出发

同济大学紧抓"就业季"关键时期，密集举办大规模招聘会、双选会等，为毕业生就业扩大岗位供给。学校全力以赴用心助力每一个毕业生实现梦想，在最美的年华绽放自己，走好去往未来的关键一步。

扫描二维码
即可查看原文

二、1951→2022！
"长大后，我就成了你"

1951年，戴孟超走进同济大学，成为结构系的一名学生。71年后，其孙女戴静怡以695分的成绩被同济大学录取，和爷爷成了校友。两代同济人接力续写同济故事感动全网，这大概就是"长大后，我就成了你"。

扫描二维码
即可查看原文

三、同名同姓同省同学堂！
同款优秀上同济

同名同姓来自同省，还被同一所大学同一学堂录取，这是一种怎样的缘分？故事的两个主角名字都是张凯，他们是同济大学济勤学堂的两名新生。2022年夏天，张凯成了张凯的同学，两个张凯直呼："太惊喜了，从小到大第一次遇到和自己同名同姓的小伙伴，仿佛世界上还有另一个我。"

四、全班保研！
同济这个学霸班"云毕业照"来了

2022年6月，同济大学2022届毕业生迎来了特殊的毕业季，一张特殊的"云毕业照"感动全网，这张照片来自化学科学与工程学院2018级化学工程与工艺班，这个神仙班级是名副其实的"最牛学霸班"，不仅全员保研成功，其中还有4人直博，同学们用汗水和坚持迎来了满满的收获。

五、同济励志青年，全网刷屏点赞

2022年2月下旬，考上同济大学的无臂少年彭超用双脚答题，顺利通过国家统一法律职业资格考试。彭超仅用一学期的努力就通过法考的消息再次刷屏全网，这股不服输、不放弃、追求卓越的精神，让网友们纷纷点赞："真正男子汉！"

扫描二维码
即可查看原文↑

六、中国女足YYDS！同济姑娘YYDS

2022年2月，时隔16年，中国女足再次站上亚洲之巅，夺得亚洲杯冠军，这是中国女足第9次夺得亚洲杯冠军。值得骄傲的是，在这支强大的队伍中，有四名姑娘毕业于同济大学，为同济姑娘点赞！

扫描二维码
即可查看原文↑

七、真提气！同济人，昂扬奋进

自党的十九届六中全会公报发布以来，同济大学把学习宣传贯彻党的十九届六中全会精神作为当前和今后一个时期的重大政治任务，在校园内广泛掀起学习宣讲热潮，加强对全会精神的研究阐述和理论研讨，推动全会精神"进教材、进课堂、进头脑"，让全会精神在校园"落地生根"。

扫描二维码
即可查看原文↑

八、太强了!
33门课程笔记曝光!看同济学霸的逆袭之路

他的笔记被称为"汪洋出品",他是同学们心中的"汪牛"学长,他是2021年度"宝钢优秀学生特等奖"获得者——同济大学医学院临床医学专业博士生汪洋同学。他将33门课程笔记一一做好分析并整理成Word文档存档,毫无保留地与同学分享,受到全院师生好评,这一善意的举动受到《人民日报》、新华社、央视新闻等多家主流媒体报道,并登上新浪微博热搜,传递青春正能量。

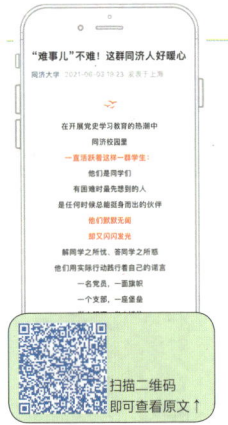

九、"难事儿"不难!
这群同济人好暖心

自开展党史学习教育以来,同济大学学生党支部结合实际、结合专业,积极开展了"我为师生办实事"实践活动,解同学之所忧、答同学之所惑。他们用实际行动践行着自己的诺言。

十、【新年大礼包】
卓越医学生养成之微视频合集

2018年起，同济大学医学院积极探索医学生职业精神培育的新路径，梳理了医学生发展的五大阶段性痛点问题，策划制作了一系列优质视频内容和线上活动，开创了医学生职涯教育新途径。形成了7大系列52个视频，投放于医学院官方微信公众号、视频号、哔哩哔哩、抖音、快手等多个青年学生群体活跃的新媒体平台，截至2023年12月，累计观看量突破74万次。

十一、后浪｜
同舟共济，奋力划桨

2020年9月，同济大学的"水上军训"登上《人民日报》等主流媒体，交通运输工程学院2018级博士生彭浩荣是当时六营龙舟队的教练。在同济大学2020年"同舟领航　追求卓越"优秀大学生报告会上，彭浩荣分享了他和同济龙舟的故事，会后学院研究生会新媒体运营部对他做了采访。运动传递精神，龙舟讲述文化。同舟共济，薪火相传。

十二、0000001号！
同济学子签下沪高校2021届毕业生就业协议"第一单"，他选择回到家乡武汉

"这次新冠疫情更加坚定了我在武汉发展的决心。我想为家乡做点事，而中南建筑设计院在抗击疫情中的出色表现，让我看到了国企的责任担当……"2020年10月12日，同济大学土木工程学院2021届硕士毕业生李翀签下编号为0000001号的沪上首份2021届《上海高校毕业生、毕业研究生就业协议书》，毕业后，他选择回到家乡武汉！

十三、《新闻联播》点赞！
同济这位"90后"博士生"疫""马"当先

一手扶贫，一手战"疫"，同济大学"90后"博士生马明杰在基层绽放青春，被央视《新闻联播》栏目点名表扬，同时还被中国新闻网、人民网、微言教育等主流媒体平台连续报道，展现出同济学生党员冲锋一线的模范作用，他们在这片希望的田野上播撒青春力量，绽放出绚丽之光。

十四、同济大学@天津大学："90后"，到

"奋斗青春，我可以！""为国冲锋，我能行！""服务人民，我愿意！"同济大学联合天津大学开展"'90后'，到"青春宣誓活动，两校联动采访一批优秀的"90后"青年师生，他们在习近平总书记回信精神的鼓舞下，用实际行动做出了最好的回答，并登上了央视《新闻联播》栏目。

十五、这群同济人，被央视《新闻联播》、《人民日报》、新华社、《光明日报》齐齐点赞

用奋斗的青春告白祖国，就是要把小我融入大我，让青春之花绽放在祖国最需要的地方。同济大学"乡村振兴研习社"成员徐浩文登上央视《新闻联播》，讲述其助力乡村振兴的故事。

十六、港珠澳大桥总负责人、同济杰出校友朱永灵回母校上特色思政课

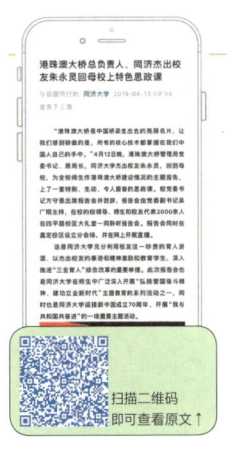

"港珠澳大桥是中国桥梁'走出去'的亮丽名片，让我们感到骄傲的是，所有的核心技术都掌握在我们中国人自己的手中。"2019年4月12日晚，时任港珠澳大桥管理局党委书记、同济大学杰出校友朱永灵回到母校同济大学，为全校师生作港珠澳大桥建设情况的主题报告，上了一堂特别、生动、令人振奋的思政课。

十七、昨晚，《新闻联播》的镜头聚焦同济

在同济大学，一门名为"城市阅读"的课程人气越来越高，引得央视《新闻联播》聚焦报道。这门"有温度的专业课"是同济在"课程思政"方面作出的创新探索的一个缩影，更是将专业教学与思政教育有机结合的代表。

十八、同济人的青春，在祖国最需要的地方绽放

一代又一代同济学子从母校启航，投身祖国的大好河山，把个人的理想追求融入国家和民族的事业中，在艰苦地区、在扶贫一线、在"一带一路"前沿，奉献才干、实践理想、服务祖国。

奔赴热爱,同济人勇于砥砺奋斗

(师资队伍)

发挥示范作用,弘扬向上学风。同济校园里,他们奔赴热爱,书写砥砺奋斗的故事。他们是为学为事为人的"大先生",同济大学打造"大先生"访谈录,梳理董鉴泓、孙钧、汪品先、姚祖康等"大先生"的人生故事,将他们的传奇经历与人生感悟广泛传播;他们是领学人,同济大学邀请了汪品先、李杰等院士作党史学习教育、同济精神和教风学风报告,"大先生"精神激励师生奋发有为;他们是爱生如子的卓越导师,是新冠疫情期间送上水壶的导师,是校园"青椒"、是最美辅导员、是同济"大管家",同济大学梳理了这些教师的故事,一方面有效宣传了师德师风,另一方面也形成了体现同济特色的网络作品。

一、"学生都爱他们！"来看同济这支"硬核"团队的成长秘籍

"实至名归！""学生都爱他们！"同济大学生命科学与技术学院高绍荣教授团队入选全国高校黄大年式教师团队，近年来，这支由11名教师组成的团队在人才培养、科学研究、社会服务等方面交出了一张张亮眼的成绩单，一次次为人们带来惊喜。

二、"同学，请收下你的导师水壶盲盒"

2022年4月，新冠疫情来袭，打破了同济大学校园的宁静，严峻的疫情形势牵动着每一个同济人的心。由于不少学生宿舍此前未准备水壶，饮用水储存难以保障。汽车学院教职工群里迅速掀起一场接龙热潮，教师纷纷捐赠出自己的热水壶，为在校学子的基本需求保驾护航。虽然是"疫"，但也连接起了情，各式各样的水壶让校外的教师与校内的学生更加紧密地相连。这一新闻得到央视《新闻直播间》等官方媒体报道。

三、历史之最！振奋人心！
5位同济大学教授当选院士，来看他们的重要学术贡献

2021年11月18日，中国科学院、中国工程院2021年院士增选结果正式揭晓，同济大学5位教授当选院士，当选院士人数创历史之最、居全国高校前列，在校内外引发热烈反响。喜讯传来，同济大学广大师生和校友倍感振奋、备受鼓舞。大家纷纷表示，5位同济教授当选院士，实至名归，源于他们心怀科学家的使命担当，长年坚持在各自领域潜心科研，有丰厚学术积淀，作出了重要学术贡献。

四、至高荣誉！
习近平总书记亲切会见！同济大学汪品先院士当选全国道德模范

2021年11月5日上午，中共中央总书记、国家主席、中央军委主席习近平在人民大会堂亲切会见第八届全国道德模范及提名奖获得者。会上，68名同志被授予第八届全国道德模范荣誉称号，254名同志被授予第八届全国道德模范提名奖。著名海洋地质学家、中国科学院院士、同济大学海洋与地球科学学院汪品先教授当选全国道德模范。

五、共和国耀眼的"星"！
他就是同济大学的老师，汪品先院士

直播课近 10 万人围观，直播结束，他却这样"溜"走了。2021 年 4 月 7 日晚，同济大学八旬院士汪品先教授，通过线下授课和网络直播给近 10 万名网友上了一堂课，课后已是晚上 8 时 40 分，上海正下着小雨，上完课的他仍准备回办公室工作，大家追着给他送伞，老先生却说："不用啦，几步路就到办公室，雨不大，没关系！"就这样，他骑着自行车，只留给同学们一个穿行在人群中利落的背影，自此"溜走"视频火遍全网。

六、我和我的学校｜
从学生到"青椒"，她在同济筑梦逐梦

在教育部"我和我的学校"专题策划中，同济大学选择讲述一名同济人在同济筑梦逐梦的青春故事，她就是交通运输工程学院朱兴一教授。视频一经推出，引发热烈反响，广受好评。

七、八位院士主讲！
同济这门"宝藏"课程够硬核

同济大学倾力打造重量级精品通识教育选修课——地球空间信息概论，由8位两院院士主讲，课程面向全校本科新生开设，为同学们提供了与大师面对面学习交流的宝贵机会，同学们能够系统全面地了解地球空间信息学（北斗导航、卫星遥感、地理信息系统等）的历史、现状、应用、发展和前景等，被历届学生誉为"最高大上"的课程。

八、总理寄语同济人：
热门产业也需要有甘坐冷板凳的人

2019年7月23日上午，时任中共中央政治局常委、国务院总理李克强来到上海张江人工智能岛，调研人工智能创新成果。调研期间，李克强寄语全体同济人，人工智能就是要把人的智慧汇聚起来，更好地为人服务。要注重基础研究，发展热门产业也需要有甘坐冷板凳的人。要加强协同合作，把成果广泛应用到制造业、服务业等领域，造福人民。

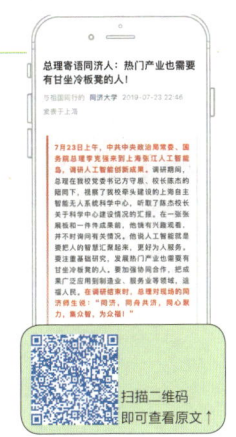

九、十分之一！
最闪亮的同济人！"睿哥"来了

"80后"的他倾情坚守，在高校辅导员工作一线17年，被同学们亲切地称为"睿哥"，是莘莘学子心中的"定海神针"，他就是同济大学李睿老师，当选2019年"最美高校辅导员"，并首次被纳入"最美人物"系列，树立起新时代辅导员和大学生学习的榜样。

十、敬业，责任的担当丨
捕捉同济这群与时间竞速的人

"于细微处见精神"，同济大学运用镜头语言记录下每一个平凡岗位上的同济人，他们在平凡的岗位中自我提升，在繁琐的细节中精益求精，在日常的工作中积极创新，时间竞速者就是同济敬业者的速写。

十一、以钢之坚韧结构丰厚人生
——记"黄大年式教师团队"同济大学李国强教授团队

扫描二维码
即可查看原文↑

教书育人、科学研究、技术研发、社会服务,他带领着团队,在这些领域做得样样出色,彰显着师者的使命担当与高尚风范、学者的深厚造诣与为国情怀。他,就是同济大学土木工程学院李国强教授。同济大学李国强教授团队入选首批"全国高校黄大年式教师团队"。他以身示范,以钢之坚韧执着,书写着别样精彩、丰厚的人生奋斗篇章!

十二、同济"大管家",
他们用爱和付出温暖着每一个同济人

扫描二维码
即可查看原文↑

校园之美,不仅在于知识的传授,更在于立德树人。贴心的生活保障与优美的校园氛围,都离不开同济后勤这位"大管家"的日夜操劳。在没有讲台的课堂上,其一言一行,生动诠释着爱与付出,温暖着每一个同济人。

心之所向，同济人引领内涵发展

（科学研究、国际交流、学科建设）

贡献"同济智慧"、打上"同济烙印"、扩大"同济朋友圈"，同济大学聚焦科学研究、社会服务和国际交流，梳理故事，打造网络文化作品，这些作品是经典的同济做法，是脱贫攻坚的同济故事，是"高等数学"的同济IP，是国际交流不断壮大的"同济朋友圈"。与祖国同行、以科教济世，同济大学聚集大团队、构建大平台、承担大任务、催生大成果，营造良好科技创新生态，构建与一流大学相适应的科研创新体系，打造国家战略科技力量，为实现高水平科技自立自强、加快建设科技强国贡献"同济智慧"。

第三章 / 跃　动

一、同济的国际"朋友圈"不断壮大

近年来，同济大学坚持高水平开放合作，将国际化全面融入学校各项事业发展，不断拓展国际合作的深度与广度，面对新冠疫情挑战，迎难而上、顺势而为，持续探索新型交往、合作模式，逐渐走出一条国际合作的创新之路，学校国际知名度和影响力明显提升，国际化办学水平处于国内高校前列。

二、同一苍穹下，同聚一颗心

在抗击新冠疫情的非常时刻，同济大学外籍师生和学校携手并肩、同舟共济、守望相助，他们选择用自己的方式贡献力量。

三、亮眼！这一做法很同济

厚植国际合作沃土，同济大学坚持人才强校战略，坚持"平台吸引人、事业发展人、待遇留住人、感情感化人"，用心用情用力打造一支外籍高层次人才队伍，探索将国际引智与科技合作紧密结合，不断拓展国际合作的深度与广度，共同推动高质量科技创新，加快推进高水平科技自立自强。

四、全国特等奖！
经典传承！同济最大"IP"《高等数学》

2021年10月12日，首届全国教材建设奖揭晓，同济大学编写的《高等数学》第七版（上册、下册），荣获"全国优秀教材特等奖"（全国共10项，其中高等教育类4项）。在4项特等奖中，只有《高等数学》第七版（上册、下册）为一所高校编写。《高等数学》教材先后历经7个版本的修订，40余年来各版本累计印刷400余次，累计销量突破5 000万册，为我国一代代高层次人才培养作出了重要贡献。

五、读懂中国！
打造中华文化国际传播的"同济样本"

读懂今天的中国，必须读懂中国共产党。近年来，同济大学国际文化交流学院坚持以创办多元、立体的中华文化国际传播理论与话语体系为导向，致力于讲好中国故事，培养卓越的语言文化国际传播复合型专业人才，为推动中华文化国际传播事业发展、构建人类命运共同体，作出了一些有益探索与创新尝试。

六、跨越山海的情义！
同济这堂"金课"让我们热泪盈眶

2021年3月23日下午，一堂以"脱贫攻坚，同济人的使命与担当"为主题的别开生面的思政大课，在同济大学四平路校区大礼堂开讲。一个个奋战在脱贫攻坚一线的同济人，将同济大学8年定点帮扶云南省大理白族自治州云龙县的生动实践娓娓道来，并深情述说着从中感悟到的同济人的使命与担当。

七、漂亮！
同济这份成绩单，硕果累累

近年来，同济大学以一系列大手笔、新举措，面向世界科技前沿、面向经济主战场、面向国家重大需求、面向人民生命健康，持续纵深推进科学研究，学校的基础研究实力得到整体提升，科技自主创新与社会服务能力显著增强，呈现高质量发展态势，正努力以一流科研为中国特色世界一流大学建设提供强有力支撑。

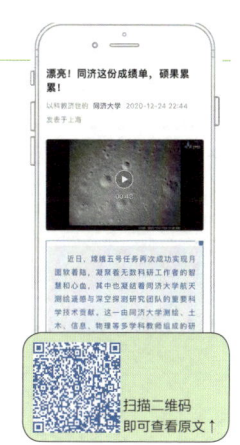

八、@华中科技大学，卓越大学联盟9所高校遥寄祝福

同济大学与华中科技大学等高校联合发起"卓越大学联盟（E9）为华中科技大学加油"线上活动，共同在信笺上书写师生的期盼和祝福，同舟共济、携手同行，把美好祝福送给华中科技大学，也将祝福传递给湖北全体师生。

九、第一批毕业生从同济走向世界！这个班不简单

同济大学上海国际知识产权学院2017级联合国世界知识产权组织（World Intellectual Property Organization，WIPO）和"一带一路"硕士研究生班的35名毕业生来自20个国家。35名硕士生顺利毕业，这是学校致力于培养高层次、复合型、国际化高端知识产权人才的重要尝试，也为新科技革命下世界知识产权制度变革贡献了中国智慧与中国方案。

十、港珠澳大桥今日全线贯通！
同济团队全方位支撑大桥建设

2017年7月7日，港珠澳大桥迎来了全线贯通的历史性时刻。同济团队全方位支撑港珠澳大桥的建设，其中有着无数人、无数日夜的辛劳汗水，所做的工作主要集中在大桥建设最难的东西人工岛及隧道部分，啃的基本是"硬骨头"。

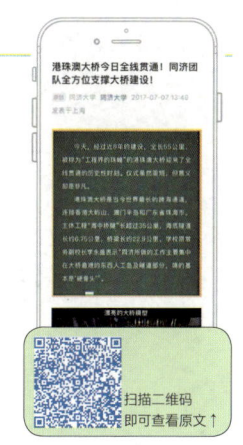

扫描二维码
即可查看原文↑

芳华绽放，同济人厚植家国情怀

（校园文化）

擦亮同济名片，扩大学校影响力，在一个个网络作品中，同济形象熠熠生辉。是映入央视相册的同济瞬间；是一年一度的录取通知书揭秘、毕业典礼亮点、新生大数据呈现；是校史里的烈士，大师剧、舞台剧上的催人落泪的故事；是留校过年期间的同济关怀、学科特色突出的学院文化、精彩纷呈的文化活动……

从一台台经典剧目中触摸红色文脉，于一场场文化交流中增强文化自信……近年来，同济大学推进文化传承与创新，文化建设成绩亮眼。学校精品力作不断涌现，文化活动精彩纷呈，文明创建氛围浓厚，文明之花绽放校园，学校软实力显著增强。

一、太有爱了！
这群"00后"大学生手绘同济抗疫图鉴

这是一个"手动定格抗疫温暖瞬间"的故事。2022年上半年新冠疫情期间，一群"00后"学生自发将校园里感人的抗疫故事通过自己的相机和画笔定格，刻画出全体同济人同心抗疫的团结力量。这些身边事总是在不经意之间深深地打动和鼓舞着广大师生。抗疫图鉴表达了抗疫必胜的信念。疫情再复杂多变，只要心在一起，我们就能同舟共济。

二、靠谱记"疫"｜
画笔与镜头交织下的每一个温暖瞬间

自2022年3月9日同济大学校园进入封闭管理以来，校园里无数平凡的人们，无私奉献，书写着新时代"何以家国"的答案。建筑与城市规划学院学子们用他们的镜头与画笔，定格校园里每一个"平凡"的人的精彩瞬间，带给我们温暖和希望。该推送入选全国高校思想政治工作网优秀原创内容名单。

三、何以同济

同济学子用一首原创歌曲《我相信》唱出了战胜新冠疫情的信心和期望，运用视频形式记录每一份守护和担当，向所有为新冠疫情防控付出努力的同济人致敬。

四、4个！
同济瞬间，刷屏

2021年12月7日，《央视新闻》发布2021年相册，相册中的100个瞬间定格了2021年最有爱的模样，其中4个同济瞬间入选，记录了同济人的平凡与伟大，令人感动。

五、创新力MAX！
同济人让"新时尚"变成"好习惯"

同济大学依托学科资源，积极探索创新垃圾分类个性化精准化管理的有效方法，教育引导全校师生共同参与垃圾分类，取得了阶段性成果，垃圾分类已成为同济人的自觉行动和同济校园的新时尚。这也是同济大学持续推进"我为师生办实事"的代表性成果。

第三章 / 跃 动

六、超惊艳！
同济大学2021年本科生录取通知书大揭秘

2021年6月，同济大学2021年"乘风破浪"版本科生录取通知书正式发布。除了常规的通知书正本副本，还有"同舟号""共济号"和"梦想号"3艘小船、可保存200年的时光笔记及"奥利奥"校标等，幸运新生还能得到定制版雨伞和水杯。

七、"我们圆梦了！"
全国首部学生版《长生殿》在同济成功首演

2020年7月起，在上海市文教结合项目的支持下，在市教卫工作党委、市教委、市艺教委的指导下，同济大学联合上海昆剧团共同探索高校与专业院团在传统文化育人方面的合作新模式，打造中华戏曲传承的新品牌，开启学生版《长生殿》项目。

八、我和我的学校·红色记忆｜
这是百年前同济"少年"的故事

教育部发起"我和我的学校·红色记忆"接力活动，同济大学用动画的形式讲述百年前同济"少年"尹景伊的故事。

九、作战室是翻译成"battle room"还是"war room"？向世界讲好中国故事，同济大学的这群学生历时半年调研做了这件事

"讲好中国故事"，红色文化翻译是其中重要一环。同济大学"红色济译"团队致力于思考和解决这个问题。该团队由同济大学外国语学院的20余名师生组成，致力于"追寻红色记忆，传播革命文化"，通过译介准确生动的红色故事，让海外受众认识一群"有血有肉的人"，打破他们以往对中国的偏见，了解中国共产党的本色与担当。

十、党史故事百校讲述｜承殷夫之志，担青年使命！来听同济人讲述这位革命诗人的故事

2021年是中国共产党成立100周年，同济大学接力开展"网上重走长征路"党史故事百所高校讲述活动，让我们一起走近革命诗人殷夫，感悟这位红色诗人的英雄气魄和高贵品格。

十一、在同济留校过年是怎样的体验

2021年新春佳节，同济校园里年味浓浓，喜气洋洋，虽然有部分同济人选择留校过年，但他们深深地感受到了学校的温暖和关心。听，同济人讲述留校过年的温暖和幸福。

十二、同济初体验！原来大学生活是这样

他是2020级大一新生林慈丰，2020年11月5日是他来到同济的第60天，他运用灵活的镜头语言以视频的形式记录了他的同济初体验，在视频里将生动有趣的大学生活清晰展现。

十三、全网刷屏！同济人的军训生活，太绝了

水上军训、VR射击、模拟扛火箭筒、军训晚会……同济大学军训系列报道被《人民日报》、新华社、《光明日报》、新华网、《中国青年报》等主流媒体刷屏转载，并在新浪微博连续获得5个热搜，阅读量近4亿次。

十四、在同济，成就非凡人生

"我知道，寒冬过去会春暖花开；我知道，风雨之中你与我同在"……同济大学原创歌曲《晨曦》，带你走进你所期待的大学校园。

十五、抗击疫情
我们同舟共济

2020年注定不平凡，一场突如其来的新冠疫情席卷全国，学校运用视频的形式为武汉加油，记录全体同济人勇往直前、众志成城的团结精神。

十六、再见同济，我走啦

一年一度毕业季，同济学子画下同济人最普通的24小时和四季，用手绘作品记录下青春最美的样子。

十七、是心动的感觉！表白520！同济来了

2019年5月20日，同济大学与新华网联合出品"大学来了之同济篇"新媒体作品，运用活泼生动的新媒体语言，写下了同济大学112载的风云岁月，得到了超过一百万人的关注和点赞。

十八、波澜壮阔40年！
我们在同济见证改革开放的辉煌

2018年，同济学子从不同角度画下了一组组40年前后对比图，描绘了这波澜壮阔的40年，对于每一个同济人而言，也记录下了我们在同济见证改革开放的辉煌！

十九、同·济天下 |
同济大学110周年校庆形象片

2017年5月19日，同济大学110周年校庆形象片重磅发布。该形象片一经发布，阅读量迅速超过10万，片中运用代表同济特色的3D打印模型，包括"嫦娥三号"、桥梁、"蛟龙"号、同济人、同济校徽等作视频转场，展现了同济人在国家建设中奉献，在改革创新中跨越，在争创一流中实干。一代代同济人将自己的人生理想融入国家和民族的事业，勇挑大梁、勇闯新路、勇立潮头。

二十、超燃大片《济·忆》出炉

2017年5月15日，同济大学110周年校庆延时专题片《济·忆》重磅发布。片中运用五感的拍摄手法，特意增强对美好校园生活的展示，扑面而来的幸福感令人动容，"大学之大"在该片中得到淋漓尽致的发挥，该片发布后在短短几个小时之内就收获了超过10万次的阅读量。

二十一、同济，我想把你刻在心里

2017年，在同济大学110周年校庆时，同济师生精心挑选了16个最具代表性的同济校园景点，重新设计印鉴及配文，为母校送上最珍贵的生日礼物。

扫描二维码
即可查看原文↑

二十二、创意满分 | 为这款超萌京剧App强势打Call！听说设计师是一群同济大学生哦

来自同济大学软件学院的同学们尝试运用现代传媒技术为传播中国优秀传统文化助力，将年轻的"脸萌"潮流与传统京剧文化交叉融合，融古贯今，以推广京剧文化为主线，以制作自扮京剧头像为支线，着手"晬颜"App的制作。

扫描二维码
即可查看原文↑